"贵阳贵安高中数学学科工作站教研成果"丛书

U0586135

知识建构 问题生成 方法提炼 素养培育

——高中数学新教材研究案例选

岑义其 ◎ 主编

贵州大学出版社
Guizhou University Press

· 贵阳 ·

图书在版编目(CIP)数据

知识建构、问题生成、方法提炼、素养培育：高中
数学新教材研究案例选 / 岑义其主编 . -- 贵阳：贵州
大学出版社, 2024. 7. -- ISBN 978-7-5691-0935-1

I. G633.602

中国国家版本馆 CIP 数据核字第 2024PQ5513 号

知识建构、问题生成、方法提炼、素养培育
——高中数学新教材研究案例选

主　　编：岑义其

....

出 版 人：闵　军
责任编辑：杨鸿雁
装帧设计：陈　丽

....

出版发行：贵州大学出版社
　　　　　地址：贵阳市花溪区贵州大学东校区出版大楼
　　　　　邮编：550025　电话：0851-88291180
印　　刷：贵州思捷华彩印刷有限公司
开　　本：787毫米 × 1092毫米　1 / 16
印　　张：11.75
字　　数：250千字
版　　次：2024年9月第1版
印　　次：2024年9月第1次印刷

书　　号：ISBN 978-7-5691-0935-1
定　　价：58.00元

《知识建构、问题生成、方法提炼、素养培育
——高中数学新教材研究案例选》
编委会

前　言

2022年起,在贵阳贵安高中数学学科工作站的组织下,贵阳市高中学校的几十位老师先后共同编写了《高考数学试题纵横谈》《2022年高考数学试题面面观》《2023年高考数学试题面面观》等教育教学类图书,这些书籍出版发行后,社会反响强烈,引起了贵阳市数学教育界和数学爱好者们的广泛关注。参与编撰的专家教师们,从新高考"一核、四层、四翼"的核心功能和价值体系出发,通过专业、独特的视角对近年来的全国卷高考数学试题进行全方面、多维度、长跨度的系统分析,让热爱数学教育的同仁们得以共享试题研究的专业成果和心得感悟。

贵州省自2021年9月起正式进入新课程改革行列,新的挑战带来新的危机,新的危机也孕育新的机遇。工作站一直在思考,如何引领教师们学习和遵循新课标要求,领悟和贯彻新课程理念,落实和培育学科核心素养。在新课标、新教材、新高考"三新"背景下,我们希望从课堂教学改革最基层做起,在研究新教材中挖掘课程素材进行知识建构、问题生成、方法提炼和素养培育,以适应新高考的要求。

我们注意到知识建构理论为整体推进课程改革提供了新的思路。知识建构理论是学习科学领域的重要研究方向之一,强调"学生中心、活动中心、意义中心",认为"情境、协作、会话、意义"是学习环境中的四大要素,学习应引发新知识的持续创造与提高,知识建构伴随着人的终身学习。在学科课堂教学中坚持知识建构教学,有助于学生成长为积极的认知者,让学生在主动提出观点、持续改进的过程中建构知识,实现语言能力、思维品质、学习能力和沟通交往能力等方面的融合发展。

习题作业作为教学的重要环节,在知识建构学习中尤其重要。教师可设计"知识建构"作业,其重点在于引导学生自主探究,提高其思维品质。例如:要求学生绘制当天学习的知识体系图,让学生学会回顾学习内容并构建知识体系,以驱动学生主动反思、自主学习;让作业与生活相联系,借助作业拓展学生的生活经验;还可以设计操作型、调查型、查阅型作业等,使作业有趣、开放、有深度,改变作业形式及其评价方式,引导学生进行有意义的深度学习,使"双减"背景下减轻学生作业负担落到实处。

不难发现，各种知识(事物)所具有的属性之间或外部特征之间都有必然的逻辑关系。学习中，只有把握住这种内在的逻辑关系，才能算得上是学会知识、理解知识，并在此基础上真正建构起知识。知识的内在结构是知识本身的逻辑形式和存在样态，也是概念的内涵和形成过程。教师在教学中必须遵从于知识的内在结构，并循着知识的内在结构帮助学生建构起概念，才能从根本上揭示问题的本质。同时，也让学生在概念建构的过程中学会结构化认知和系统思维，从而形成严谨的认知态度、科学的学习方法和内化的学科素养。

基于此，工作站组织了以郭焱、唐昌荣名师工作室的老师为主的研究团队，深入研究在课堂教学和习题作业中如何帮助学生建构知识体系、自主(自然)生成问题、提炼思想方法、提升学科素养。团队成员收集材料，撰写研究案例，提供给同行批评指正和学习研讨，也期冀与老师们一起立足课堂、研读教材、深入思考、参与科研。

本书的撰写者都是亲历着新教材实施的一线授课教师，他们对新课程标准的理解，对新教学理念的认识，对新教材实施的感悟，对新高考试题的研究都走在省市前沿，他们在教学改革的实践中勇于担当、身体力行，对"三新"有感同身受的认识，有同频共振的节奏，有思维引导的方法，有能力培养的途径，相信他们的研究成果一定会给予广大一线教师以启发！

最后，尽管我们团队研究略有收获也力求有益于教学指导，但书中难免有一些疏忽、偏见甚至错误之处，希望各位读者在理解包容的同时，恳请大家批评指正，以便修订。谢谢！

本书主审、贵阳贵安高中数学学科带头人、

贵阳贵安高中数学学科工作站站长章敏华

2024年6月

目 录

上 篇

下 篇

上 篇

拨开云雾见青天　还原概念显真谛

——以一道数列教材习题举隅

贵阳市第六中学　　岑义其

数列的定义建立起了它的序号与项之间的对应关系．数列是一种特殊的函数,因此我们可以用函数的方法和思想来研究数列．例如,用表格、图象和函数解析式(数列的通项公式)来表示数列,建立数列模型,刻画具有递推规律的事物等．而从等差数列、等比数列的通项公式出发,我们发现了等差数列与一次函数、等比数列与指数函数之间的关系．在"数列"一章的学习中,我们还常常通过运算发现数列的取值规律,解决与数列有关的问题．下面以人教版《普通高中教科书·数学(A版)》[①](选择性必修第二册)第四章第一节"数列的概念"中的例4为案例,以素养建构与问题生成的形式进行多维展示．

图1中的一系列三角形图案称为谢尔宾斯基三角形．在图中4个大三角形中,着色的三角形的个数依次构成一个数列的前4项,写出这个数列的一个通项公式．

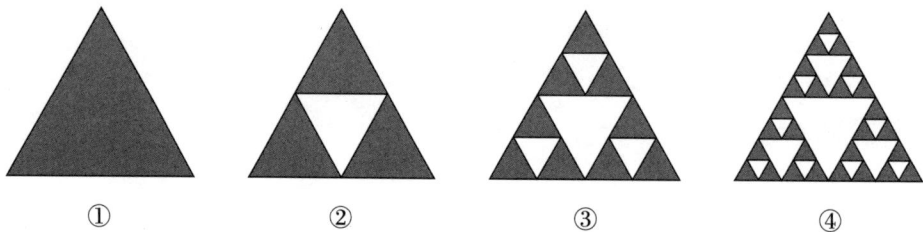

①　　　　　　②　　　　　　③　　　　　　④

图1

教材将此问题安排在学生进入"数列"这一章学习的第一节,旨在让学生在学习数列的基本概念之后,为"观察—归纳—猜想"这一思维模式提供实践,让学生品尝这一思维模式的甜头．本问题不仅为培养数学核心素养提供了优秀的数学素材,同时,作为分形几何的一

---

①本书引用的例题或习题均来源于人民教育出版社出版的《普通高中教科书·数学(A版)》,为方便表述,后文简称为《高中数学(A版)》．

角,为后续进一步的学习提供了延伸和拓展空间. 可以说本问题起到了抛砖引玉的作用,也体现了数学来源于生活又服务于生活的特征,同时也显露了本部分数学知识"小荷才露尖尖角"的美,给人无限的遐想空间.

一、问题分析与思路解析

求数列通项公式的方法比较多,通常有观察法、公式法、累加法、累乘法等. 就本题而言,可以选择观察法,亦可根据观察、归纳选择公式法.

方法1:观察法. 通过观察,在图1的①②③④中,着色三角形的个数依次为 $1,3,9,27$,根据规律,所求数列的一个通项公式是 $a_n = 3^{n-1}$.

方法2:公式法. 着色的小三角形个数构成数列 $\{a_n\}$ 的前4项,分别为:

$$a_1 = 1, a_2 = 3, a_3 = 3 \times 3 = 3^2, a_4 = 3^2 \times 3 = 3^3,$$

据此,该数列构成一个以1为首项,3为公比的等比数列,由等比数列的通项公式可得 $a_n = 3^{n-1}$.

解题反思:本题可以通过对分形图的观察,归纳得到数列的通项公式;本题亦可视为考查了等比数列的通项公式,考查了观察、分析、猜想、归纳推理能力与计算能力,具有"数"与"形"的特征,属于中档题. 尽管难度不大,但可以通过本题进行拓展与延伸,发散学生的思维,引导学生在思考中获得"四基"、提高"四能",从而发展学生的数学学科素养.

二、知识建构与方法提炼

数列的通项公式是数列的核心之一,它如同函数中的解析式一样,有解析式便可研究其性质等,而有了数列的通项公式便可求出任一项及前 n 项和等,因此求数列的通项公式往往是解题的突破口、关键点. 同时,求数列通项公式的方法是高考数学的热点之一,在选择题、填空题与解答题中均有考查,难度中等,但有时在同一个题目中会涉及多种方法,综合性较强. 现将求数列通项公式的常见类型及方法总结如下:

1.观察法

观察数列的特征(数字特征或几何特征),横向看各项之间的关系结构,纵向看各项与项数 n 的内在联系,从而归纳出数列的通项公式.

2.定义法

若数列是等差数列或等比数列,求通公式项时,只需求出 a_1 与 d 或 a_1 与 q,再代入公式 $a_n = a_1 + (n-1)d$ 或 $a_n = a_1 q^{n-1}$ 中即可.

3.利用 a_n 与 S_n 的关系求通项公式

(1)利用 $a_n = \begin{cases} a_1 & (n = 1) \\ S_n - S_{n-1} & (n \geqslant 2) \end{cases}$ 求通项时,要注意检验 $n = 1$ 时的情况.

已知S_n求a_n的三个步骤：

①利用$a_1 = S_1$求出a_1.

②用$n-1$替换S_n中的n，得到一个新的关系，利用$a_n = S_n - S_{n-1}(n \geq 2)$便可求出当$n \geq 2$时$a_n$的表达式.

③对$n = 1$时的结果进行检验，看是否符合$n \geq 2$时a_n的表达式. 如果符合，可以把数列的通项公式合写；如果不符合，则应该分$n = 1$与$n \geq 2$两段来写.

（2）已知数列的前n项和S_n的相关条件求数列通项公式的基本思路有两个：

①将和S_n转化为项a_n，即利用$a_n = S_n - S_{n-1}$将和转化为项.

②可将条件看作数列$\{S_n\}$的递推公式，求出S_n，题目即转化为已知数列的前n项和S_n，求数列的通项公式a_n.

4. 累加法

形如$a_{n+1} - a_n = f(n)$（已知a_1）型的递推公式均可用累加法求通项公式.

（1）当$f(n) = d$为常数时，$\{a_n\}$为等差数列，则$a_n = a_1 + (n-1)d$.

（2）当$f(n)$为n的函数时，用累加法. 方法如下：

由$a_{n+1} - a_n = f(n)$得

当$n \geq 2$时，$a_n - a_{n-1} = f(n-1)$，

$$a_{n-1} - a_{n-2} = f(n-2)，$$

$$\cdots$$

$$a_3 - a_2 = f(2)，$$

$$a_2 - a_1 = f(1).$$

以上$(n-1)$个等式累加得

$$a_n - a_1 = f(n-1) + f(n-2) + \cdots + f(2) + f(1)，$$

所以$a_n = a_1 + f(n-1) + f(n-2) + \cdots + f(2) + f(1)$.

（3）已知$a_1, a_{n+1} - a_n = f(n)$，其中$f(n)$可以是关于$n$的一次函数、二次函数、指数函数、分式函数，求通项.

①若$f(n)$是关于n的一次函数，累加后可转化为等差数列求和；

②若$f(n)$是关于n的二次函数，累加后可分组求和；

③若$f(n)$是关于n的指数函数，累加后可转化为等比数列求和；

④若$f(n)$是关于n的分式函数，累加后可裂项求和.

5. 累乘法

形如$\dfrac{a_{n+1}}{a_n} = f(n)$（已知$a_1$）型的递推公式均可用累乘法求通项公式.

对递推公式 $\dfrac{a_{n+1}}{a_n}=f(n)(n\in\mathbf{N}^*)$ 中的 n 依次取 $1,2,3,\cdots,n-1$,可得到下面 $n-1$ 个式子:

$$\frac{a_2}{a_1}=f(1),\frac{a_3}{a_2}=f(2),\frac{a_4}{a_3}=f(3),\ \cdots,\frac{a_n}{a_{n-1}}=f(n-1).$$

利用公式 $a_n=a_1\times\dfrac{a_2}{a_1}\times\dfrac{a_3}{a_2}\times\dfrac{a_4}{a_3}\times\cdots\times\dfrac{a_n}{a_{n-1}}(a_n\neq0,\ n\in\mathbf{N}^*)$ 可得

$$a_n=a_1\times f(1)\times f(2)\times f(3)\times\cdots\times f(n-1).$$

6.奇偶分析法

(1)对于形如 $a_{n+1}+a_n=f(n)$ 型的递推公式求通项公式:

①当 $a_{n+1}+a_n=d(d$ 为常数$)$时,数列为"等和数列",它是一个周期数列,周期为2,其通项分奇数项和偶数项来讨论.

②当 $f(n)$ 为 n 的函数时,由 $a_{n+1}+a_n=f(n),a_n+a_{n-1}=f(n-1)$ 两式相减,得到 $a_{n+1}-a_{n-1}=f(n)-f(n-1)$,分奇偶项来求通项.

(2)对于形如 $a_{n+1}\cdot a_n=f(n)$ 型的递推公式求通项公式:

①当 $a_{n+1}\cdot a_n=d(d$ 为常数$)$时,数列为"等积数列",它是一个周期数列,周期为2,其通项分奇数项和偶数项来讨论.

②当 $f(n)$ 为 n 的函数时,由 $a_{n+1}\cdot a_n=f(n),a_n\cdot a_{n-1}=f(n-1)$ 两式相除,得到 $\dfrac{a_{n+1}}{a_{n-1}}=\dfrac{f(n)}{f(n-1)}$,分奇偶项来求通项.

7.待定系数法(构造法)

若给出条件直接求 a_n 较难,可通过整理变形从中构造出一个等差数列或等比数列,再根据等差数列或等比数列的定义求出通项. 常见的有:

(1) $a_{n+1}=pa_n+q$ (p,q 为常数) $\Rightarrow a_{n+1}+t=p(a_n+t)$,构造等比数列 $\{a_n+t\}$.

(2) $a_{n+1}=pa_n+tp^{n+1}(t,\ p$ 为常数$)\xrightarrow{\text{两边同时除以}p^{n+1}}\dfrac{a_{n+1}}{p^{n+1}}=\dfrac{a_n}{p^n}+t.$

(3) $a_{n+1}=pa_n+tq^{n+1}(t,\ p,\ q$ 为常数$)\xrightarrow{\text{两边同时除以}q^{n+1}}\dfrac{a_{n+1}}{q^{n+1}}=\dfrac{p}{q}\cdot\dfrac{a_n}{q^n}+t$,再参考类型(1)构造数列.

(4) $a_{n+1}=pa_n+qn+r$ ($p,\ q,\ r$ 为常数) $\Rightarrow a_{n+1}+\lambda(n+1)+\mu=p(a_n+\lambda n+\mu)$,构造等比数列 $\{a_n+\lambda n+\mu\}$.

(5) $a_{n+2}=pa_{n+1}+qa_n\Rightarrow a_{n+2}-ta_{n+1}=p(a_{n+1}-ta_n)$,构造等比数列 $\{a_{n+1}-ta_n\}$.

8.倒数法

$(1)a_{n+1}=\dfrac{pa_n}{qa_n+p}\Rightarrow\dfrac{1}{a_{n+1}}=\dfrac{qa_n+p}{pa_n}=\dfrac{1}{a_n}+\dfrac{q}{p}$，构造等差数列$\left\{\dfrac{1}{a_n}\right\}$.

$(2)a_{n+1}=\dfrac{pa_n}{qa_n+t}\Rightarrow\dfrac{1}{a_{n+1}}=\dfrac{qa_n+t}{pa_n}=\dfrac{t}{p}\cdot\dfrac{1}{a_n}+\dfrac{q}{p}$.

三、问题生成与素养培育

(一)教材问题

《高中数学(A版)》(选择性必修第二册)复习参考题4第3题第(3)小题:

图2是瑞典数学家科赫在1904年构造的能够描述雪花形状的图案. 图形的作法是:从一个正三角形开始,把每条边分成三等份,然后以各边的中间一段为底边分别向外作正三角形,再去掉底边. 反复进行这一过程,就得到一条"雪花"状的曲线. 设原正三角形(图①)的边长为1,把图①、图②、图③、图④中图形的周长依次记为C_1,C_2,C_3,C_4,则$C_4=$(　　).

A.$\dfrac{128}{9}$　　　　B.$\dfrac{64}{9}$　　　　C.$\dfrac{64}{27}$　　　　D.$\dfrac{128}{27}$

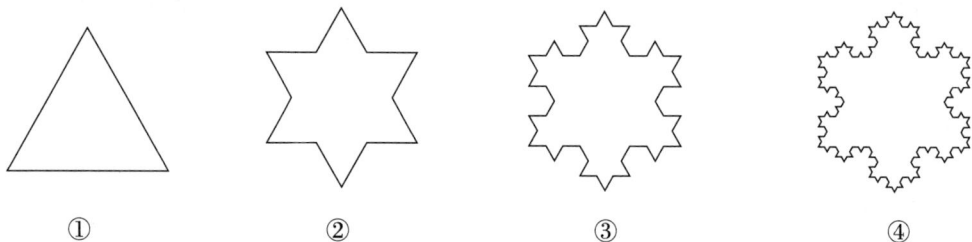

① ② ③ ④

图2

求数列具体项的方法很多,就本题而言,学生可以采用的主要方法有:直接法——硬算(因为本题需要求解的项数不多——四项),观察归纳法,递推法,通项法等.

方法1:通过观察并计算可得图④是一个边长均为$\dfrac{1}{27}$,有192条边的多边形,因此其周长$C_4=\dfrac{1}{27}\times192=\dfrac{64}{9}$.

因此,选择B选项.

方法2:用数列$\{C_n\}$表示第n个图形的周长,观察前四个图形,找规律可知,数列$\{C_n\}$是以1为首项,$\dfrac{4}{3}$为公比的等比数列,根据等比数列的通项公式可求出结果.

解:用数列$\{C_n\}$表示第n个图形的周长.

第一个图形是三角形,边长为1,周长$C_1 = 3 \times 1 = 3$;

第二个图形是$3 \times 4 = 12$边形,边长为$\frac{1}{3}$,周长$C_2 = 12 \times \frac{1}{3} = 4$;

第三个图形是$12 \times 4 = 48$边形,边长为$\frac{1}{9}$,周长$C_3 = 48 \times \frac{1}{9} = \frac{16}{3}$;

第四个图形是$48 \times 4 = 192$边形,边长为$\frac{1}{27}$,周长$C_4 = 192 \times \frac{1}{27} = \frac{64}{9}$.

因此,选择B选项.

方法3: 观察图形可得出$\{C_n\}$后一项是前一项的$\frac{4}{3}$倍,写出递推公式即可求出C_4.

解: 观察图形发现,从第二个图形开始,每一个图形的周长都在前一个的周长的基础上多了其周长的$\frac{1}{3}$,即$C_n = C_{n-1} + \frac{1}{3}C_{n-1} = \frac{4}{3}C_{n-1}$,即$C_n = \frac{4}{3}C_{n-1}$.

因为$C_1 = 3$,所以$C_2 = 3 \times \frac{4}{3} = 4$,$C_3 = 4 \times \frac{4}{3} = \frac{16}{3}$,$C_4 = \frac{4}{3} \times \frac{16}{3} = \frac{64}{9}$.

因此,选择B选项.

方法4: 观察图形可得出$\{C_n\}$是首项为$C_1 = 3$,公比为$\frac{4}{3}$的等比数列,据此可求出C_4.

解: 观察图形发现,从第二个图形开始,每一个图形的周长都在前一个的周长的基础上多了其周长的$\frac{1}{3}$,即$C_n = C_{n-1} + \frac{1}{3}C_{n-1} = \frac{4}{3}C_{n-1}$,所以$\{C_n\}$是首项为$C_1 = 3$,公比为$\frac{4}{3}$的等比数列,所以$C_4 = 3 \times \left(\frac{4}{3}\right)^3 = \frac{64}{9}$.

因此,选择B选项.

(二)问题生成

图3是瑞典数学家科赫在1904年构造的能够描述雪花形状的图案. 图形的作法是:从一个正三角形开始,把每条边分成三等份,然后以各边的中间一段为底边分别向外作正三角形,再去掉底边. 反复进行这一过程,就得到一条"雪花"状的曲线,称为"科赫雪花曲线".

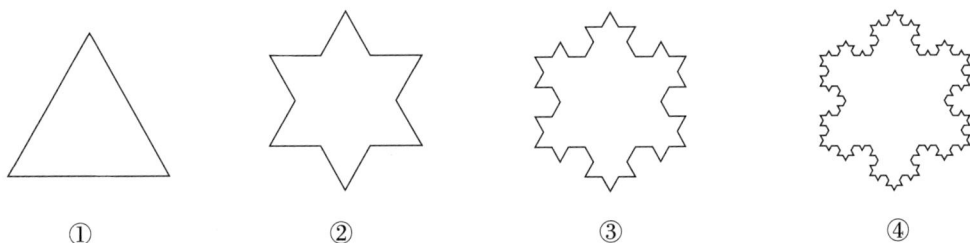

①　　　　②　　　　③　　　　④

图3

问题1 如图3,若已知原正三角形(图①)的边长为1,把图①、图②、图③、图④中图形的周长依次记为$C_1,C_2,C_3,C_4,\cdots$,则$\dfrac{C_1C_5}{C_2}=$_____.

问题分析:本问题是教材习题的另外一种问法.改变问题结构之后,学生看到求解形式有点"复杂",容易望而生畏,实则本问题和教材习题是一致的.观察图形可知周长形成的数列$\{C_n\}$是首项$C_1=3$,公比为$\dfrac{4}{3}$的等比数列,据此可求解.

问题求解:观察图形知,各个图形的周长依次排成一列构成数列$\{C_n\}$,从第二个图形开始,每一个图形的边数是相邻前一个图形的4倍,边长是相邻前一个图形的$\dfrac{1}{3}$.因此从第二个图形开始,每一个图形的周长是相邻前一个图形周长的$\dfrac{4}{3}$,即有$C_{n+1}=\dfrac{4}{3}C_n$.因此数列$\{C_n\}$是首项$C_1=3$,公比为$\dfrac{4}{3}$的等比数列,$C_n=3\left(\dfrac{4}{3}\right)^{n-1}$,所以$C_2=4$,$C_5=3\cdot\left(\dfrac{4}{3}\right)^4=\dfrac{256}{27}$,

所以$\dfrac{C_1C_5}{C_2}=\dfrac{3\times\dfrac{256}{27}}{4}=\dfrac{64}{9}$.

故答案为$\dfrac{64}{9}$.

问题2 如图3,若已知原正三角形(图①)的边长为1,把图①、图②、图③、图④中图形的周长依次记为$C_1,C_2,C_3,C_4,\cdots$,则$C_n=$_____.

问题分析:本题是教材问题的延伸,实现了从特殊到一般,从有限到无限.用数列$\{C_n\}$表示第n个图形的周长,分别计算C_1,C_2,C_3,C_4,可发现数列$\{C_n\}$为等比数列,进而求得第n个图形的周长.

问题解析:用数列$\{C_n\}$表示第n个图形的周长.

由$C_1=3,C_2=3\times\dfrac{4}{3},C_3=3\times\left(\dfrac{4}{3}\right)^2,\cdots$,得到数列$\{C_n\}$是以3为首项,$\dfrac{4}{3}$为公比的等比数列,所以$C_n=3\times\left(\dfrac{4}{3}\right)^{n-1}=3\left(\dfrac{4}{3}\right)^{n-1}$.

故答案为$3\left(\dfrac{4}{3}\right)^{n-1}$.

问题3 如图3,若已知原正三角形(图①)的周长为1,把图①、图②、图③、图④中图形的周长依次记为$a_1,a_2,a_3,a_4,\cdots$,记第n个图形的周长为a_n,S_n为数列$\{na_n\}$的前n项和,则$S_n=($ $)$.

A. $(3n-9)\left(\dfrac{4}{3}\right)^n+9$ B. $(3n+9)\left(\dfrac{4}{3}\right)^n-15$

C. $(3n-9)\left(\dfrac{4}{3}\right)^{n-1}+7$　　　　　　　D. $(3n+9)\left(\dfrac{4}{3}\right)^{n-1}-9$

问题分析:根据题意求出每个图形的边长及边数,即可求解.

问题求解:根据题意,

当 $n=1$ 时,第1个图中的三角形的边长为 $\dfrac{1}{3}$,三角形的周长为 $a_1=3\times\dfrac{1}{3}=1$;

当 $n=2$ 时,第2个图中"雪花曲线"的边长为 $\dfrac{1}{3}\times\dfrac{1}{3}=\left(\dfrac{1}{3}\right)^2$,共有 3×4 条边,其周长为

$a_2=3\times4\times\left(\dfrac{1}{3}\right)^2=\dfrac{4}{3}$;

当 $n=3$ 时,第3个图中"雪花曲线"的边长为 $\dfrac{1}{3}\times\dfrac{1}{3}\times\dfrac{1}{3}=\left(\dfrac{1}{3}\right)^3$,共有 3×4^2 条边,其周

长为 $a_3=3\times4^2\times\left(\dfrac{1}{3}\right)^3=\left(\dfrac{4}{3}\right)^2$;

……

第 n 个图中"雪花曲线"的边长为 $\dfrac{1}{3}\times\dfrac{1}{3}\times\cdots\times\dfrac{1}{3}=\left(\dfrac{1}{3}\right)^n$,共有 $3\times4^{n-1}$ 条边, $a_n=3\times$

$4^{n-1}\times\left(\dfrac{1}{3}\right)^n=\left(\dfrac{4}{3}\right)^{n-1}$.

因此, $n\cdot a_n=n\times\left(\dfrac{4}{3}\right)^{n-1}$.

于是 $S_n=1\times1+2\times\left(\dfrac{4}{3}\right)^1+3\times\left(\dfrac{4}{3}\right)^2+\cdots+n\times\left(\dfrac{4}{3}\right)^{n-1}$,　　　①

$\dfrac{4}{3}S_n=1\times\dfrac{4}{3}+2\times\left(\dfrac{4}{3}\right)^2+3\times\left(\dfrac{4}{3}\right)^3+\cdots+n\times\left(\dfrac{4}{3}\right)^n$,　　　②

由①-②得

$$-\dfrac{1}{3}S_n=1+\dfrac{4}{3}+\left(\dfrac{4}{3}\right)^2+\cdots+\left(\dfrac{4}{3}\right)^{n-1}-n\times\left(\dfrac{4}{3}\right)^n=\dfrac{1-\left(\dfrac{4}{3}\right)^n}{1-\dfrac{4}{3}}-n\times\left(\dfrac{4}{3}\right)^n,$$

则 $S_n=(3n-9)\left(\dfrac{4}{3}\right)^n+9$.

故选A.

问题4　如图3,若已知原正三角形(图①)的边长为1,把图①、图②、图③、图④中图形的面积依次记为 $S_1,S_2,S_3,S_4,\cdots$,则 $S_n=$ _____.

问题分析:根据所给的图形找相邻两个图形之间的面积关系,可求 S_n.

问题解析: 设图①、图②、图③、图④中正三角形的边长分别为 a_1, a_2, a_3, a_4,

图形面积依次记为 S_1, S_2, S_3, S_4,

图形分别记为 M_1, M_2, M_3, M_4,

图形的边数分别记为 N_1, N_2, N_3, N_4,

观察图形可知 $\dfrac{a_{n+1}}{a_n} = \dfrac{1}{3}$ $(n = 1, 2, 3)$,且 $a_1 = 1$;$N_{n+1} = 4N_n (n = 1, 2, 3)$,且 $N_1 = 3$.

由题意可知,数列 $\{N_n\}$ 是首项为1,公比为4的等比数列,则 $N_n = 3 \cdot 4^{n-1}$;

数列 $\{a_n\}$ 是首项为1,公比为 $\dfrac{1}{3}$ 的等比数列,$a_n = \left(\dfrac{1}{3}\right)^{n-1}$.

由图可知,图形 M_{n+1} 是在图形 M_n 的每条边上生成一个小三角形(去掉底边)得到的,相比于图形 M_n 共增加了 N_n 个边长为 a_{n+1} 的正三角形,据此得:

当 $n = 1$ 时,第一个图形的面积为 $S_1 = \dfrac{\sqrt{3}}{4}$;

当 $n \geq 2$ 时,$S_{n+1} - S_n = N_n \times \dfrac{\sqrt{3}}{4} a_{n+1}^2 = 3 \times 4^{n-1} \times \dfrac{\sqrt{3}}{4} \times \left(\dfrac{1}{9}\right)^n = \dfrac{3\sqrt{3}}{16} \times \left(\dfrac{4}{9}\right)^n$.

由累加法可得 $S_n = S_1 + (S_2 - S_1) + (S_3 - S_2) + \cdots + (S_n - S_{n-1})$,

所以 $S_n = \dfrac{\sqrt{3}}{4} + \dfrac{3\sqrt{3}}{16} \times \dfrac{\dfrac{4}{9}\left[1 - \left(\dfrac{4}{9}\right)^{n-1}\right]}{1 - \dfrac{4}{9}} = \dfrac{2\sqrt{3}}{5} - \dfrac{3\sqrt{3}}{20} \times \left(\dfrac{4}{9}\right)^{n-1}$.

因为 $n = 1$ 时,$S_1 = \dfrac{\sqrt{3}}{4}$ 亦满足上式,所以 $S_n = \dfrac{2\sqrt{3}}{5} - \dfrac{3\sqrt{3}}{20} \times \left(\dfrac{4}{9}\right)^{n-1}$.

问题反思: 此题考查等比数列的性质的应用,解题的关键是由题意找出边长 a_n 的递推公式和边数 N_n 的递推公式,以及相邻两个图形面积之间的递推关系,考查计算能力,属于较难题.

问题5 (多选题)如图3,若已知原正三角形(图①)的边长为1,记 $\{a_n\}$ 为第 n 个图形的边长,记 $\{b_n\}$ 为第 n 个图形的周长,S_n 为 $\{a_n\}$ 的前 n 项和,则下列说法正确的是(   ).

A. $b_n = 3\left(\dfrac{4}{3}\right)^{n-1}$

B. $S_n = \dfrac{3}{2} - \dfrac{1}{2 \cdot 3^n}$

C. 若 b_n,b_m 为 $\{b_n\}$ 中的不同两项,且 $b_n \cdot b_m = b_2 \cdot b_4$,则 $\dfrac{1}{m} + \dfrac{2}{n}$ 的最小值是1

D. 若 $\lambda \leq 2S_n - \dfrac{1}{S_n} < \mu$ 恒成立,则 $\mu - \lambda$ 的最小值为 $\dfrac{4}{3}$

问题分析: 对于A选项,通过相邻两图之间的关系可求出 b_n. 对于B选项,由题意可知,

数列 $\{a_n\}$ 是以1为首项, $\dfrac{1}{3}$ 为公比的等比数列,从而可求出 S_n. 对于C选项,由 $b_n \cdot b_m = b_2 \cdot$ b_4 结合 $b_n = 3\left(\dfrac{4}{3}\right)^{n-1}$, 可得 $n + m = 6$, 而 m, $n \in \mathbf{N}^*$, 从而可求出 m, n 的值,则可求出 $\dfrac{1}{m} + \dfrac{2}{n}$ 的值,进而可求得最小值. 对于D选项,由 $S_n = \dfrac{3}{2}\left(1 - \dfrac{1}{3^n}\right)$ 在 $n \in \mathbf{N}^*$ 上递增和 $y = 2S_n - \dfrac{1}{S_n}$ 在 $S_n \in \left[1, \dfrac{3}{2}\right)$ 上递增,可求得结果.

问题解析: 对于A选项,由题意可知,下一个图形的边长是上一个图形边长的 $\dfrac{1}{3}$, 边数是上一个图形的4倍,则周长之间的关系为 $b_n = \dfrac{1}{3} \times 4b_{n-1} = \dfrac{4}{3}b_{n-1}$, 所以数列 $\{b_n\}$ 是公比为 $\dfrac{4}{3}$, 首项为3的等比数列,所以 $b_n = 3\left(\dfrac{4}{3}\right)^{n-1}$, 所以A正确.

对于B选项,由题意可知,从第2个图形起,每一个图形的边长均为上一个图形边长的 $\dfrac{1}{3}$, 所以数列 $\{a_n\}$ 是以1为首项, $\dfrac{1}{3}$ 为公比的等比数列,所以 $S_n = \dfrac{1 - \left(\dfrac{1}{3}\right)^n}{1 - \dfrac{1}{3}} = \dfrac{3}{2}\left[1 - \left(\dfrac{1}{3}\right)^n\right] =$ $\dfrac{3}{2} - \dfrac{1}{2 \cdot 3^{n-1}}$, 所以B错误.

对于C选项,由 $b_n = 3\left(\dfrac{4}{3}\right)^{n-1}$, $b_n \cdot b_m = b_2 \cdot b_4$, 得 $3 \cdot \left(\dfrac{4}{3}\right)^{n-1} \cdot 3 \cdot \left(\dfrac{4}{3}\right)^{m-1} = 3 \cdot \left(\dfrac{4}{3}\right)^{2-1} \cdot$ $3 \cdot \left(\dfrac{4}{3}\right)^{4-1}$, 所以 $\left(\dfrac{4}{3}\right)^{n+m-2} = \left(\dfrac{4}{3}\right)^4$, 所以 $n + m = 6$. 因为 m, $n \in \mathbf{N}^*$, 所以当 $n = 1$ 时, $m = 5$, 则 $\dfrac{1}{m} + \dfrac{2}{n} = \dfrac{1}{5} + \dfrac{2}{1} = \dfrac{11}{5}$; 当 $n = 2$ 时, $m = 4$, 则 $\dfrac{1}{m} + \dfrac{2}{n} = \dfrac{1}{4} + \dfrac{2}{2} = \dfrac{5}{4}$; 当 $n = 3$ 时, $m = 3$, 则 $\dfrac{1}{m} + \dfrac{2}{n} = \dfrac{1}{3} + \dfrac{2}{3} = 1$; 当 $n = 4$ 时, $m = 2$, 则 $\dfrac{1}{m} + \dfrac{2}{n} = \dfrac{1}{2} + \dfrac{2}{4} = \dfrac{1}{2} + \dfrac{1}{2} = 1$; 当 $n = 5$ 时, $m = 1$, 则 $\dfrac{1}{m} + \dfrac{2}{n} = \dfrac{1}{1} + \dfrac{2}{5} = \dfrac{7}{5}$. 因此, $\dfrac{1}{m} + \dfrac{2}{n}$ 的最小值是1,所以C正确.

对于D选项,因为 $S_n = \dfrac{3}{2} - \dfrac{1}{2 \cdot 3^{n-1}} = \dfrac{3}{2}\left(1 - \dfrac{1}{3^n}\right)$ 在 $n \in \mathbf{N}^*$ 上递增,所以 $\dfrac{3}{2}\left(1 - \dfrac{1}{3}\right) \leqslant S_n <$ $\dfrac{3}{2}$, 即 $1 \leqslant S_n < \dfrac{3}{2}$.

令 $y = 2S_n - \dfrac{1}{S_n}$, 则 $y = 2S_n - \dfrac{1}{S_n}$ 在 $S_n \in \left[1, \dfrac{3}{2}\right)$ 上递增,

所以 $2 \times 1 - 1 \leqslant y < 2 \times \dfrac{3}{2} - \dfrac{2}{3}$, 即 $1 \leqslant y < \dfrac{7}{3}$, 即 $1 \leqslant 2S_n - \dfrac{1}{S_n} < \dfrac{7}{3}$.

因为 $\lambda \leqslant 2S_n - \dfrac{1}{S_n} < \mu$ 恒成立,所以 $\mu - \lambda$ 的最小值为 $\dfrac{7}{3} - 1 = \dfrac{4}{3}$,所以 D 正确.

故选 ACD.

问题反思: 此题考查等比数列的通项公式与求和公式的应用,考查数列单调性的应用,考查计算能力,属于较难题. 解题的关键是正确理解题意,求出数列 $\{a_n\}$ 和 $\{b_n\}$ 的通项公式.

问题 6 如图 3,通过雪花曲线的形成过程可知,雪花曲线的周长可以无限长,然而围成的面积却是有限的. 设初始三角形 ABC 的边长为 a,不断重复上述操作,则雪花曲线围成的面积趋于定值为 _____.

问题分析: 依次计算得到第 n 次操作后的面积 $S_n = \dfrac{\sqrt{3}}{4} a^2 + 3 \times \dfrac{\sqrt{3}}{4} \times \left(\dfrac{a}{3} \right)^2 + 3 \times 4 \times \dfrac{\sqrt{3}}{4} \times \left(\dfrac{a}{3^2} \right)^2 + \cdots + 3 \times 4^{n-1} \times \dfrac{\sqrt{3}}{4} \times \left(\dfrac{a}{3^n} \right)^2$,按照等比数列求和公式得到 $S_n = \dfrac{\sqrt{3}}{4} a^2 \left[\dfrac{8}{5} - \dfrac{3}{5} \cdot \left(\dfrac{4}{9} \right)^n \right]$,再由 $n \to +\infty$ 时,$\left(\dfrac{4}{9} \right)^n \to 0$ 得到结果即可.

问题解析: 由题意知,初始三角形的面积 $S_0 = \dfrac{\sqrt{3}}{4} a^2$,

第一次操作后,增加了 3 个边长为 $\dfrac{a}{3}$ 的等边三角形,此时面积 $S_1 = \dfrac{\sqrt{3}}{4} a^2 + 3 \times \dfrac{\sqrt{3}}{4} \left(\dfrac{a}{3} \right)^2$;

第二次操作后,增加了 3×4 个边长为 $\dfrac{a}{3^2}$ 的等边三角形,此时面积 $S_2 = \dfrac{\sqrt{3}}{4} a^2 + 3 \times \dfrac{\sqrt{3}}{4} \left(\dfrac{a}{3} \right)^2 + 3 \times 4 \times \dfrac{\sqrt{3}}{4} \left(\dfrac{a}{3^2} \right)^2$;

……

第 n 次操作后,增加了 $3 \times 4^{n-1}$ 个边长为 $\dfrac{a}{3^n}$ 的等边三角形,此时面积

$$S_n = \dfrac{\sqrt{3}}{4} a^2 + 3 \times \dfrac{\sqrt{3}}{4} \left(\dfrac{a}{3} \right)^2 + 3 \times 4 \times \dfrac{\sqrt{3}}{4} \left(\dfrac{a}{3^2} \right)^2 + \cdots + 3 \times 4^{n-1} \times \dfrac{\sqrt{3}}{4} \left(\dfrac{a}{3^n} \right)^2$$

$$= \dfrac{\sqrt{3}}{4} a^2 \left(1 + \dfrac{1}{3} + \dfrac{4}{3^3} + \cdots + \dfrac{4^{n-1}}{3^{2n-1}} \right) = \dfrac{\sqrt{3}}{4} a^2 \left[1 + \dfrac{\dfrac{1}{3} \left(1 - \dfrac{4^n}{9^n} \right)}{1 - \dfrac{4}{9}} \right]$$

$$= \dfrac{\sqrt{3}}{4} a^2 \left[\dfrac{8}{5} - \dfrac{3}{5} \cdot \left(\dfrac{4}{9} \right)^n \right].$$

因此,当 $n \to +\infty$ 时,$\left(\dfrac{4}{9}\right)^n \to 0$,$S_n \to \dfrac{\sqrt{3}}{4} a^2 \times \dfrac{8}{5} = \dfrac{2\sqrt{3}}{5} a^2$.

问题反思:此题考查分形几何图形的特征,很好地考查了等比数列的通项公式与求和公式的应用,对学生的观察、归纳、猜想及推理能力要求很高. 解题的关键是正确理解题意,观察图形的结构特征发现每增加一次操作所得图形面积的变化规律,进而求出 S_n. 亦可用类似于问题4的方法求解得 S_n,进一步求解本问题. 本题很好地考查了学生的计算能力,渗透了有限到无限的极限思想,属于较难题.

问题7　如图4,若已知图①中正三角形的边长为6,则图③中 $\overrightarrow{OM} \cdot \overrightarrow{ON} =$ _____.

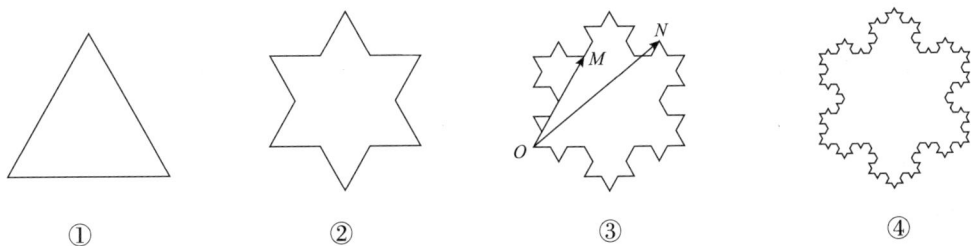

①　　　　②　　　　③　　　　④

图4

问题分析:在图③中,以 O 为坐标原点建立如图5所示的平面直角坐标系,由向量的运算求得 $\overrightarrow{OM}$,$\overrightarrow{ON}$ 的坐标,再由数量积的坐标表示计算.

问题解析:在图③中,以 O 为坐标原点建立如图5所示的平面直角坐标系,得到

$$\left|\overrightarrow{OM}\right| = 4,\overrightarrow{OM} = \left(4\cos\dfrac{\pi}{3},\ 4\sin\dfrac{\pi}{3}\right) = \left(2,\ 2\sqrt{3}\right),$$

$$\left|\overrightarrow{MP}\right| = \dfrac{8}{3},\overrightarrow{MP} = \left(\dfrac{8}{3},\ 0\right),$$

图5

$$\left|\overrightarrow{PN}\right| = \dfrac{2}{3},由分形理论知 PN \parallel OM,所以 \overrightarrow{PN} = \left(\dfrac{1}{3},\dfrac{\sqrt{3}}{3}\right),$$

$$所以 \overrightarrow{ON} = \overrightarrow{OM} + \overrightarrow{MP} + \overrightarrow{PN} = \left(5,\dfrac{7\sqrt{3}}{3}\right),$$

$$所以 \overrightarrow{OM} \cdot \overrightarrow{ON} = 2 \times 5 + 2\sqrt{3} \times \dfrac{7\sqrt{3}}{3} = 24.$$

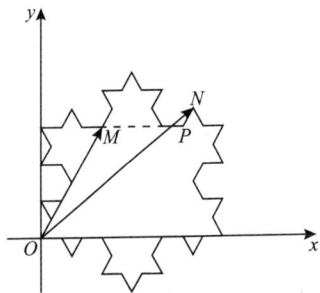

问题8　如图6,若已知点 O 是图②六角形的对称中心,A 和 B 是六角形的两个顶点,动点 P 在六角形上(内部以及边界). 若 $\overrightarrow{OP} = x\overrightarrow{OA} + y\overrightarrow{OB}$,则 $x + y$ 的取

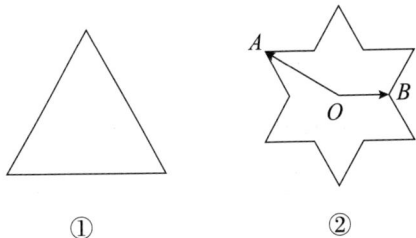

①　　　　②

图6

值范围是(　　).

A. [-3, 3]　　　B. [-4, 4]　　　C. [-5, 5]　　　D. [-6, 6]

问题分析: 设 $\overrightarrow{OA} = \boldsymbol{a}$, $\overrightarrow{OB} = \boldsymbol{b}$, 求 $x + y$ 的最大值, 只需考虑图中以 O 为起点, 6个顶点分别为终点的向量即可, 再根据对称可得最小值.

问题解析: 如图7, 设 $\overrightarrow{OA} = \boldsymbol{a}$, $\overrightarrow{OB} = \boldsymbol{b}$, 求 $x + y$ 的最大值, 只需考虑图中以 O 为起点, 6个顶点分别为终点的向量即可, 讨论如下:

当点 P 在 A 处时, $x = 1$, $y = 0$, 故 $x + y = 1$;

当点 P 在 B 处时, $x = 0$, $y = 1$, 故 $x + y = 1$;

当点 P 在 C 处时, $\overrightarrow{OC} = \overrightarrow{OA} + \overrightarrow{AC} = \boldsymbol{a} + 2\boldsymbol{b}$, 故 $x + y = 3$;

当点 P 在 D 处时, $\overrightarrow{OD} = \overrightarrow{OC} + \overrightarrow{CD} = \overrightarrow{OC} + \overrightarrow{BC} = 2\overrightarrow{OC} - \overrightarrow{OB} = 2\boldsymbol{a} + 3\boldsymbol{b}$, 故 $x + y = 5$;

当点 P 在 E 处时, $\overrightarrow{OE} = \overrightarrow{OA} + \overrightarrow{AE} = \boldsymbol{a} + \boldsymbol{b}$, 故 $x + y = 2$;

当点 P 在 F 处时, $\overrightarrow{OF} = \overrightarrow{OA} + \overrightarrow{AF} = \boldsymbol{a} + 3\boldsymbol{b}$, 故 $x + y = 4$.

所以 $x + y$ 的最大值为5.

根据其对称性可知 $x + y$ 的最小值为 -5, 故 $x + y$ 的取值范围是 $[-5, 5]$.

故选C.

问题反思: 解决本题的关键在于根据题意只需考虑图中以 O 为起点, 6个顶点分别为终点的向量即可.

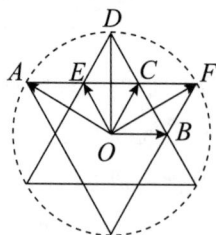

(三)综合建构

问题　如图8, 正方形 $ABCD$ 的边长为 $4\ \mathrm{cm}$, 取正方形 $ABCD$ 各边的中点 E, F, G, H, 作第二个正方形 $EFGH$, 然后再取正方形 $EFGH$ 各边的中点 I, J, K, L, 作第三个正方形 $IJKL$, 依此方法一直继续下去.

(1)求从正方形 $ABCD$ 开始, 连续10个正方形的面积之和;

(2)如果这个作图过程可以一直继续下去, 那么所有这些正方形的面积之和 S_n 将趋近于多少?

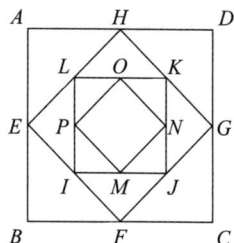

(3)若数列 $\{b_n\}$ 是以正方形的边长为项的数列, 且 $\forall n \in \mathbf{N}^*$, $b_1 + b_2 + \cdots + b_n < \dfrac{1}{b_1} + \dfrac{1}{b_2} + \cdots + \dfrac{1}{b_n}$, 求 n 的最小值.

问题分析: (1)根据取正方形的特征可知, 第 $k + 1$ 个正方形的面积是第 k 个正方形面积的 $\dfrac{1}{2}$, 利用等比数列前 n 项和公式即可得连续10个正方形的面积之和为 $\dfrac{1023}{32}\ \mathrm{cm}^2$;

(2)由 $S_n = 32 \times \left[1 - \left(\dfrac{1}{2}\right)^n\right]$ 可知,当 n 无限增大时,$\left(\dfrac{1}{2}\right)^n$ 将趋近于 0,S_n 将趋近于 $32\ \text{cm}^2$;

(3)根据题意可得第 $n + 1$ 个正方形与第 n 个正方形边长的关系,然后由等比数列的通项公式与求和公式结合不等式相关知识即可解决.

问题解析: (1)设正方形 $ABCD$ 的面积为 a_1,后继各正方形的面积依次为 a_2,a_3,$\cdots$,a_n,$\cdots$,则 $a_1 = 16$.

由于第 $k + 1$ 个正方形的顶点分别是第 k 个正方形各边的中点,

所以 $a_{k+1} = \dfrac{1}{2} a_k$,因此 $\{a_n\}$ 是以 16 为首项,$\dfrac{1}{2}$ 为公比的等比数列.

设 $\{a_n\}$ 的前 n 项和为 S_n,根据等比数列前 n 项和公式可得

$$S_{10} = \dfrac{16 \times \left[1 - \left(\dfrac{1}{2}\right)^{10}\right]}{1 - \dfrac{1}{2}} = 32 \times \left[1 - \left(\dfrac{1}{2}\right)^{10}\right] = \dfrac{1023}{32},$$

所以前 10 个正方形的面积之和为 $\dfrac{1023}{32}\ \text{cm}^2$.

(2)当 n 无限增大时,S_n 无限趋近于所有正方形的面积和 $a_1 + a_2 + a_3 + \cdots + a_n + \cdots$,而

$$S_n = \dfrac{16 \times \left[1 - \left(\dfrac{1}{2}\right)^n\right]}{1 - \dfrac{1}{2}} = 32 \times \left[1 - \left(\dfrac{1}{2}\right)^n\right],$$

随着 n 的无限增大,$\left(\dfrac{1}{2}\right)^n$ 将趋近于 0,S_n 将趋近于 $32\ \text{cm}^2$.

所以,所有这些正方形的面积之和将趋近于 $32\ \text{cm}^2$.

(3)根据已知条件,设正方形 $ABCD$ 的边长为 b_1,后继各正方形的边长依次为 b_2,b_3,$\cdots$,b_n,$\cdots$,则 $b_1 = 4$.

由于第 $k + 1$ 个正方形的顶点分别是第 k 个正方形各边的中点,所以 $b_{k+1} = \dfrac{\sqrt{2}}{2} b_k$,

因此 $\{b_n\}$ 是以 4 为首项,$\dfrac{\sqrt{2}}{2}$ 为公比的等比数列,所以 $b_n = 4 \cdot \left(\dfrac{\sqrt{2}}{2}\right)^{n-1}$.

设 $T_n = b_1 + b_2 + \cdots + b_n$,于是有

$$T_n = \dfrac{b_1(1 - q^n)}{1 - q} = \left(8 + 4\sqrt{2}\right)\left[1 - \left(\dfrac{\sqrt{2}}{2}\right)^n\right] < \left(8 + 4\sqrt{2}\right),$$

$b_n = 4 \times \left(\dfrac{\sqrt{2}}{2}\right)^{n-1} = 2^{\frac{5-n}{2}}$，则 $\dfrac{1}{b_n} = \dfrac{1}{2^{\frac{5-n}{2}}} = 2^{\frac{n-5}{2}}$，所以 $\left\{\dfrac{1}{b_n}\right\}$ 是以 $\dfrac{1}{4}$ 为首项，$\sqrt{2}$ 为公比的等比数列.

设数列 $\left\{\dfrac{1}{b_n}\right\}$ 的前 n 项和为 R_n，则 $R_n = \dfrac{\dfrac{1}{4}\left[1-\left(\sqrt{2}\right)^n\right]}{1-\sqrt{2}} = \dfrac{1}{4}\left(\sqrt{2}+1\right)\left(2^{\frac{n}{2}}-1\right)$，

令 $T_n < R_n \Rightarrow \left(8+4\sqrt{2}\right)\left[1-\left(\dfrac{\sqrt{2}}{2}\right)^n\right] < \dfrac{1}{4}\left(\sqrt{2}+1\right)\left(2^{\frac{n}{2}}-1\right)$，化简得

$16\sqrt{2} + 1 - 16\sqrt{2} \times 2^{-\frac{n}{2}} - 2^{\frac{n}{2}} < 0$.

设 $t = 2^{\frac{n}{2}}\left(t \geqslant \sqrt{2}\right)$，则有 $t^2 - \left(16\sqrt{2}+1\right)t + 16\sqrt{2} > 0$，

解得 $t > 16\sqrt{2} = 2^{\frac{9}{2}}$，即 $2^{\frac{n}{2}} > 2^{\frac{9}{2}}$，所以 $n > 9$. 又 $n \in \mathbf{N}^*$，所以 n 的最小值为 10.

所以 $\forall n \in \mathbf{N}^*$，当 $b_1 + b_2 + \cdots + b_n < \dfrac{1}{b_1} + \dfrac{1}{b_2} + \cdots + \dfrac{1}{b_n}$ 时，n 的最小值为 10.

问题反思：此题考查分形几何，考查学生的观察、归纳、猜想及推理能力，以及等比数列的通项公式与求和公式的应用. 解题的关键是正确理解题意、观察图形的结构特征并发现每增加一次操作所得图形面积及边长的变化规律，从而求解本问题. 本题很好地考查了学生的计算能力和逻辑推理能力，渗透了函数与方程、数形结合思想和极限思想，属于较难题.

对教材例题呈现的知识结构和思想方法进行深层次的探究、建构拓展与生成应用，彰显了问题的价值体系与核心素养，能够感悟到数学思想方法在数学学习与教学中的引领作用，其内涵博大精深. 当然，也只有深入其境方能发现数学的美与理，体悟数学是现实生活的高度理论概括，即所谓的"数学来源于生活而高于生活"，进而指导人们更为理性地认识世界.

把握知识的内涵　探究问题的外延

——教材中"余弦定理"的剖析

贵阳市第六中学　　高文逊

数学教师要善于通过数学教育帮助学生掌握现代生活和进一步学习必需的数学知识、技能、思想和方法；提升学生的数学素养，引导学生学会用数学眼光观察世界，用数学思维思考世界，用数学语言表达世界；促进学生思维能力、实践能力和创新意识的发展，探寻事物的变化规律．通过高中数学课程的学习，学生能获得进一步学习以及未来发展所必需的数学基础知识、基本技能、基本思想、基本活动经验；提高从数学角度发现和提出问题的能力、分析和解决问题的能力．那么我们如何在数学教学中提升学生的数学素养，培养学生的"四基""四能"呢？下面以《高中数学（A版）》（必修第二册）第六章第四节"平面向量的应用"中的"余弦定理"为案例，以素养建构与问题生成的形式进行多维展示．

一、问题分析与思路解析

三角形是最常见的几何图形之一，在工农业生产以及日常生活中有着广泛的应用．三角形是多边形的一种，是最常见、最简洁的多边形．在几何图形研究过程中常常把多边形分割成若干个三角形，通过研究三角形的性质来研究多边形的性质．因此，对三角形性质的学习和研究就显得尤为重要．但我们该从哪个角度、哪个方向来研究三角形的性质呢？

我们知道，两边和它的夹角分别相等的两个三角形全等．这说明，给定两边和夹角的三角形是唯一确定的．也就是说，三角形其余的边和角可以由这给定的两边和夹角来表示．那么，究竟该怎么表示呢？

探究：如图 1，在 $\triangle ABC$ 中，已知角 A，B，C 的对边分别为 a，b，c，怎样用 a，b，C 来表示 c？

培养学生的问题意识是创新教育的起点．教学中教师要不断鼓励、引导学生发现问题、提出问题．正如爱因斯坦说过的那样：提出一个问题往往比解决一个问题更重要．所以，教师作为

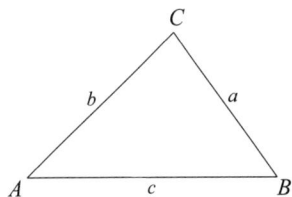

图1

学生所在学科学习活动的组织者、引导者与合作者,首先发挥的作用应该是努力创设这样一种情境:让学生成为问题的发现者与解决者. 在教学中,不仅要重视指导学生观察的方法、步骤,而且要为学生提供大量的实践活动情境和参与机会. 这就需要从现实生活中选取观察的素材,让学生亲身感受到问题就在我们身边,进而培养学生的学科意识.

既然发现和提出了问题,那么,我们该如何分析与解决问题呢?

思路1:三角形有直角三角形、锐角三角形、钝角三角形,而直角三角形是我们比较熟悉的三角形,可以借助直角三角形中的边角关系来探究斜三角形的边角关系. 但怎么才能在斜三角形中出现直角三角形呢? 作垂线就是很好的方法. 再借助勾股定理即可解决问题. 下面(包括后面的分析)以锐角三角形为例.

方法1:如图2,在锐角三角形ABC中,过点A作$AD \perp BC$于D,则

$$AB^2 = AD^2 + BD^2$$
$$= (AC \sin C)^2 + (BC - CD)^2$$
$$= (b \sin C)^2 + (a - b \cos C)^2$$
$$= b^2 \sin^2 C + a^2 - 2ab \cos C + b^2 \cos^2 C$$
$$= a^2 + b^2 - 2ab \cos C,$$

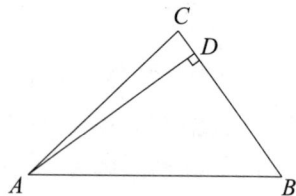

所以$c^2 = a^2 + b^2 - 2ab \cos C$.

思路2:前面我们借助了直角三角形中边的关系(勾股定理)解决了问题,那么可不可以借助于角呢?

方法2:如图3,在锐角三角形ABC中,过点C作$CD \perp AB$于D,
设$\angle ACD = \alpha, \angle BCD = \beta$,则

$$\cos C = \cos(\alpha + \beta)$$
$$= \cos \alpha \cos \beta - \sin \alpha \sin \beta$$
$$= \frac{CD}{AC} \times \frac{CD}{BC} - \frac{AD}{AC} \times \frac{BD}{BC} = \frac{CD^2 - AD \times BD}{AC \times BC}$$
$$= \frac{2CD^2 - 2AD \times BD}{2ab}$$
$$= \frac{(AC^2 - AD^2) + (BC^2 - BD^2) - 2AD \times BD}{2ab}$$
$$= \frac{b^2 + a^2 - (AD + BD)^2}{2ab}$$
$$= \frac{b^2 + a^2 - c^2}{2ab},$$

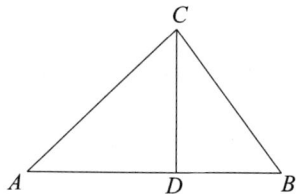

所以$c^2 = a^2 + b^2 - 2ab \cos C$.

思路3:作垂线后出现了两个直角三角形,就会有很多的边角关系,能不能在这些边角

图2

图3

关系中找出与结论有关的关系呢?

方法3:如图4,在△ABC中,过点A作$AD \perp BC$于D,则

$AD = AB\sin B = AC\sin C$,所以

$c\sin B = b\sin C$,　①

$BC = AB\cos B + AC\cos C$,所以$c\cos B = a - b\cos C$,　②

①②平方相加得

$c^2 = (b\sin c)^2 + (a - b\cos C)^2 = a^2 + b^2 - 2ab\cos C$,

所以$c^2 = a^2 + b^2 - 2ab\cos C$.

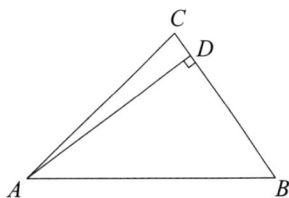

图4

思路4:这里涉及了三角形的两边与夹角,而向量的数量积是解决边与角很好的工具.

方法4:因为$\overrightarrow{AB} = \overrightarrow{CB} - \overrightarrow{CA}$,所以

$$\overrightarrow{AB}^2 = (\overrightarrow{CB} - \overrightarrow{CA})^2 = \overrightarrow{CB}^2 + \overrightarrow{CA}^2 - 2\left|\overrightarrow{CB}\right|\left|\overrightarrow{CA}\right|\cos C,$$

所以$c^2 = a^2 + b^2 - 2ab\cos C$.

思路5:作垂线可以借助于两个直角三角形来处理边角关系,那么能不能借助中线来处理呢?

方法5:如图5,取AB的中点D,所以$\overrightarrow{CD} = \dfrac{\overrightarrow{CA} + \overrightarrow{CB}}{2}$,

所以$\overrightarrow{CD}^2 = \left(\dfrac{\overrightarrow{CA} + \overrightarrow{CB}}{2}\right)^2 = \dfrac{b^2 + a^2 + 2ab\cos C}{4}$.

又因为$\overrightarrow{CA} = \overrightarrow{CD} + \overrightarrow{DA}, \overrightarrow{CB} = \overrightarrow{CD} + \overrightarrow{DB} = \overrightarrow{CD} - \overrightarrow{DA}$,所以

$$\overrightarrow{CA}^2 + \overrightarrow{CB}^2 = (\overrightarrow{CD} + \overrightarrow{DA})^2 + (\overrightarrow{CD} - \overrightarrow{DA})^2 = 2(\overrightarrow{CD}^2 + \overrightarrow{DA}^2),$$

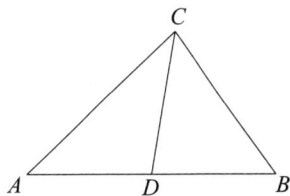

图5

即$b^2 + a^2 = 2\left(\dfrac{1}{4}c^2 + CD^2\right)$,所以$b^2 + a^2 = 2\left(\dfrac{1}{4}c^2 + \dfrac{a^2 + b^2 + 2ab\cos C}{4}\right)$,

化简得$c^2 = a^2 + b^2 - 2ab\cos C$.

思路6:我们常常通过平面直角坐标系,用代数的方法研究几何问题,那么这一问题是不是也可以这么处理?

方法6:如图6,以C为坐标原点,CA所在直线为x轴建立平面直角坐标系,所以A,B,C的坐标分别为$C(0, 0)$, $B(a\cos C, a\sin C)$, $A(b, 0)$,所以

$c^2 = (a\cos C - b)^2 + (a\sin C)^2 = a^2 + b^2 - 2ab\cos C$.

当然还有很多方法可以证明上述结论,这里不一一赘述.

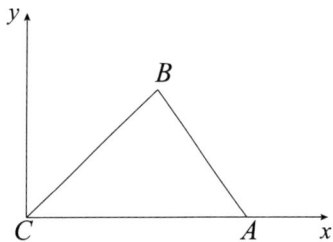

图6

上述的证明说明,在△ABC中,边c的平方等于a,b两边的平方和减去这两边与它们的夹角的余弦的积的两倍.对于钝角三角形,也可以类似地得到上述结论.

二、知识建构与方法提炼

学科核心素养是育人价值的集中体现,是学生通过学科学习逐步形成的正确价值观念、必备品格和关键能力. 数学学科核心素养是数学课程目标的集中体现,是具有数学基本特征的思维品质、关键能力以及情感、态度与价值观的综合体现,是在数学学习和应用的过程中逐步形成和发展的.

本题结合三角形的图形,从三角形的边与角的关系中抽象出一般规律和结构,并用数学语言予以表达,体现了数学抽象的思维方式,有助于让学生养成一般性思考问题的习惯,把握事物的本质,以简驭繁. 在分析与解决问题的过程中也能够培养学生的逻辑思维能力. 我们从特殊的图形——直角三角形出发,得到一般三角形都具有的结论,探索和表述论证过程,有逻辑地思考问题,使我们能够在比较复杂的情境中把握事物之间的关联,把握事物发展的脉络,形成重论据、有条理、合乎逻辑的思维品质和理性精神.

对于任意 $\triangle ABC$,可以用 a,b,C 来表示 c,当然也可以用 a,c,B 来表示 b,用 b,c,A 来表示 a,于是我们得到三角形中边角关系的一个重要定理:

余弦定理　三角形中任何一边的平方,等于其他两边的平方的和减去这两边与它们夹角的余弦的积的两倍. 即

$$a^2 = b^2 + c^2 - 2bc \cos A,$$
$$b^2 = a^2 + c^2 - 2ac \cos B,$$
$$c^2 = a^2 + b^2 - 2ab \cos C.$$

由余弦定理,可以得到如下推论:

$$\cos A = \frac{b^2 + c^2 - a^2}{2bc},\cos B = \frac{a^2 + c^2 - b^2}{2ac},\cos C = \frac{a^2 + b^2 - c^2}{2ab}.$$

从余弦定理及其推论可以看出,三角函数把几何中关于三角形的定性结论变成了可定量计算的公式. 一般地,三角形的三个角 A,B,C 和它的对边 a,b,c,叫做三角形的元素,已知三角形的几个元素求其他元素的过程叫做解三角形.

利用余弦定理及其推论可以解决的问题有很多,下面列举几种:

(1)已知三角形的两边及夹角,求第三边,直接应用余弦定理可得.

(2)已知三角形的三边,求三角,应用余弦定理的推论可得.

(3)已知三角形的两边及一边的对角,求第三边. 应用余弦定理,结合一元二次方程的解可求得,但要注意解的情况.

(4)给定三边的平方和与平方差以及两边的乘积结构的关系式,往往可以求角.

(5)三角形的面积公式与余弦定理的同时使用. 我们可以用三角形的两边及其夹角的正弦表示三角形的面积,$S = \frac{1}{2} ab \sin C = \frac{1}{2} ac \sin B = \frac{1}{2} bc \sin A.$ 利用两边及其夹角,既可以求

三角形的面积,也可以求第三边,所以三角形的面积公式与余弦定理经常同时使用.

(6)三角形两边构成的数量积与余弦定理的同时使用.$\overrightarrow{AB} \cdot \overrightarrow{AC} = cb \cos A$,利用两边及其夹角,还可以求由两边构成的向量的数量积,所以数量积公式与余弦定理也经常同时使用.

(7)复合三角形(一个图形由几个三角形组成)中多次使用余弦定理.在复合三角形中,要善于利用两个三角形中有关联的量来构建等量关系式.比如,如图7,在$\triangle ABC$中,已知角A,B,C的对边分别为a,b,c,D为边BC的中点,则$AB^2 + AC^2 = 2(BD^2 + AD^2)$.

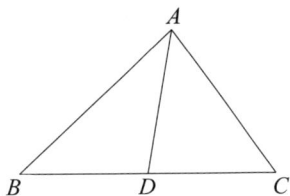

图7

我们要发现在$\triangle ABD$与$\triangle ADC$中,$\angle ADB$与$\angle ADC$互补.

实际上,在$\triangle ABD$中,$AB^2 = BD^2 + AD^2 - 2 \times BD \times AD \times \cos \angle ADB$,

在$\triangle ACD$中,$AC^2 = CD^2 + AD^2 - 2 \times CD \times AD \times \cos \angle ADC$,

因为$BD = CD$,$\cos \angle ADC = -\cos \angle ADB$,两式相加即可得出结论.

三、问题生成与素养培育

(一)教材例题

《高中数学(A版)》(必修第二册)第六章第四节例5:

在$\triangle ABC$中,已知$b = 60\ \mathrm{cm}$,$c = 34\ \mathrm{cm}$,$A = 41°$,解这个三角形(角度精确到$1°$,边长精确到$1\ \mathrm{cm}$).

问题分析:此题是已知三角形的两边及其夹角解三角形的问题,直接应用余弦定理求出第三边,然后利用余弦定理的推论结合三角形的内角和定理即可求解.

问题解析:由余弦定理可得$a^2 = b^2 + c^2 - 2bc \cos A = 60^2 + 34^2 - 2 \times 60 \times 34 \times \cos 41° \approx 1676.78$,所以$a \approx 41(\mathrm{cm})$.

由余弦定理的推论可得$\cos B = \dfrac{a^2 + c^2 - b^2}{2ac} = \dfrac{41^2 + 34^2 - 60^2}{2 \times 41 \times 34} = -\dfrac{763}{2788}$,利用计算器,可得$B \approx 106°$.所以$C = 180° - (A + B) \approx 180° - (41° + 106°) = 33°$.

(二)问题生成

问题1 《高中数学(A版)》(必修第二册)第六章第四节例6:

在$\triangle ABC$中,$a = 7$,$b = 8$,锐角C满足$\sin C = \dfrac{3\sqrt{3}}{14}$,求角$B$(精确到$1°$).

问题分析:教材本节的例5直接给出了角度值,事实上,这类题型也可以用给出某个角的三角函数值的方式来间接给出角度值,所以本题依然属于已知两边及其夹角的类型,不过不需要求其余所有量,只需要求一个具体的角. 我们可由条件先求出 $\cos C$,再由余弦定理求出边 c,再根据余弦定理的推论求出角 B 的余弦值,从而算出角 B.

问题解析: 因为 $\sin C = \dfrac{3\sqrt{3}}{14}$ 且 C 为锐角,所以 $\cos C = \sqrt{1 - \sin^2 C} = \sqrt{-\left(\dfrac{3\sqrt{3}}{14}\right)^2} = \dfrac{13}{14}$,

由余弦定理可得 $c^2 = a^2 + b^2 - 2ab\cos C = 49 + 64 - 2 \times 7 \times 8 \times \dfrac{13}{14} = 9$,所以 $c = 3$,

进而得到 $\cos B = \dfrac{a^2 + c^2 - b^2}{2ac} = \dfrac{49 + 9 - 64}{2 \times 7 \times 3} = -\dfrac{1}{7}$,

利用计算器可得 $B \approx 98°$.

问题反思: 此题考查余弦定理以及余弦定理推论的应用. 本题的设计旨在让学生在学习了余弦定理,了解了利用余弦定理解决"边角边"结构的方法后,让学生通过类比的方法,解决更一般的给定关于角的条件的方式,学会探寻问题的本质,提升分析问题、解决问题的能力. 在此过程中培养学生的核心素养.

问题2 在 $\triangle ABC$ 中,$a = 7$, $b = 8$,$c = 3$,求 $B + C$ 以及 $\overrightarrow{CA} \cdot \overrightarrow{AB}$ 的值.

问题分析: 由两边及其夹角,可以根据余弦定理求出第三边,进一步可以求出三个角,因此可以求任意两角的和;而 $\overrightarrow{CA} \cdot \overrightarrow{AB}$ 也是由两边及其夹角来求解. 本题由 $A + B + C = 180°$ 可知,要想求 $B + C$ 以及 $\overrightarrow{CA} \cdot \overrightarrow{AB}$ 的值,只需求出 A 即可,用余弦定理的推论可求角 A.

问题解析: 由余弦定理可得 $\cos A = \dfrac{b^2 + c^2 - a^2}{2bc} = \dfrac{64 + 9 - 49}{2 \times 8 \times 3} = \dfrac{1}{2}$,所以 $A = 60°$.

因为 $A + B + C = 180°$,所以 $B + C = 120°$.

故 $\overrightarrow{CA} \cdot \overrightarrow{AB} = b \times c \times \cos(180° - A) = 8 \times 3 \times \left(-\dfrac{1}{2}\right) = -12$.

问题反思: 此题考查余弦定理推论的应用,属于由"边边边"结构求角,让学生学会探寻问题的本质,培养学生的观察能力以及运算求解能力.

问题3 在 $\triangle ABC$ 中,$b^2 + c^2 = a^2 + bc$,求 A 的大小.

问题分析: 观察等式结构,发现与余弦定理结构类似,可以利用余弦定理求解.

问题解析: 由余弦定理可得 $\cos A = \dfrac{b^2 + c^2 - a^2}{2bc} = \dfrac{bc}{2bc} = \dfrac{1}{2}$,所以 $A = 60°$.

问题4 在 $\triangle ABC$ 中,$A = 60°$,$a = 7$,$\triangle ABC$ 的面积为 $6\sqrt{3}$,$b > c$,求 b, c 的大小.

问题分析: 条件中给出了 A 的度数,所以 $\triangle ABC$ 的面积公式应该选择 $S = \dfrac{1}{2}bc\sin A$,可以得到 b,c 的一个关系式,又因为知道边 a 的长,结合余弦定理可以得到 b, c 的另一个关系式,解方程组可求出 b, c.

问题解析：由 $S = \dfrac{1}{2}bc\sin A = \dfrac{\sqrt{3}}{4}bc = 6\sqrt{3}$ 得到

$$bc = 24, \qquad ①$$

又因为 $a^2 = b^2 + c^2 - 2bc\cos A = b^2 + c^2 - bc = (b+c)^2 - 3bc = 49$，所以

$$b + c = 11. \qquad ②$$

因为 $b > c$，解①②可得 $b = 8$，$c = 3$．

问题5　在 $\triangle ABC$ 中，点 D 在边 BC 上，$\angle ADB = 120°$，$AD = 2$，$CD = 2BD$．求当 $\dfrac{AC}{AB}$ 取得最小值时 BD 的值．

问题分析：这是一道复合三角形问题．$\triangle ADB$ 与 $\triangle ADC$ 有一条公共边 AD，$\angle ADB$ 与 $\angle ADC$ 互补，$CD = 2BD$，抓住这些信息，我们可以选择利用余弦定理，用一个变量表示出 AB 和 AC，再结合所学知识来求最值．

问题解析：设 $BD = x$，$CD = 2x$，

在 $\triangle ACD$ 中，$b^2 = 4x^2 + 4 - 2 \cdot 2x \cdot 2 \cdot \cos 60°$，可得 $b^2 = 4x^2 - 4x + 4$，

在 $\triangle ABD$ 中，$c^2 = x^2 + 4 - 2 \cdot x \cdot 2 \cdot \cos 120°$，可得 $c^2 = x^2 + 2x + 4$，

要使得 $\dfrac{AC}{AB}$ 最小，即 $\dfrac{b^2}{c^2}$ 最小，

$$\dfrac{b^2}{c^2} = \dfrac{4x^2 - 4x + 4}{x^2 + 2x + 4} = 4 - \dfrac{12}{x + 1 + \dfrac{3}{x+1}},$$

其中 $x + 1 + \dfrac{3}{x+1} \geqslant 2\sqrt{3}$，此时 $\dfrac{b^2}{c^2} \geqslant 4 - 2\sqrt{3}$，

当且仅当 $x + 1 = \sqrt{3}$，即 $x = \sqrt{3} - 1$ 时取等号，

所以当 $\dfrac{AC}{AB}$ 取得最小值时，BD 的值为 $\sqrt{3} - 1$．

问题反思：此题考查了余弦定理以及求最值问题．首先我们要发现两个三角形边角之间的关联，通过逻辑推理发现可以用一个量来表示所求量，之后就是求函数的最值问题，方法有很多，而利用基本不等式求最值是一种常见的方法．此题可以挖掘函数与方程思想、数形结合思想、化归与转化思想，培养学生的逻辑推理能力和运算求解能力，综合性比较强．

（三）综合建构

问题　在 $\triangle ABC$ 中，已知角 A，B，C 的对边分别为 a，b，c，$(a+b+c)(b+c-a) = 3bc$，

（1）若 $a = \sqrt{3}$，求 $\triangle ABC$ 面积的最大值；

（2）若 $\triangle ABC$ 为锐角三角形，且 $c = 1$，求 $\triangle ABC$ 面积的取值范围．

问题分析：根据条件可以得到三边的平方和与平方差以及两边的乘积结构，可以求出角

A. 第(1)问给出了 a 的长度,可以由余弦定理得出 b, c 的一个关系式,再结合基本不等式可以求出 $\triangle ABC$ 的面积与周长的最大值. 第(2)问给出 $\triangle ABC$ 为锐角三角形,可以用边来处理锐角问题,结合余弦定理可求出的范围,从而求出 $\triangle ABC$ 面积的取值范围.

问题解析: 因为 $(a + b + c)(b + c - a) = 3bc$,所以 $b^2 + c^2 - a^2 = bc$,

由余弦定理可得 $\cos A = \dfrac{b^2 + c^2 - a^2}{2bc} = \dfrac{bc}{2bc} = \dfrac{1}{2}$,所以 $A = 60°$.

(1)若 $a = \sqrt{3}$,则 $b^2 + c^2 = bc + 3$,

因为 $b^2 + c^2 \geqslant 2bc$,所以 $bc + 3 \geqslant 2bc$,所以 $bc \leqslant 3$,当且仅当 $b = c = \sqrt{3}$ 时取等号.

所以 $S = \dfrac{1}{2}bc\sin A = \dfrac{\sqrt{3}}{4}bc \leqslant \dfrac{3\sqrt{3}}{4}$.

(2)若 $\triangle ABC$ 为锐角三角形,则角 A, B, C 均为锐角,

因为 $A = 60°$,所以 $b^2 + c^2 - a^2 = bc$,因为 $c = 1$,所以

$$a^2 = b^2 - b + 1, \qquad ①$$

因为 B, C 为锐角,所以 $\cos B > 0$, $\cos C > 0$,

由余弦定理可得 $a^2 + c^2 > b^2$, $a^2 + b^2 > c^2$,

把①代入得

$$b^2 - b + 1 + 1 > b^2, \ \ b^2 - b + 1 + b^2 > 1,\text{即} \ \frac{1}{2} < b < 2,$$

因为 $S = \dfrac{1}{2}bc\sin A = \dfrac{\sqrt{3}}{4}b$,所以 $\dfrac{\sqrt{3}}{8} < S < \dfrac{\sqrt{3}}{2}$.

问题反思: 解决三角形中的最值问题有很多方法,比如用图处理、用角处理、用边处理等,这里选择用边处理主要是为了凸显余弦定理的作用. 此题综合性较强,有利于培养学生分析问题、解决问题的能力,提升学生的直观想象、逻辑推理、数学运算等数学核心素养.

从发现给定两边及其夹角的三角形是唯一确定的,得出三角形其余的边和角可以由这给定两边及其夹角来表示,从而提出问题:如何用三角形的两边及其夹角来表示其他的边和角? 用数学语言表述为:在 $\triangle ABC$ 中,已知角 A, B, C 的对边分别为 a, b, c,怎样用 a, b, C 来表示 c? 通过观察与思考,引导学生发现问题与提出问题,并用数学符号表述问题,让学生学会用数学眼光观察世界,用数学思维思考世界,用数学语言表达世界,然后从不同的角度分析问题并相应地解决问题. 在分析问题与解决问题的过程中促进学生思维能力、实践能力和创新意识的发展,探寻事物的变化规律. 最后我从教材的一道例题出发,通过问题生成的形式构建出不同题型,这也是这一节的主要题型,这样学生就能对本节内容有更深入的理解,对知识的具体应用有更丰富的认知与储备. 对教材例题呈现的知识结构和思想方法进行深层次的探究、建构拓展与生成应用,彰显了问题的价值体系,有利于感悟数学思想方法在数学学习与教学中的引领作用,从而培养学生的数学学习能力,提升学生的数学素养.

展鳖臑模型之翅　承数学文化之美

贵阳市民族中学　　陈　琴　　郭　健

　　立体几何研究现实世界中物体的形状、大小与位置关系,在课程设置上,它是初中平面几何的延续,从二维平面到三维空间,为后续空间向量与立体几何的学习奠定基础,是高中数学课程的重要板块,是培养学生空间想象能力的重要依托,能够帮助学生运用直观感知、操作确认、推理论证、度量计算等方法认识和探索空间图形的性质,并建立空间观念,提升直观想象、逻辑推理和数学运算素养.

　　立体几何的教学,重在形成空间观念,建立空间几何概念,研究空间几何图形的位置关系和度量关系.而观念的形成、概念的建立、关系的研究都得借助于由基本元素构成的基本图形.

　　现实中,不少学生在学习立体几何之初感到困难较大,高中生对立体几何图形存在认知障碍,学生对立体图形的感知度低,这样就会导致其对学习该部分内容缺少兴趣,基础知识掌握不牢固,灵活运用较为困难.追溯中国古代对几何的研究,十分重视基本图形的分析和应用,古算家刘徽研究数学的重要方法之一是"析理以辞,解体用图".

　　《高中数学(A版)》(必修第二册)第八章"立体几何初步"例8、练习第3题、复习参考题8第13题,《高中数学(B版)》(必修第四册)第十一章"立体几何初步"习题11-4B第2题,北师大版《高中数学》(必修第二册)第一章"立体几何初步"例1、例2,苏教版《高中数学》(必修第二册)第十三章"立体几何初步"思考、习题13.2(3)第9题,这些问题中都蕴含着鳖臑模型.

一、问题分析与思路解析

　　《高中数学(A版)》(必修第二册)第八章第六节"空间直线、平面的垂直"例8:

　　如图1,AB是⊙O的直径,PA垂直于⊙O所在的平面,C是圆周上不同于A,B的任意一点.求证:平面PAC⊥平面PBC.

　　分析:由题意可知三棱锥$P-ABC$为鳖臑,要证明两个平面垂直,只需要证明其中一个平面内的一条直线垂直于另一个平面.

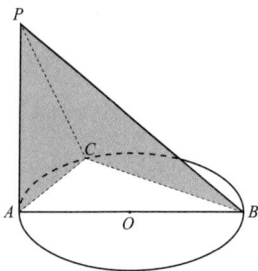

图1

证明： 因为$PA \perp$平面PBC，$BC \subset$平面ABC，所以$PA \perp BC$.

因为C是圆周上不同于A,B的任意一点，AB是$\odot O$的直径，所以$AC \perp BC$.

又$PA \cap AC = A$，$PA \subset$平面PAC，$AC \subset$平面PAC，所以$BC \perp$平面PAC.

因为$BC \subset$平面PBC，所以平面$PAC \perp$平面PBC.

此问题需要学生灵活运用面面垂直、线面垂直的判定定理，同时关注此题中蕴含鳖臑模型.

《高中数学（A版）》（必修第二册）第159页练习第3题：

如图2，$AB \perp$平面BCD，$BC \perp CD$，你能发现哪些平面垂直？为什么？

分析： 三棱锥$A - BCD$是鳖臑模型，其中蕴含着丰富的垂直关系.

解析： 因为$AB \perp$平面BCD，$AB \subset$平面ABC，$AB \subset$平面ABD，

所以平面$ABC \perp$平面BCD，平面$ABD \perp$平面BCD.

又因为$AB \perp$平面BCD，所以$AB \perp CD$，且$BC \perp CD$，$AB \cap BC = B$，所以$CD \perp$平面ABC.

因为$CD \subset$平面ACD，所以平面$ACD \perp$平面ABC.

通过此问题让学生关注鳖臑模型中蕴含着的丰富的垂直关系，包括直线与直线垂直、直线与平面垂直、平面与平面垂直，同时让学生熟悉垂直中的判定定理以及性质定理的应用.

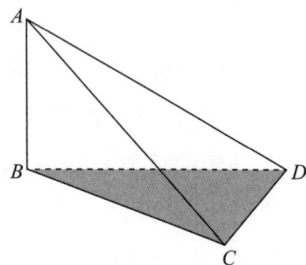

图2

二、知识建构与方法提炼

鳖臑一词最早出现在《九章算术》中，魏晋时期的著名数学家刘徽在《九章算术·商功》中注释："此术臑者，背节也，或曰半阳马，其形有似鳖肘，故以名云."通俗一点说，也就是鳖臑的命名其实是源于它形似甲鱼的前肢.

除了鳖臑之外，堑堵、阳马这些词都是我国古代对一些特殊几何体的称谓，它们的形状特征如何呢？我们回到《九章算术·商功》，书中说："斜解立方，得两堑堵，其一为阳马，一为鳖臑，阳马居二，鳖臑居一，不易之率也."它的意思就是说：把长方体沿对角面切开，得到的两个三棱柱，称为堑堵，再沿堑堵的一个顶点和相对的棱将其剖开，得一个四棱锥和一个三棱锥，分别称为阳马和鳖臑，它们的体积之比正好为2∶1（如图3）.

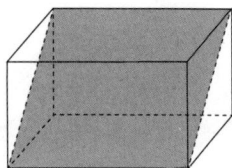
①长方体

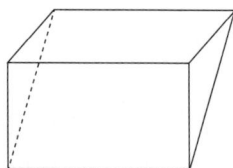
②堑堵

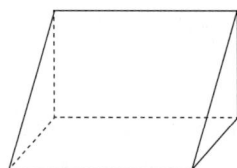
③堑堵

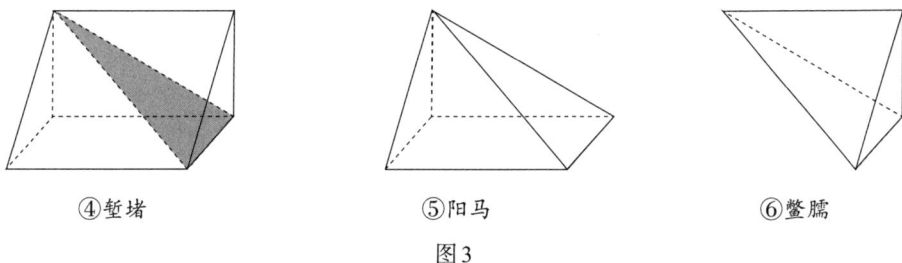

④堑堵　　　　　　　　⑤阳马　　　　　　　　⑥鳖臑

图3

由上述解释可知,阳马是底面为矩形,且有一条侧棱与底面垂直的四棱锥. 就如刘徽所解释的:中破阳马,得两鳖臑(如图4).

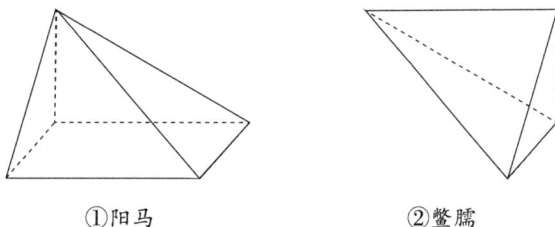

①阳马　　　　　　　　②鳖臑

图4

(一)鳖臑的定义

在《九章算术》中,实际上已给出了鳖臑这种特殊几何体的定义:若三棱锥中存在两条互相垂直的棱,另外还有一条棱是这两条棱的公垂线段,则称这个三棱锥为鳖臑. 也就是说,在三棱锥 $P - ABC$ 中,若 $PA \perp$ 平面 ABC,且 $AB \perp BC$,则称这个三棱锥为鳖臑. 但表述最为简洁的显然是:四个面都是直角三角形的三棱锥即为鳖臑.

(二)鳖臑的性质

《九章算术》第五卷"商功"主要讲的是土石工程的计算和各种立体体积的计算,包括正四棱柱、圆柱、圆台、正圆锥等10种立体图形的体积,该卷共提出了28个立体几何问题,而涉及"鳖臑"的有18个问题:直接应用的有1题,间接使用的有17题. 可见我国古代先民以"鳖臑"为基本几何构件,解决了大量的空间度量问题.

2015年的湖北省数学高考理科试卷第19题出现了含有"阳马""鳖臑"古词的立体几何解答题,成为当时的热门话题,这是鳖臑第一次出现在高考试题中. 时隔数年,鳖臑几何体已逐渐被人们所接受,频频出现在各地高考以及模拟试卷中. 这些试题构思精巧、韵味十足、魅力四射,既能考查考生的数学素养和关键能力,又能加深考生对中国数学文化的了解,提高其数学文化素养,丰厚其数学文化底蕴. 鳖臑蕴涵了立体几何中点、线、面的各种位置关系,渗透了数学文化背景,可以从领悟垂直关系、沟通三类空间角等方面开发鳖臑模型的教学价值,探索发展学生直观想象和逻辑推理等核心素养的有效途径.

关注鳖臑模型,如何判定一个三棱锥为鳖臑、鳖臑模型中含有哪些垂直关系等性质值得我们去研究.

性质1 鳖臑的判定定理. 一个三棱锥的底面为直角三角形,若过直角三角形的非直角顶点的一条侧棱垂直于底面,则该三棱锥为鳖臑.

性质2 鳖臑中存在的垂直关系为"四二三",即四个直角三角形、两个线面垂直、三个面面垂直. 如图5所示,图中存在以下垂直关系:

(1)$AB \perp BC$,$AB \perp BD$,$CD \perp BC$,$AC \perp CD$;

(2)$AB \perp$ 平面BCD,$CD \perp$ 平面ABC;

(3)平面$ABC \perp$ 平面BCD,平面$ABD \perp$ 平面BCD,平面$ACD \perp$ 平面ABC.

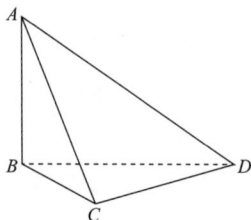

图5

性质3 鳖臑模型中的空间角:

(1)如图5,直线AC与平面BCD所成角为$\angle ACB$,直线AD与平面BCD所成角为$\angle ADB$,直线DB与平面ABC所成角为$\angle DBC$,直线DA与平面ABC所成角为$\angle DAC$.

(2)如图6,过B作$BE \perp AC$,过C作$CF \perp BD$,

因为平面$ABC \perp$ 平面ACD,平面$ACD \cap$ 平面$ABC = AC$,

所以$BE \perp$ 平面ACD.

因为平面$ABD \perp$ 平面BCD,平面$ABD \cap$ 平面$BCD = BD$,

所以$CF \perp$ 平面ABD.

则直线BA与平面ACD所成角为$\angle BAC$,

直线BC与平面ACD所成角为$\angle BCA$,

直线BD与平面ACD所成角为$\angle BDE$,

直线CB与平面ABD所成角为$\angle CBD$,

直线CD与平面ABD所成角为$\angle CDB$,

直线CA与平面ABD所成角为$\angle CAF$,

直线DA与平面ABC所成角为$\angle DAC$,

直线DB与平面ABC所成角为$\angle DBC$.

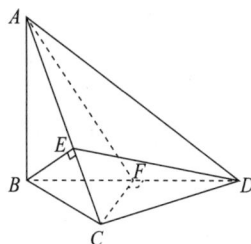

图6

(3)二面角$A-BD-C$、二面角$A-BC-D$、二面角$B-AC-D$为$90°$,

二面角$A-CD-B$的平面角为$\angle ACB$,

二面角$C-AB-D$的平面角为$\angle CBD$.

如图7,过B作$BE \perp AC$,作$EG \perp AD$,

因为$BE \perp$ 平面ACD,所以$BE \perp AD$,

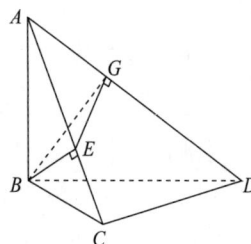

图7

$EG \perp AD$，且 $BE \bigcap EG = E$，

所以 $AD \perp$ 平面 BEG，所以 $AD \perp BG$，

所以二面角 $C - AD - B$ 的平面角为 $\angle BGE$．

性质4 角的关系：

（1）$\cos \angle BDC \cdot \cos \angle ADB = \dfrac{CD}{BD} \cdot \dfrac{BD}{AD} = \dfrac{CD}{AD} = \cos \angle ADC$；

（2）$\sin \angle ADC \cdot \sin \angle ACB = \dfrac{AC}{AD} \cdot \dfrac{AB}{AC} = \dfrac{AB}{AD} = \sin \angle ADB$；

（3）$\tan \angle ADC \cdot \cos \angle ACB = \dfrac{AC}{CD} \cdot \dfrac{BC}{AC} = \dfrac{BC}{CD} = \tan \angle BDC$．

性质5 基本鳖臑模型的外接球球心在两个直角三角形的公共斜边的中点位置．

三、问题生成与素养培育

问题1 （2015·新课标Ⅰ卷·文·17）如图8，四边形 $ABCD$ 为菱形，G 为 AC 与 BD 的交点，$BE \perp$ 平面 $ABCD$．

（1）证明：平面 $AEC \perp$ 平面 BED；

（2）若 $\angle ABC = 120°$，$AE \perp EC$，三棱锥 $E - ACD$ 的体积为 $\dfrac{\sqrt{6}}{3}$，求该三棱锥的侧面积．

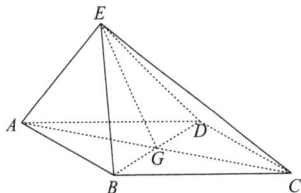

图8

解析：（1）因为四边形 $ABCD$ 为菱形，所以 $AC \perp BD$，

又 $BE \perp$ 平面 $ABCD$，所以几何体 $E - BCG$ 是鳖臑．

由鳖臑几何体的性质1可知 $CG \perp$ 平面 BEG，

又 $CG \subset$ 平面 AEC，所以平面 $AEC \perp$ 平面 BED．

（2）因为 $\angle ABC = 120°$，$AE \perp EC$，$AE = CE$，

所以 $AC = \sqrt{2} AE$，

因为三棱锥 $E - ACD$ 的体积为 $\dfrac{\sqrt{6}}{3}$，

所以鳖臑几何体 $E - BCG$ 的体积为 $\dfrac{\sqrt{6}}{6}$，

设 $BG = x$，则 $CG = \sqrt{3} x$，$BC = AB = 2x$，$AE = CE = \sqrt{6} x$，$BE = \sqrt{2} x$，

所以 $E - BCG$ 的体积为 $\dfrac{1}{3} S_{\triangle BCG} \cdot BE = \dfrac{1}{3} \cdot \dfrac{1}{2} \sqrt{3} x \cdot \sqrt{2} x = \dfrac{\sqrt{6}}{6}$，所以 $x = 1$，

所以 $\triangle EAC$ 的面积为3，$\triangle EAD$ 的面积与 $\triangle ECD$ 的面积均为 $\sqrt{5}$．

故三棱锥 $E - ACD$ 的侧面积为 $3 + 2\sqrt{5}$．

问题2 (2015·新课标Ⅱ卷·19)如图9,长方体 $ABCD - A_1B_1C_1D_1$ 中, $AB = 16$, $BC = 10$, $AA_1 = 8$,点 E, F 分别在 A_1B_1, D_1C_1 上, $A_1E = D_1F = 4$,过点 E, F 的平面 α 与此长方体的面相交,交线围成一个正方形.

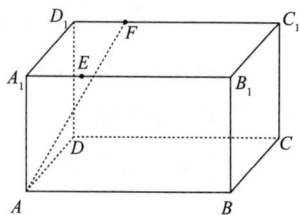

(1)在图中画出这个正方形(不必说明画法和理由);

(2)求直线 AF 与平面 α 所成角的正弦值.

解析: (1)交线围成的正方形 $EHGF$ 如图10所示.

(2)如图10,作 $EM \perp AB$ 于 M,则 $AM = A_1E = 4$, $EM = 8$.

因为四边形 $EHGF$ 为正方形,所以 $EH = EF = 10$,

于是 $HM = 6$,所以 $AH = 10$.

作 $AQ \perp EH$ 于 Q,连接 QF,则三棱锥 $A - QEF$ 就是鳖臑几何体,其中 $\angle QFA$ 就是 AF 与平面 $EHGF$ 所成角.

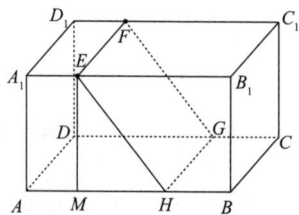

设 $\angle QFE = \beta$, $\angle AFQ = \theta$, $\angle AFE = \alpha$,

由鳖臑几何体的性质,则 $\cos\alpha = \cos\beta\cos\theta$,

又 $\cos\alpha = \dfrac{10}{6\sqrt{5}}$, $\cos\beta = \dfrac{10}{2\sqrt{29}}$,

则 $\cos\theta = \dfrac{\cos\alpha}{\cos\beta} = \dfrac{\sqrt{29}}{3\sqrt{5}}$,所以 $\sin\theta = \dfrac{4\sqrt{5}}{15}$,

故 AF 与平面 $EHGF$ 所成角的正弦值为 $\dfrac{4\sqrt{5}}{15}$.

问题3 (2015·山东卷·理·17)如图11,在三棱台 $DEF - ABC$ 中, $AB = 2DE$, G, H 分别为 AC, BC 的中点.

(1)求证: $BD \parallel$ 平面 FGH;

(2)若 $CF \perp$ 平面 ABC, $AB \perp BC$, $CF = DE$, $\angle BAC = 45°$,求平面 FGH 与平面 $ACFD$ 所成的角(锐角)的大小.

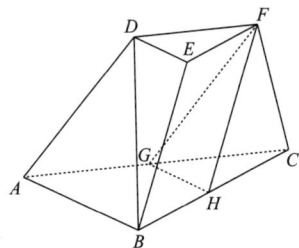

解析: (1)略.

(2)因为 G, H 分别为 AC, BC 的中点,所以 $GH \parallel AB$.

因为 $AB \perp BC$,所以 $GH \perp BC$,又 $CF \perp$ 平面 ABC,所以几何体 $F - EHC$ 是鳖臑几何体.

假设平面 FGH 与平面 $ACFD$ 所成的角为 γ, $\angle FHC = \varphi$, $\angle FGC = \theta$,

则由鳖臑几何体的性质可知 $\sin\gamma = \dfrac{\cos\varphi}{\cos\theta}$,

又 $\cos\varphi = \dfrac{\sqrt{2}}{2}$, $\cos\theta = \dfrac{\sqrt{6}}{3}$,

图9

图10

图11

所以 $\sin\gamma = \dfrac{\sqrt{3}}{2}$，故平面 FGH 与平面 $ACFD$ 所成的角（锐角）为 $\dfrac{\pi}{3}$.

问题 4（2020·浙江卷·19）　如图 12，在三棱台 $ABC-DEF$ 中，平面 $ACFD \perp$ 平面 ABC，$\angle ACB = \angle ACD = 45°$，$DC = 2BC$. 求直线 DF 与平面 DBC 所成角的正弦值.

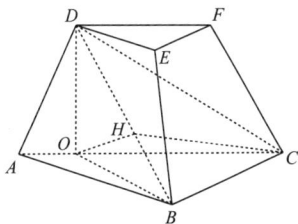

图 12

解析：过 D 作 $DO \perp AC$，连接 OB，

因为平面 $ACFD \perp$ 平面 ABC，平面 $ACFD \cap$ 平面 $ABC = AC$，

所以 $DO \perp$ 平面 ABC.

由 $\angle ACB = \angle ACD = 45°$，$DC = 2BC$ 可得 $BC \perp OB$，

所以三棱锥 $D-OBC$ 为鳖臑几何体.

因为 $DF \parallel OC$，所以直线 DF 与平面 DBC 所成角即直线 OC 与平面 DBC 所成角.

过 O 作 $OH \perp DB$，连接 CH，

由鳖臑模型性质，可得直线 OC 与平面 DBC 所成角为 $\angle OCH$.

设 $CD = 2\sqrt{2}$，则 $DO = OC = 2$，$BO = BC = 2$，得 $BD = 6$，$OH = \dfrac{2\sqrt{3}}{3}$，

所以 $\sin\angle OCH = \dfrac{OH}{OC} = \dfrac{\sqrt{3}}{3}$，所以直线 DF 与平面 DBC 所成角的正弦值为 $\dfrac{\sqrt{3}}{3}$.

鳖臑体有着丰富的垂直关系，是讨论线线垂直、线面垂直、面面垂直以及三种垂直关系相互转化的非常好的载体，它在培养学生直观想象等核心素养中起着重要的作用. 这类问题在立体几何中比比皆是，只要心中有鳖臑，我们可以看到诸多鳖臑的影子. 把握鳖臑体问题的本质，才是解决这类问题的精髓所在. 同时数学活动是数学教学的本质，在鳖臑体的教学中我们要处理好数学学科核心素养与知识技能之间的关系，同时注重数学文化的渗透，培育学生的科学精神和创新意识. 让学生在丰富的教学活动中掌握基础知识，提升基本技能，感悟基本方法，积累基本经验.

面积最值找函数　代数几何建模型

贵阳市第十二中学　肖　姝

众所周知,"解三角形"作为每年高考重点考查的内容,在选择题、填空题和解答题都有出现. 课标要求能用余弦定理、正弦定理解决简单的实际问题. 特别是在高考解答题中,一是考查利用正弦定理、余弦定理求解三角形的边角,二是考查两个定理的综合应用,多与三角变换、平面向量、不等式等知识综合命题. 近年来也常结合三角形的面积和周长来考查其应用,与三角形的边角互化、均值不等式、三角函数的性质等模块交汇命题,融合知识和思想方法,综合考查学生运用所学知识解决问题的能力.

下面以《高中数学(A版)》(必修第二册)第六章"平面向量及其应用"习题6.4中的第22题为案例,以素养建构与问题生成的形式进行多维展示.

已知a,b,c分别为$\triangle ABC$三个内角A,B,C的对边,且$a\cos C + \sqrt{3}\,a\sin C - b - c = 0$.

(1)求A;　　(2)若$a = 2$,$\triangle ABC$的面积为$\sqrt{3}$,求b,c.

教材将此问题安排在习题6.4的拓广探索中,提供了利用正弦定理、余弦定理分析三角形边角关系和面积的方法,这是求解三角形的边、角以及面积的常用方法,而且是重要方法.

该题型的一般解题思路是:

> "边角互化"求角或边 ⟶ "面积公式+正弦定理、余弦定理"分析边或面积

同时,该题作为"一题一课"解题教学课例,既能促进学生理解、掌握数学的基础知识和基本技能,又能让学生思考数学问题,体验数学思想方法,为后续的高考复习提供全方位、多角度的解剖和引领.

一、问题分析与思路解析

已知边角关系求角A,解题方法有很多. 可以将关系式中的"边a,b,c"转化为"角",消元后逆用两角差的正弦公式、辅助角公式求角A. 第(1)问解答后,该题就建构了三角形中"已知一个角及其对边"模型的面积问题. 遇到三角形面积问题,常常是已知哪一个角就用

含那个角的面积公式,所以将已求角A代入面积公式$S_{\triangle ABC} = \dfrac{1}{2}bc\sin A$,求得两边$b,c$的值.

已知a和A是对边对角,求余下两边时,很容易想到余弦定理$a^2 = b^2 + c^2 - 2bc \cdot \cos A$,配方后就可以得到$b+c$的值,联立方程即可求得$b$,$c$两边.

解析:(1)由正弦定理,已知边角关系$a\cos C + \sqrt{3}\,a\sin C - b - c = 0$,

可得$\sin A\cos C + \sqrt{3}\sin A\sin C = \sin B + \sin C$,

可得$\sin A\cos C + \sqrt{3}\sin A\sin C = \sin(A+C) + \sin C$,

即$\sqrt{3}\sin A - \cos A = 1 \Rightarrow \sin\left(A - \dfrac{\pi}{6}\right) = \dfrac{1}{2}$,

所以在$\triangle ABC$中$A = \dfrac{\pi}{3}$.

(2)已知$a = 2$,$A = \dfrac{\pi}{3}$,则

$$S_{\triangle ABC} = \dfrac{1}{2}bc\sin A = \dfrac{\sqrt{3}}{4}bc = \sqrt{3} \Rightarrow bc = 4, \qquad ①$$

由余弦定理可得$a^2 = b^2 + c^2 - 2bc \cdot \cos A = (b+c)^2 - 3bc = 4$,即

$$b + c = 4, \qquad ②$$

再联立①②可得$b = 2$,$c = 2$.

解题反思:本题通过边角关系的分析与化归,求得角A. 在已知对边、对角的基础上,运用三角形面积公式和余弦定理联立方程求得三角形的另外两边. 本题既结合了正弦定理的变形、三角恒等变换求角,考查了化归与转化能力,又结合了面积公式的选择和余弦定理的配方变形,考查了观察与计算能力,难度不大,属于中档题. 该题可以通过"一题多变"和"一题多解"的形式,培养学生思维的灵活性和发散性,在问题的解决中培育学生直观想象、数学运算和逻辑推理等数学核心素养.

二、知识建构与方法提炼

三角形是最基础的图形之一,也是研究其他复杂图形的基础. 正弦定理、余弦定理反映了三角形的边长和角度之间的数量关系,它将三角形的边和角有机地结合起来,实现了"边"和"角"的互化,为解决三角形问题提供了理论依据. 我们知道,形状和大小是刻画几何图形的两个基本要素,往往用面积和周长度量. 因此,近年来的高考中,解三角形的试题常以三角形的周长和面积为背景来命制.

1. 正弦定理、余弦定理是解决三角形"边角关系"的核心

三角形中的"边角互化",先要观察已知条件,可以从"边化角"和"角化边"两个不同的角度突破. 一般情况是,求角,就将边角关系转化为角的关系;求边,就将边角关系转化为边的

关系．思路如下：

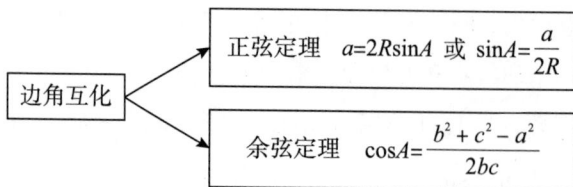

2.解三角形中面积问题的"题眼"是"已知角"

从上述习题第(2)问的解析中可悟得道理:求面积时优先考虑"已知角"(或"已求角"),尝试用余弦定理把"已知角"翻译为方程,再运用方程思想、消元思想、转化思想进行解答．

3.方法提炼

原问题是在已知三角形的"一个角及其对边"以及其面积的基础上,分析余下边和角的一般方法,由此可以拓展在三角形部分边、角已知的情况下,分析其面积或周长的最值或取值范围．

拓展1 "一个角及其对边"模型的面积(或周长)最值．

将习题的第(2)问改为"若 $a = 2$,求 $\triangle ABC$ 面积的最大值",此时,求三角形面积的最大值(或取值范围)问题,一是可以利用余弦定理,建立面积关于边的二元目标函数,再结合基本不等式解答;二是可以利用正弦定理,建立面积关于角的一元目标函数,再结合三角恒等变换,求三角函数值域即可．

解法1:余弦定理 + 均值定理．

已知 $a = 2$, $A = \dfrac{\pi}{3}$,则 $S_{\triangle ABC} = \dfrac{1}{2}bc\sin A = \dfrac{\sqrt{3}}{4}bc$,由余弦定理可得

$$a^2 = b^2 + c^2 - 2bc \cdot \cos A \geqslant 2bc - bc = bc,$$

即 $bc \leqslant 4$,当且仅当 $b = c = 2$ 时取等号,

所以 $S_{\triangle ABC} = \dfrac{\sqrt{3}}{4}bc \leqslant \sqrt{3} \Rightarrow S_{\max} = \sqrt{3}$.

解法2:正弦定理 + 三角函数值域．

由正弦定理可得 $\dfrac{b}{\sin B} = \dfrac{c}{\sin C} = \dfrac{a}{\sin A} = \dfrac{4}{\sqrt{3}} \Rightarrow b = \dfrac{4}{\sqrt{3}}\sin B$, $c = \dfrac{4}{\sqrt{3}}\sin C$,所以

$$S_{\triangle ABC} = \dfrac{1}{2}bc\sin A = \dfrac{\sqrt{3}}{4}bc = \dfrac{\sqrt{3}}{4} \cdot \dfrac{4}{\sqrt{3}}\sin B \cdot \dfrac{4}{\sqrt{3}}\sin C = \dfrac{4}{\sqrt{3}}\sin B \sin\left(\dfrac{2\pi}{3} - B\right)$$

$$= 2\sin B\cos B + \dfrac{2}{\sqrt{3}}\sin^2 B = \sin 2B - \dfrac{1}{\sqrt{3}}\cos 2B + \dfrac{1}{\sqrt{3}}$$

$$= \dfrac{2}{\sqrt{3}}\sin\left(2B - \dfrac{\pi}{6}\right) + \dfrac{1}{\sqrt{3}},$$

因为 $\left[\sin\left(2B - \dfrac{\pi}{6}\right)\right]_{\max} = 1$，所以 $S_{\max} = \sqrt{3}$.

解法3：几何直观.

三角形的一角及其对边确定，由正弦定理，可以确定其外接圆的半径，即：三角形的外接圆大小确定，探求动点 A 的轨迹（如图1）. 当另外两边 $A_1B = A_1C$（等腰三角形）时面积最大. 我们发现，数形结合分析可以使解三角形面积问题简化.

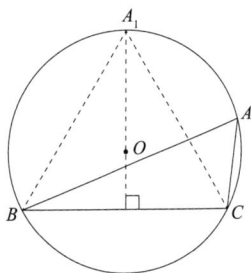

解题反思：教学中可引导学生总结，在解三角形面积的问题中，若已知一个角及其对边，当另外两边相等（等腰三角形）时面积最大. 三角形已知"一个角及其对边"模型中，其面积最值问题解题策略如图2. 假设 $a = 2$，$A = \dfrac{\pi}{3}$，则由面积公式可得：

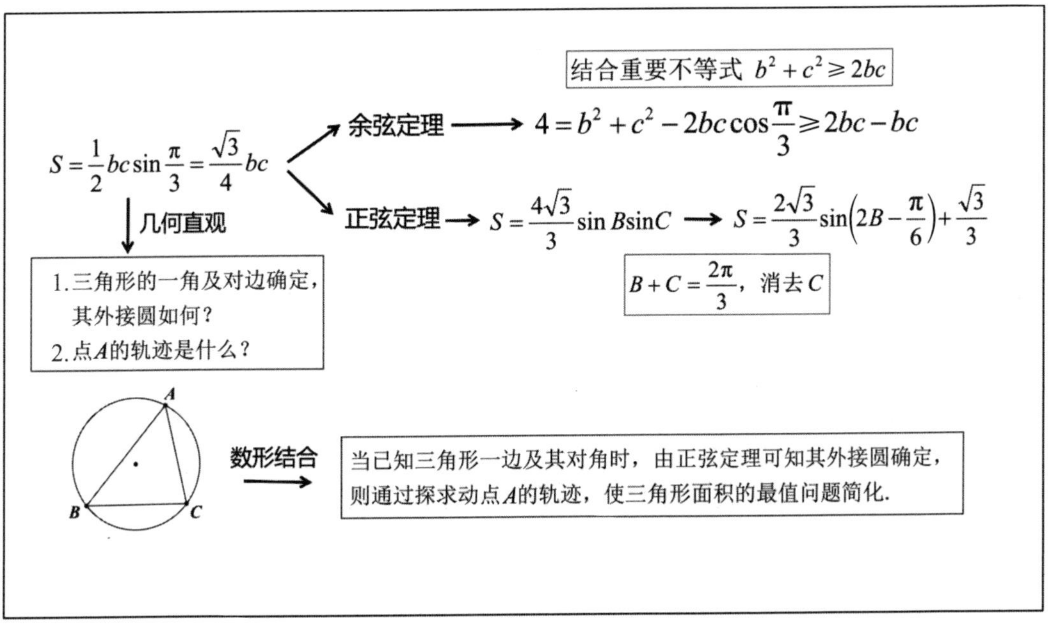

图1

$$S = \frac{1}{2}bc\sin\frac{\pi}{3} = \frac{\sqrt{3}}{4}bc$$

结合重要不等式 $b^2 + c^2 \geqslant 2bc$

余弦定理 $\longrightarrow 4 = b^2 + c^2 - 2bc\cos\dfrac{\pi}{3} \geqslant 2bc - bc$

几何直观

正弦定理 $\longrightarrow S = \dfrac{4\sqrt{3}}{3}\sin B\sin C \longrightarrow S = \dfrac{2\sqrt{3}}{3}\sin\left(2B - \dfrac{\pi}{6}\right) + \dfrac{\sqrt{3}}{3}$

$B + C = \dfrac{2\pi}{3}$，消去 C

1. 三角形的一角及对边确定，其外接圆如何？
2. 点 A 的轨迹是什么？

数形结合 $\longrightarrow$ 当已知三角形一边及其对角时，由正弦定理可知其外接圆确定，则通过探求动点 A 的轨迹，使三角形面积的最值问题简化.

图2

若将习题的第(2)问改为"若 $a = 2$，求 $\triangle ABC$ 周长的最大值"，解题方法和上述求面积最值一样. 这时需要建立的是"边的和"的关系.

由余弦定理，得 $a^2 = b^2 + c^2 - 2bc \cdot \cos A = b^2 + c^2 - bc$，

则 $4 = (b+c)^2 - 3bc \geqslant (b+c)^2 - 3 \cdot \dfrac{(b+c)^2}{4} = \dfrac{1}{4}(b+c)^2$，

所以 $b + c \leqslant 4$，当且仅当 $b = c = 2$ 时取等号.

即 $C_{\triangle ABC} = a + b + c \leqslant 2 + 4 = 6$，

或 $C_{\triangle ABC} = 2 + b + c = 2 + \dfrac{4}{\sqrt{3}}\sin B + \dfrac{4}{\sqrt{3}}\sin C = 2 + \dfrac{4}{\sqrt{3}}\sin B + \dfrac{4}{\sqrt{3}}\sin\left(\dfrac{2\pi}{3} - B\right)$

$\qquad = \dfrac{6}{\sqrt{3}}\sin B + 2\cos B + 2 = 4\sin\left(B + \dfrac{\pi}{6}\right) + 2,$

则 $C_{\max} = 6$.

拓展1中,用基本不等式或三角函数解决三角形面积最值问题,蕴藏着"化归与转化"的数学思想,体现了数学建模、数学运算的核心素养.

拓展2 "非对边对角"模型的面积最值.

将习题的第(2)问改为"若 $\triangle ABC$ 是锐角三角形,$b = 2$,求 $\triangle ABC$ 面积的取值范围".

解法1:正弦定理 + 三角函数值域.

由正弦定理 $\dfrac{a}{\sin A} = \dfrac{b}{\sin B} = \dfrac{c}{\sin C}$,得 $c = \dfrac{2\sin C}{\sin B}$.

且 $\sin C = \sin\left(\dfrac{2\pi}{3} - B\right)$,因此,$\triangle ABC$ 的面积为

$S_{\triangle ABC} = \dfrac{1}{2}bc\sin A = \dfrac{\sqrt{3}}{2}c$

$\qquad = \dfrac{\sqrt{3}\sin C}{\sin B} = \dfrac{\sqrt{3}\sin\left(\dfrac{2\pi}{3} - B\right)}{\sin B}$

$\qquad = \dfrac{\dfrac{3}{2}\cos B + \dfrac{\sqrt{3}}{2}\sin B}{\sin B}$

$\qquad = \dfrac{\sqrt{3}}{2} + \dfrac{3}{2\tan B}$.

又 $A + B + C = \pi$ 且 B,$C \in \left(0, \dfrac{\pi}{2}\right)$,故 $B \in \left(\dfrac{\pi}{6}, \dfrac{\pi}{2}\right)$.

因为当 $B \in \left(\dfrac{\pi}{6}, \dfrac{\pi}{2}\right)$ 时,$\tan B \in \left(\dfrac{\sqrt{3}}{3}, +\infty\right)$,

所以 $\triangle ABC$ 的面积的取值范围为 $\left(\dfrac{\sqrt{3}}{2}, 2\sqrt{3}\right)$.

解法2:余弦定理.

因为 $\triangle ABC$ 为锐角三角形,$b = 2$,$A = \dfrac{\pi}{3}$,由余弦定理得

$\begin{cases} a^2 + c^2 - b^2 > 0, \\ a^2 + b^2 - c^2 > 0, \\ a^2 = b^2 + c^2 - 2bc \cdot \cos A, \end{cases}$ 即 $\begin{cases} a^2 + c^2 - 4 > 0, \\ a^2 + 4 - c^2 > 0, \\ a^2 = 4 + c^2 - 2c, \end{cases} \Rightarrow \begin{cases} 4 - c > 0, \\ c^2 - c > 0, \end{cases} \Rightarrow 1 < c < 4,$

所以 $S_{\triangle ABC} = \dfrac{1}{2}bc\sin A = \dfrac{\sqrt{3}}{2}c$,所以 $S_{\triangle ABC} \in \left(\dfrac{\sqrt{3}}{2},\ 2\sqrt{3}\right)$.

解法3:几何直观.

当 B 为直角时,$S_{\triangle ABC} = \dfrac{1}{2} \times 1 \times \sqrt{3} = \dfrac{\sqrt{3}}{2}$,

当 C 为直角时,$S_{\triangle ABC} = \dfrac{1}{2} \times 2 \times 2\sqrt{3} = 2\sqrt{3}$,

如图3所示,只有当顶点 B 位于 B_1 和 B_2 两种极端状况之间时,$\triangle ABC$ 才可能为锐角三角形,

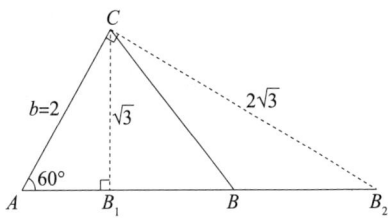

图3

所以 $\dfrac{\sqrt{3}}{2} < S_{\triangle ABC} < 2\sqrt{3}$.

解题反思:该问与2019年全国Ⅲ卷第18题的第(2)问一致.值得注意的是,与"一边及其对角"面积模型对比,该题是"非对边对角"模型的面积最值问题,可以运用正弦定理,建立面积关于角的目标函数,再求三角函数值域解决;或是用余弦定理分析 c 边的取值范围,再求面积最值;当然也可以运用数形结合思想,画图找到直角三角形的两种临界情况,即可轻松地看出其为锐角三角形的状态,从而实现"秒杀".

拓展3 "一角及两邻边和"模型的面积最值.

在 $\triangle ABC$ 中,内角 A,B,C 的对边分别为 a,b,c,已知 $a\cos C = 2$,$2b + c = 4$,则 $\triangle ABC$ 面积的最大值为_____.

解析:题设由余弦定理,得 $2a \cdot \dfrac{a^2 + b^2 - c^2}{2ab} = 4 = 2b + c$,

则 $b^2 + c^2 - a^2 = -bc \Rightarrow \cos A = \dfrac{b^2 + c^2 - a^2}{2bc} = -\dfrac{1}{2}$,

因为 $0 < A < \pi$,所以 $A = \dfrac{2\pi}{3}$.

由均值不等式 $b + c \geqslant 2\sqrt{bc}$,得 $4 = 2b + c \geqslant 2\sqrt{2bc}$,

故 $bc \leqslant 2$,当且仅当 $2b = c$ 时取等号,

所以 $S_{\triangle ABC} = \dfrac{1}{2}bc\sin A = \dfrac{\sqrt{3}}{4}bc \leqslant \dfrac{\sqrt{3}}{4} \times 2 = \dfrac{\sqrt{3}}{2}$.

解题反思:求出角 A 后,再求面积时优先考虑选择 $S_{\triangle ABC} = \dfrac{1}{2}bc\sin A = \dfrac{\sqrt{3}}{4}bc$. 而已知 $2b + c$,则与目标 bc 之间可考虑均值定理求解最值.

拓展4 "三边"模型的面积最值.

在 $\triangle ABC$ 中,内角 A,B,C 的对边分别为 a,b,c,已知 $a^2 + b^2 + 2c^2 = 8$,则 $\triangle ABC$ 面积的最大值为_____.

解法1：余弦定理 + 基本不等式 + 面积公式．

由余弦定理 $b^2 = a^2 + c^2 - 2ac \cdot \cos B$ 可得，$a^2 + a^2 + c^2 - 2ac \cdot \cos B + 2c^2 = 8$，即

$8 = 2a^2 + 3c^2 - 2ac \cdot \cos B \geqslant 2\sqrt{6}\, ac - 2ac \cdot \cos B \Rightarrow 4 \geqslant ac(\sqrt{6} - \cos B)$，

由 $S = \dfrac{1}{2}ac \sin B$，得 $ac = \dfrac{2S}{\sin B}$，代入上式得

$4 \geqslant \dfrac{2S}{\sin B}(\sqrt{6} - \cos B) \Rightarrow \sqrt{6}\,S \leqslant 2\sin B + S\cos B \leqslant \sqrt{4 + S^2}$，

解得 $S \leqslant \dfrac{2\sqrt{5}}{5}$，所以 $\triangle ABC$ 面积的最大值为 $\dfrac{2\sqrt{5}}{5}$．

解法2：两点距离 + 基本不等式．

以线段 AB 中点 O 为坐标原点，以 AB 所在直线为 x 轴建

立直角坐标系，如图4所示，则 $A\left(-\dfrac{c}{2},\ 0\right), B\left(\dfrac{c}{2},\ 0\right)$．

设 $C(x,\ y)$，则 $\left(x + \dfrac{c}{2}\right)^2 + y^2 + \left(x - \dfrac{c}{2}\right)^2 + y^2 + 2c^2 = 8$，

即 $x^2 + y^2 = 4 - \dfrac{5}{4}c^2$，则 $y^2 \leqslant 4 - \dfrac{5}{4}c^2 \Rightarrow |y| \leqslant \dfrac{\sqrt{16 - 5c^2}}{2}$，

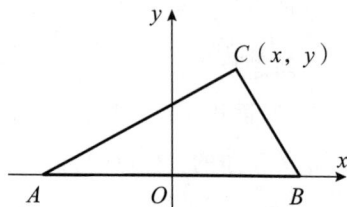

图4

所以 $S_{\triangle ABC} = \dfrac{1}{2}c|y| \leqslant \dfrac{c\sqrt{16 - 5c^2}}{4} = \dfrac{\sqrt{5c^2(16 - 5c^2)}}{4\sqrt{5}} \leqslant \dfrac{1}{4\sqrt{5}} \cdot \dfrac{5c^2 + 16 - 5c^2}{2} = \dfrac{2\sqrt{5}}{5}$．

当且仅当 $c = \dfrac{2\sqrt{10}}{5}, |y| = \sqrt{2}$ 时等号成立，所以 $\triangle ABC$ 面积的最大值为 $\dfrac{2\sqrt{5}}{5}$．

解题反思：该题已知三边平方的线性关系，联想到余弦定理的平方关系可消去一边，得到两边及其夹角的关系．这时，自然又能想到三角形面积公式，再利用均值定理建立关于面积的不等关系，即可求得面积的最大值．解法2中，由条件中等式的平方和联想到两点距离公式，所以对三角形建立直角坐标系，用坐标表示三边，并带入等式，得到三角形高的范围，再由三角形面积"底和高积的一半"构造均值不等式求最大值．另外，该题还可以用海伦公式和基本不等式来解决，在此不作详解．

三、问题生成与素养培育

原问题以及素养建构与问题拓展，从不同的视角揭示了正弦、余弦定理的运用与数学建模的价值，展现了化归与转化思想、数形结合思想．下面以真题再现和问题再生的同构形式，呈现习题映射的素养与价值．

(一)高考再现

1.(2021·全国乙卷·15)记 $\triangle ABC$ 的内角 A，B，C 的对边分别为 a，b，c，面积为 $\sqrt{3}$，$B = 60°$，$a^2 + c^2 = 3ac$，则 $b =$ _____．

2.(2016·全国 I 卷·理·17)$\triangle ABC$ 的内角 A，B，C 的对边分别为 a，b，c，已知 $2\cos C(a\cos B + b\cos A) = c$．(1)求 C；(2)若 $c = \sqrt{7}$，$\triangle ABC$ 的面积为 $\dfrac{3\sqrt{3}}{2}$，且，求 $\triangle ABC$ 的周长．

(二)问题生成

问题1(与数列结合)　已知 $\triangle ABC$ 的角 A，B，C 的对边分别为 a，b，c．若 a，b，c 成等差数列,则当 $b = 2$ 时，$\triangle ABC$ 的面积的最大值为_____．

解析：由 a，b，c 成等差数列可得 $a + c = 4$ 是定值且大于 b．

则顶点 B 可以看成以 A、C 为焦点的椭圆上的动点，

因此，椭圆中有 $2a = 4$，$2c = 2$，所以 $b^2 = 3$，$b = \sqrt{3}$．

如图5，当点 B 运动到椭圆的上顶点时，

$\triangle ABC$ 的面积达到最大．

即 $S_{\max} = \dfrac{1}{2} \times 2c \times b = \dfrac{1}{2} \times 2 \times \sqrt{3} = \sqrt{3}$．

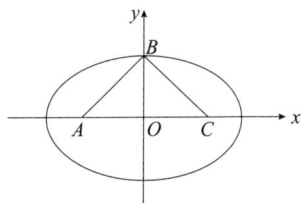

图5

问题2(与向量运算结合)　在 $\triangle ABC$ 中，$\overrightarrow{AB} \cdot \overrightarrow{AC} = \left|\overrightarrow{AB} - \overrightarrow{AC}\right| = 3$，则 $\triangle ABC$ 的面积的最大值为(　　)．

A.$\sqrt{21}$ 　　　　B.$\dfrac{3\sqrt{21}}{4}$ 　　　　C.$\dfrac{\sqrt{21}}{2}$ 　　　　D.$3\sqrt{21}$

解析：由 $\overrightarrow{AB} \cdot \overrightarrow{AC} = \left|\overrightarrow{AB} - \overrightarrow{AC}\right| = 3$ 得 $bc \cdot \cos A = a = 3$，

根据余弦定理可得 $b^2 + c^2 - 2bc \cdot \cos A = 9 \Rightarrow b^2 + c^2 = 15$，

所以 $15 = b^2 + c^2 \geqslant 2bc \Rightarrow bc \leqslant \dfrac{15}{2}$，当且仅当 $b = c = \dfrac{\sqrt{30}}{2}$ 时取等号．

因为 $S_{\triangle ABC} = \dfrac{1}{2} bc \sin A = \dfrac{1}{2} bc \sqrt{1 - \cos^2 A} = \dfrac{1}{2}\sqrt{b^2 c^2 - 9}$，

所以 $S_{\triangle ABC} = \dfrac{1}{2}\sqrt{b^2 c^2 - 9} \leqslant \dfrac{1}{2}\sqrt{\dfrac{225}{4} - 9} = \dfrac{3\sqrt{21}}{4}$，选B．

或：设角 A，B，C 的对边分别为 a，b，c，

由 $\begin{cases} \overrightarrow{AB} \cdot \overrightarrow{AC} = \left|\overrightarrow{AB}\right| \cdot \left|\overrightarrow{AC}\right| \cos A = b \cdot c \cdot \cos A = 3 \Rightarrow bc = \dfrac{3}{\cos A}, \\ \left|\overrightarrow{AB} - \overrightarrow{AC}\right|^2 = \left|\overrightarrow{CB}\right|^2 = b^2 + c^2 - 2b \cdot c \cdot \cos A = 9 \Rightarrow a^2 = 9, \end{cases}$

可得 $\cos A = \dfrac{b^2 + c^2 - a^2}{2bc} \geqslant \dfrac{2bc}{2bc} - \dfrac{9}{2bc} = 1 - \dfrac{3}{2}\cos A \Rightarrow \cos A \geqslant \dfrac{2}{5}$,

故 $0 < \sin A < \dfrac{\sqrt{21}}{5} \Rightarrow 0 < \tan A \leqslant \dfrac{\sqrt{21}}{2}$.

所以 $S_{\triangle ABC} = \dfrac{1}{2}bc\sin A = \dfrac{1}{2}\cdot\dfrac{3}{\cos A}\cdot\sin A = \dfrac{3}{2}\tan A \leqslant \dfrac{3}{2}\times\dfrac{\sqrt{21}}{2} = \dfrac{3\sqrt{21}}{4}$.

问题3（与圆锥曲线结合）（2019·新课标Ⅰ·理·10）已知椭圆 C 的焦点为 $F_1(-1,\ 0)$, $F_2(1,\ 0)$,过 F_2 的直线与 C 交于 A,B 两点. 若 $|AF_2| = 2|F_2B|$,$|AB| = |BF_1|$,则椭圆 C 的方程为（　　）.

A. $\dfrac{x^2}{2} + y^2 = 1$　　　　B. $\dfrac{x^2}{3} + \dfrac{y^2}{2} = 1$

C. $\dfrac{x^2}{4} + \dfrac{y^2}{3} = 1$　　　　D. $\dfrac{x^2}{5} + \dfrac{y^2}{4} = 1$

解析: 如图6,设 $|BF_2| = t$,则 $|AF_2| = 2t$,$|BF_1| = 3t$,

由椭圆定义知 $|AF_1| + |AF_2| = |BF_1| + |BF_2| = 4t$,

可得 $|AF_1| = 2t$,所以 $|AF_1| = |AF_2|$,

则点 A 为椭圆的上顶点或下顶点.

所以在 $\triangle ABF_1$ 中,由余弦定理可得

$\cos\angle BAF_1 = 1 - 2\sin^2\angle OAF_2 = \dfrac{9t^2 + 4t^2 - 9t^2}{2\times 3t\times 2t} = \dfrac{1}{3}$,

则 $\sin\angle OAF_2 = \dfrac{\sqrt{3}}{3}$,即 $\dfrac{|OF_2|}{|AF_2|} = \dfrac{1}{a} = \dfrac{\sqrt{3}}{3}$,即 $a = \sqrt{3}$,

又 $c = 1 \Rightarrow b = \sqrt{2}$,所以椭圆方程为 $\dfrac{x^2}{3} + \dfrac{y^2}{2} = 1$.

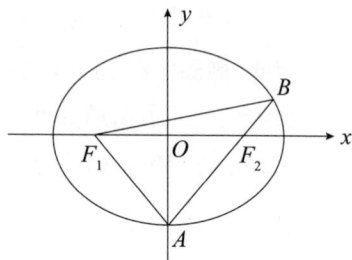

图6

(三)综合建构

已知 $\triangle ABC$ 中,点 D 在边 BC 上,$\angle ADB = 120°$,$AD = 2$,$CD = 2BD$. 当 $\dfrac{AC}{AB}$ 取得最小值时,则 $\triangle ABC$ 的面积为_____.（本题由2022年全国甲卷理科第16题改编）

方法1: 令 $BD = t$,

以 D 为坐标原点,DC 为 x 轴建立直角坐标系,如图7,

则 $C(2t,\ 0)$,$A(1,\sqrt{3})$,$B(-t,\ 0)$,所以

$\dfrac{AC^2}{AB^2} = \dfrac{(2t-1)^2+3}{(t+1)^2+3} = 4 - \dfrac{12}{t+1+\dfrac{3}{t+1}} \geqslant 4 - 2\sqrt{3}$,

当且仅当 $t+1 = \sqrt{3}$,即 $BD = \sqrt{3} - 1$ 时取等号.

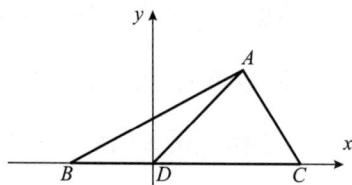

图7

所以 $S_{\triangle ABC} = \dfrac{1}{2} BC \cdot |y_A| = \dfrac{1}{2} \times (3\sqrt{3} - 3) \times \sqrt{3} = \dfrac{9 - 3\sqrt{3}}{2}$.

方法2：作辅助线，构造直角三角形.

如图8，过 A 点作 AE 垂直 BC 于 E，设 $BD = t$，

则在 $\mathrm{Rt}\triangle AEB$ 中，$AB^2 = t^2 + 2t + 4$，

在 $\mathrm{Rt}\triangle AEC$ 中，$AC^2 = 4t^2 - 4t + 4$.

后续解答同方法1.

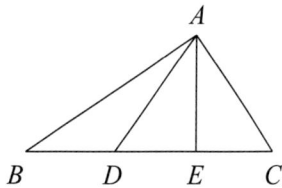

图8

解题反思：该题还可以从两角互补、余弦值互为相反数入手，利用余弦定理建立 $\dfrac{AC^2}{AB^2}$ 的关系，再解答. 从以上两种解答来看，有时解决三角形问题，"引高""解析法"也是常见的思路，这样转化后运算量较小.

这道试题综合考查了学生对"三等分点"转化途径的选择，建立目标式求最值的方法，以及运算能力、逻辑思维能力、化归与转化思想、函数与方程思想. 我们在研究分式函数的最值时，除了可以用导数工具求解，还可以利用均值不等式求解.

三角形既简单又能充分反映几何关系的本质，"边角互化"关键知识点的运用和面积问题"题眼"的建构、拓展与生成应用，既体现了面积、周长刻画几何图形大小和形状的运用价值，又渗透了数学思维，较好地彰显了数学核心素养和育人价值.

千帆竞发浪潮涌　任尔东西南北风

——以教材中点到直线的距离公式推导一隅观全局

贵阳市第六中学　　沈丹丹

数学是研究数量关系和空间形式的一门科学．数学源于对现实世界的抽象,基于抽象结构,通过符号运算、形式推理、模型建构等,理解和表达现实世界中事物的本质、关系和规律．同时,数学最本质的特征之一是逻辑的严密性,其中蕴含着讲规则、重证据、依逻辑、实事求是、严谨求实的科学精神与为人品格．这样,数学不仅有理解和表达现实事物的本质、关系和规律以及发展学生理性思维的工具属性,还有鲜明的科学精神、人文品格等价值观念属性．所以,数学教育必然是工具性和价值观的统一体．用数学的方式开展育人活动,使学生在掌握"四基""四能"的过程中,学会有逻辑地、创造性地思考,形成数学的思维方式,发展理性思维,养成科学精神,成为善于认识问题、解决问题的人才．我们如何在数学教学中发展学生的理性思维,并培养科学精神呢? 下面以《高中数学(A版)》(选择性必修第一册)第二章"直线和圆的方程"2.3.3小节"点到直线的距离公式"为案例,以知识建构、问题生成、方法提炼、素养培育的形式进行体现数学教育真谛的课堂探索．

一、问题分析与课标解析

距离问题是几何学的基本问题之一．点到直线的距离是几何中常见的问题,是点与直线上所有点的距离中的最小值,是刻画点与直线位置关系的重要几何量．点到直线的距离公式是平面解析几何中非常重要的一个公式．实际上,在《高中数学(A版)》(选择性必修第一册)第一章"空间向量与立体几何"1.4.2小节"用空间向量研究距离、夹角问题"中,对于用向量工具求空间中点到直线的距离,同学们已有所了解．本节内容是在建立了直线的方程,研究了两点间的距离公式的基础上展开的,通过点的坐标与直线方程得到点到直线的距离．点到直线的距离公式的推导方法有坐标法、向量法等多种不同的方法,这些方法是研究解析几何问题时常用的方法,能够充分体现研究解析几何问题的途径．此外,两条平行直线间的距离是点到直线的距离的自然推广．这些公式在后续学习中,对于判断点、直线、圆的位置关系能够发挥重要作用.

探究：如图1,已知点 $P(x_0, y_0)$,直线 l : $Ax + By + C = 0$ $(A \neq 0, B \neq 0)$.如何求点 P 到直线 l 的距离？

2020年修订的《普通高中数学课程标准》(本书简称《课程标准》)要求高中数学教学以培养学生的创造性思维、发散性思维和灵活性思维为主要目标. 所以,在高中数学课堂中渗透"一题多解"和"一题多变"指导机制,能够帮助学生养成善于发现、勤于思考的习惯,同时有助于提高学生的逻辑思维能力、创新实践能力以及学习解题效率. 这便成为当前高中

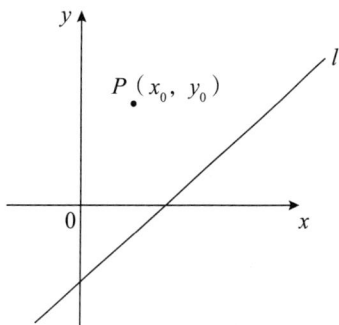

图1

数学教师所要研究的重点课题. 体会解决问题的过程中知识之间不同的联系方式,以非孤立的眼光衡量不同知识内容间的联系,形成整体性的知识体系. 在此过程中,发展学生的理性思维,形成整体性的深化结构是纵向的,个体间的交互关联是横向的科学认知.

二、知识建构与方法提炼

分析1:点 P 到直线 l 的距离,就是从点 P 到直线 l 的垂线段 PQ 的长度,其中 Q 是垂足(图2).因此,求出垂足 Q 的坐标,利用两点间的距离公式求出 $|PQ|$,就可以得到点 P 到直线 l 的距离.

方法1:作 $PQ \perp l$ 于点 Q ,

于是直线 PQ 的方程为 $y - y_0 = \dfrac{B}{A}(x - x_0)$,

即 $Bx - Ay = Bx_0 - Ay_0$.

联立方程组 $\begin{cases} Ax + By + C = 0, \\ Bx - Ay = Bx_0 - Ay_0, \end{cases}$

$\Rightarrow (A^2 + B^2)x = B^2x_0 - ABy_0 - AC,$

$\Rightarrow x = \dfrac{B^2x_0 - ABy_0 - AC}{A^2 + B^2}, y = \dfrac{A^2y_0 - ABx_0 - BC}{A^2 + B^2}.$

得直线 l 与 PQ 的交点坐标,

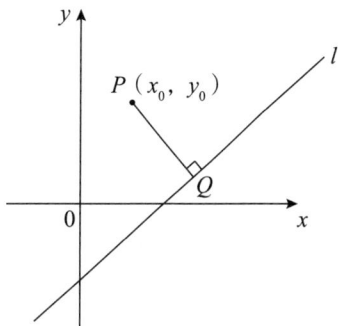

图2

即垂足 Q 的坐标为 $\left(\dfrac{B^2x_0 - ABy_0 - AC}{A^2 + B^2}, \dfrac{A^2y_0 - ABx_0 - BC}{A^2 + B^2} \right)$.

于是 $|PQ| = \sqrt{\left(\dfrac{B^2x_0 - ABy_0 - AC}{A^2 + B^2} - x_0 \right)^2 + \left(\dfrac{A^2y_0 - ABx_0 - BC}{A^2 + B^2} - y_0 \right)^2}$

$= \sqrt{\left(\dfrac{-A^2x_0 - ABy_0 - AC}{A^2 + B^2} \right)^2 + \left(\dfrac{B^2y_0 - ABx_0 - BC}{A^2 + B^2} \right)^2}$

$$= \sqrt{\frac{(Ax_0 + By_0 + C)^2}{A^2 + B^2}} = \frac{|Ax_0 + By_0 + C|}{\sqrt{A^2 + B^2}},$$

因此，点 $P(x_0, y_0)$ 到直线 l：$Ax + By + C = 0$ 的距离 $d = \dfrac{|Ax_0 + By_0 + C|}{\sqrt{A^2 + B^2}}$．

可以验证，当 $A = 0$，或 $B = 0$ 时，上述公式仍然成立．

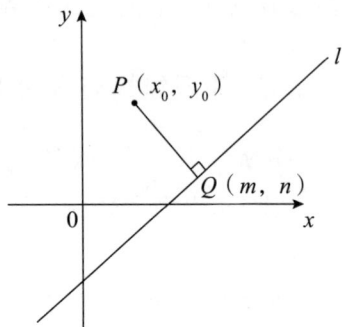

反思：上述方法中，我们根据点到直线的距离的定义，将点到直线的距离转化为两点之间的距离，这是典型的坐标法．它是研究解析几何问题最基础、最常用的方法．坐标法完全通过代数运算，中间过程都是带字母系数的表达式，形式很复杂，得到最终结果需要较强的数学运算能力，对于提升学生的数学运算素养是有利的．

分析 2：上一种方法思路自然，但运算量较大．反思求解过程，不难发现引起复杂运算的原因，由此能否给出简化运算的方法？

方法 2：如图 3，作 PQ 垂直 l 于点 Q，设点 $Q(m, n)$，则有

$$|PQ| = \sqrt{(x_0 - m)^2 + (y_0 - n)^2}$$

由已知条件，直线 PQ 的方程为 $y - y_0 = \dfrac{B}{A}(x - x_0)$．

由点 $Q(m, n)$ 在直线 PQ 上，

则 $B(m - x_0) - A(n - y_0) = 0$．

又因为点 $Q(m, n)$ 在直线 l 上，所以

$Am + Bn + C = 0 \Rightarrow Am - Ax_0 + Bn - By_0 = -Ax_0 - By_0 - C$

$\Rightarrow A(m - x_0) + B(n - y_0) = -Ax_0 - By_0 - C$．

联立方程组 $\begin{cases} B(m - x_0) - A(n - y_0) = 0, \\ A(m - x_0) + B(n - y_0) = -(Ax_0 + By_0 + C), \end{cases}$

将两式两边分别平方后相加得

$$(A^2 + B^2)(m - x_0)^2 + (B^2 + A^2)(n - y_0)^2 = (Ax_0 + By_0 + C)^2,$$

所以，$(m - x_0)^2 + (n - y_0)^2 = \dfrac{(Ax_0 + By_0 + C)^2}{A^2 + B^2}$，

所以得到 $|PQ| = \dfrac{|Ax_0 + By_0 + C|}{\sqrt{A^2 + B^2}}$．

图 3

因此，点 $P(x_0, y_0)$ 到直线 l：$Ax + By + C = 0$ 的距离 $d = \dfrac{|Ax_0 + By_0 + C|}{\sqrt{A^2 + B^2}}$．

可以验证，当 $A = 0$，或 $B = 0$ 时，上述公式仍然成立．

反思：根据两点间的距离公式 $|PQ| = \sqrt{(x_0 - m)^2 + (y_0 - n)^2}$，将 $x_0 - m$、$y_0 - n$ 看作整体变量，应用整体等量替换，采取"设而不求"的策略，将方法一中的方程组 $\begin{cases} Ax + By + C = 0 \\ Bx - Ay = Bx_0 - Ay_0 \end{cases}$

转化为关于 $x_0 - m$、$y_0 - n$ 的方程组 $\begin{cases} B(m - x_0) - A(n - y_0) = 0, \\ A(m - x_0) + B(n - y_0) = -(Ax_0 + By_0 + C). \end{cases}$

通过运算直接得到 $(x_0 - m)^2 + (y_0 - n)^2$ 的结果．学生第一次接触"设而不求"这种方法，教师教学时要积极引导，"设"的是什么，"求"的是什么．能不能把点 P 到直线 l 的距离用含有未知数的式子表达出来，进而得到整个式子的结果，而不是式子中具体未知数的结果，这就是"设而不求"的原因．

　　分析3：在两点间距离公式的推导过程中，为了得到公式，我们把它转化为与坐标轴平行的两段距离（因为与坐标轴平行的距离易求，它是一维的），然后运用等面积法求解．

　　方法3：如图4，作 $PP_2 \parallel x$ 轴交直线 l 于点 P_2，

作 $PP_1 \parallel y$ 轴交直线 l 于点 P_1，

则点 $P_1\left(x_0, \dfrac{-Ax_0 - C}{B}\right)$，$P_2\left(\dfrac{-By_0 - C}{A}, y_0\right)$，

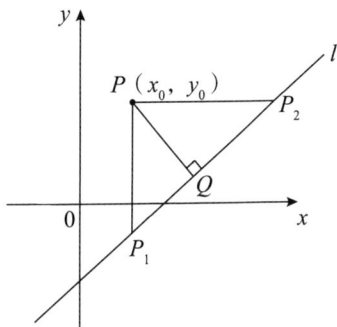

图4

所以 $|P_1P_2|^2 = \left(x_0 + \dfrac{By_0 + C}{A}\right)^2 + \left(y_0 + \dfrac{Ay_0 + C}{B}\right)^2$

$$= \left(\dfrac{Ax_0 + By_0 + C}{A}\right)^2 + \left(\dfrac{By_0 + Ay_0 + C}{B}\right)^2$$

$$= (Ax_0 + By_0 + C)^2\left(\dfrac{1}{A^2} + \dfrac{1}{B^2}\right),$$

得 $|P_1P_2| = \sqrt{\left(\dfrac{1}{A^2} + \dfrac{1}{B^2}\right)(Ax_0 + By_0 + C)^2} = \sqrt{\dfrac{1}{A^2} + \dfrac{1}{B^2}} \cdot (Ax_0 + By_0 + C)$.

又 $|PP_1| = \left|\dfrac{-Ax_0 - By_0 - C}{B}\right|$，$|PP_2| = \left|\dfrac{-Ax_0 - By_0 - C}{A}\right|$，

由 $\dfrac{1}{2} \cdot |P_1P_2| \cdot |PQ| = \dfrac{1}{2} \cdot |PP_1| \cdot |PP_2|$ 可得

$$|PQ| = \dfrac{\dfrac{|Ax_0 + By_0 + C|}{|B|} \cdot \dfrac{|Ax_0 + By_0 + C|}{|A|}}{\sqrt{\left(\dfrac{1}{A^2} + \dfrac{1}{B^2}\right)} \cdot |Ax_0 + By_0 + C|} = \dfrac{|Ax_0 + By_0 + C|}{\sqrt{A^2 + B^2}}.$$

　　因此，点 $P(x_0, y_0)$ 到直线 l：$Ax + By + C = 0$ 的距离 $d = \dfrac{|Ax_0 + By_0 + C|}{\sqrt{A^2 + B^2}}$.

　　可以验证，当 $A = 0$，或 $B = 0$ 时，上述公式仍然成立．

反思: 这种方法充分借助几何特性,用直角三角形两条直角边的乘积除以斜边得到斜边上的高,此即为点到直线的距离.虽然借助了直角三角形面积的有关知识,但是上述证明方法中运算量依然很大,包括求交点的坐标、两条直角边的长度、斜边的长度等.

分析4: 我们知道,向量是解决距离、角度问题的有力工具,并且在"空间向量与立体几何"一章中,我们曾用空间向量解决点到直线、点到平面的距离的问题.类似地,能否用向量方法求点到直线的距离?

方法4: 如图5,作 $PP_1 \parallel y$ 轴交直线 l 于点 P_1,

则点 $P_1\left(x_0, \dfrac{-Ax_0 - C}{B}\right)$,那么 $\overrightarrow{P_1P} = \left(0, \dfrac{Ax_0 + By_0 + C}{B}\right)$.

由已知,易得直线 l 的方向向量为 $\left(1, -\dfrac{A}{B}\right)$,即 $(B, -A)$,

则直线 l 的单位方向向量 $e = \left(\dfrac{B}{\sqrt{A^2 + B^2}}, \dfrac{-A}{\sqrt{A^2 + B^2}}\right)$.

由勾股定理 $|PQ|^2 = |PP_1|^2 - |P_1Q|^2$,其中,

$$\left|\overrightarrow{P_1Q}\right| = \left|\overrightarrow{P_1P} \cdot e\right| = \left|0 + \dfrac{Ax_0 + By_0 + C}{B} \cdot \dfrac{-A}{\sqrt{A^2 + B^2}}\right| = \dfrac{|A| \cdot |Ax_0 + By_0 + C|}{|B| \cdot \sqrt{A^2 + B^2}},$$

且 $|PP_1| = \left|\dfrac{-Ax_0 - By_0 - C}{B}\right|$,

则 $|PQ|^2 = \dfrac{(Ax_0 + By_0 + C)^2}{B^2} - \dfrac{A^2 \cdot (Ax_0 + By_0 + C)^2}{B^2 \cdot (A^2 + B^2)} \Rightarrow |PQ| = \dfrac{|Ax_0 + By_0 + C|}{\sqrt{A^2 + B^2}}$,

因此,点 $P(x_0, y_0)$ 到直线 l: $Ax + By + C = 0$ 的距离 $d = \dfrac{|Ax_0 + By_0 + C|}{\sqrt{A^2 + B^2}}$.

可以验证,当 $A = 0$,或 $B = 0$ 时,上述公式仍然成立.

图5

反思: 这个方法采用了用空间向量求解空间中点到直线的距离的思路与方法.利用已知点与已知直线上任意一点构成的向量在已知直线的方向向量上的投影向量的模作为直角三角形的一条直角边,以已知点与已知直线上任意一点构成的向量的模作为斜边,最后利用勾股定理求解点到直线的距离.因为需要用到勾股定理进行转化、求解,使得这个方法的推导过程不够直接.

分析5: 回顾并比较用空间向量求解空间中点到直线、点到平面的距离,不难发现,点到平面的距离公式表达更为简洁.分析其原因,点到平面的距离由已知点与已知直线上任意一点构成的向量在平面的法向量上的投影向量的模直接表示.而在立体几何中,与已知直线垂直的单位向量不易表示.在解析几何中,这个问题可以得到解决吗?

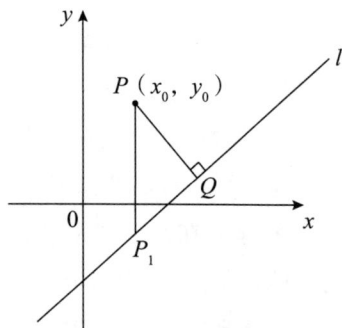

方法5：如图6，作 $PP_1 \parallel y$ 轴交直线 l 于点 P_1，

则点 $P_1\left(x_0, \dfrac{-Ax_0 - C}{B}\right)$，那么 $\overrightarrow{P_1P} = \left(0, \dfrac{Ax_0 + By_0 + C}{B}\right)$.

与直线 l 的方向向量 $(B, -A)$ 垂直的一个向量为 (A, B)，

那么与直线 l 的方向向量 $(B, -A)$ 垂直的一个单位向

量为 $\dfrac{1}{\sqrt{A^2 + B^2}}(A, B)$.

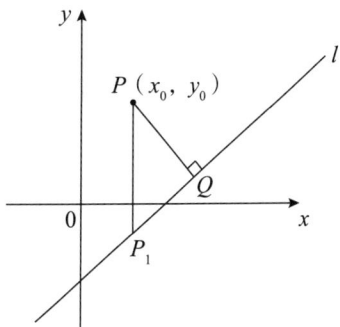

图6

我们取 $\boldsymbol{n} = \dfrac{1}{\sqrt{A^2 + B^2}}(A, B)$，

从而 $|PQ| = \left|\overrightarrow{PQ}\right| = \left|\overrightarrow{PP_1} \cdot \boldsymbol{n}\right| = \left|0 + \dfrac{B \cdot (Ax_0 + By_0 + C)}{B\sqrt{A^2 + B^2}}\right| = \dfrac{|Ax_0 + By_0 + C|}{\sqrt{A^2 + B^2}}$.

因此，点 $P(x_0, y_0)$ 到直线 l：$Ax + By + C = 0$ 的距离 $d = \dfrac{|Ax_0 + By_0 + C|}{\sqrt{A^2 + B^2}}$.

可以验证，当 $A = 0$，或 $B = 0$ 时，上述公式仍然成立.

反思：在解析几何中，可以根据已知直线的斜率 $k = -\dfrac{A}{B}$，得到直线 l 的方向向量 $(B, -A)$，从而

得到与已知直线 l 垂直的向量 (A, B)，进一步得到与已知直线 l 垂直的单位向量 $\dfrac{1}{\sqrt{A^2 + B^2}}(A, B)$，

从而实现用已知点与已知直线上任意一点构成的向量在与已知直线垂直的单位向量上的投影向量的模表示点到直线的距离，简化了方法4的运算. 方法4和方法5是典型的向量法. 用投影向量的模直接或间接表示点到直线的距离，把求距离转化为向量数量积的运算，这种方法构造性强，需要较高的思维水平以及对向量和直线方程的深入认识，但是运算较为简便. 这种用一般化向量(参考向量)处理最特殊的距离(点到直线的距离)的思路为解决此类问题提供了一种通法.

分析6：柯西不等式是由数学家柯西(Cauchy)在研究数学分析中的"流数"问题时得到的，它在几何和线性代数中有着广泛的应用. 下面将以柯西不等式为基础，推导点到直线的距离公式.

方法6：设点 $P(x, y)$ 是直线 l 上的任意一点，则 $|P_0P| = \sqrt{(x - x_0)^2 - (y - y_0)^2}$.

因为点 $P(x, y)$ 在直线 l 上满足

$\qquad Ax + By + C = 0$

$\Rightarrow (Ax + By + C) - (Ax_0 + By_0 + C) = -(Ax_0 + By_0 + C)$，

$\Rightarrow A(x - x_0) + B(y - y_0) = -(Ax_0 + By_0 + C)$，

$$\Rightarrow \left[A\left(x - x_0\right) + B\left(y - y_0\right)\right]^2 = \left(Ax_0 + By_0 + C\right)^2.$$

由柯西不等式 $\sum_{i=1}^{n} a_i{}^2 \cdot \sum_{i=1}^{n} b_i{}^2 \geq \sum_{i=1}^{n} (a_i b_i)$（当且仅当 $\dfrac{a_1}{b_1} = \cdots = \dfrac{a_i}{b_i} = \cdots = \dfrac{a_n}{b_n}$ 时取等号）有

$$\left[A\left(x - x_0\right) + B\left(y - y_0\right)\right]^2 \leq \left(A^2 + B^2\right) \cdot \left[\left(x - x_0\right)^2 + \left(y - y_0\right)^2\right],$$

即 $\left(Ax_0 + By_0 + C\right)^2 \leq \left(A^2 + B^2\right) \cdot \left|P_0 P\right|^2$,

那么 $\left|P_0 P\right| \geq \dfrac{\left|Ax_0 + By_0 + C\right|}{\sqrt{A^2 + B^2}}$,

当且仅当 $A\left(y - y_0\right) = B\left(x - x_0\right)$ 时等号成立,

即 $\dfrac{y - y_0}{x - x_0} = \dfrac{B}{A} \Rightarrow P_0 P \perp l$ 时等号成立.

由此,点 $P\left(x_0,\ y_0\right)$ 到直线 l：$Ax + By + C = 0$ 的距离 $d = \dfrac{\left|Ax_0 + By_0 + C\right|}{\sqrt{A^2 + B^2}}$.

可以验证,当 $A = 0$,或 $B = 0$ 时,上述公式仍然成立.

反思：由"点到直线上任意一点的距离,垂线段最短"这一最值问题,联想到柯西不等式正是求解最值的有力工具. 灵活巧妙地应用它,可以使一些较为困难的问题迎刃而解. 柯西不等式在证明不等式、解三角形、求函数最值、解方程等方面发挥着强大作用. 柯西不等式不仅在高等数学中是一个十分重要的不等式,而且它对初等数学也有很强的指导作用,利用它能高瞻远瞩、居高临下,方便地解决中学数学中的一些相关问题.

利用点到直线的距离公式可以解决的问题有很多,下面罗列几种：

（1）点到直线的距离及其相关问题；

（2）平行直线间的距离及其相关问题；

（3）点到直线上任意一点的距离最值问题；

（4）动直线的最值问题；

（5）三角形面积的最值问题；

（6）其他可转化为点到直线的距离的问题.

三、问题生成与素养培育

（一）教材例题

《高中数学（A版）》（选择性必修第一册）第77页例5：

求点 $P\left(-1,\ 2\right)$ 到直线 l：$3x = 2$ 的距离.

问题分析：将直线 l 的方程写成一般式 $3x + 0 \cdot y - 2 = 0$,再用点到直线的距离公式求解.

问题解析: 如图 7 所示, 点 $P(-1, 2)$ 到直线 $l: 3x + 0 \cdot y - 2 = 0$ 的距离 $d = \dfrac{|3 \times (-1) - 2|}{\sqrt{3^2 + 0^2}} = \dfrac{5}{3}$.

思考: 直线有什么特性? 由此你能给出简便解法吗?

问题解析: 因为直线 $l \perp x$ 轴, 所以 $d = \left| \dfrac{2}{3} - (-1) \right| = \dfrac{5}{3}$.

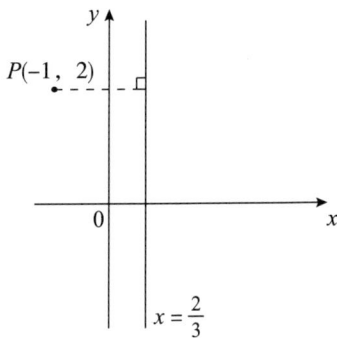

问题反思: 本题是点到直线的距离公式的应用考查, 要注意公式中直线方程的形式为一般式. 题目给出的直线方程若不是一般式, 要先化为一般式, 再代值求解. 在具体问题中, 也可以结合直线本身的特点, 利用位置的特殊性、几何特征进行求解. 如本题中, 直线与 x 轴垂直, 此时直接应用点的横坐标之差的绝对值计算更简捷.

图 7

(二)问题生成

问题 1　求点 $P(-1, 2)$ 到直线 $l: \dfrac{x}{3} + \dfrac{y}{4} = 1$ 的距离.

问题分析: 将直线 l 的方程写成一般式 $4x + 3y - 12 = 0$, 再用点到直线的距离公式求解.

问题解析: 点 $P(-1, 2)$ 到直线 $l: 4x + 3y - 12 = 0$ 的距离:

$$d = \dfrac{|4 \times (-1) + 3 \times 2 - 12|}{\sqrt{4^2 + 3^2}} = 2.$$

问题反思: 本题是点到直线的距离公式的应用考查, 要注意公式中直线方程的形式为一般式.

问题 2　已知点 $P(-1, 2)$, 若 Q 为直线 $l: 4x + 3y - 12 = 0$ 上一点, 且 $|PQ| = 2$, 求点 Q 的坐标.

问题分析:

方法 1: 已知点 Q 在直线 l 上, 设点 Q 的坐标, 并且横、纵坐标由同一个变量表示, 再通过建立关于所设未知数的方程 $|PQ| = 2$, 求解未知数.

方法 2: 已知点 Q 在直线 l 上, 进一步判断点 Q 是过点 P 作直线 l 的垂线的垂足, 还是直线上异于垂足的一点. 若点 Q 是垂足, 则点 Q 是两条直线的交点, 此时将求点的坐标转化为两条直线的方程组成的方程的解. 这是确定点的坐标(定点)的通法.

问题解析 1: 因为点 Q 在直线 l 上, 设 Q 点的坐标为 $(3a, 4 - 4a)$,

又 $|PQ| = 2$, 所以 $\sqrt{(3a + 1)^2 + (4 - 4a - 2)^2} = 2 \Rightarrow 25a^2 - 10a + 1 = 0 \Rightarrow a = \dfrac{1}{5}$,

所以 Q 点的坐标为 $\left(\dfrac{3}{5}, \dfrac{16}{5} \right)$.

问题解析2: 因为点 $P(-1, 2)$ 到直线 l: $4x + 3y - 12 = 0$ 的距离

$$d = \frac{|4 \times (-1) + 3 \times 2 - 12|}{\sqrt{4^2 + 3^2}} = 2,$$

$PQ \perp l, Q$ 为垂足,则直线 PQ 的方程为 $y = \frac{3}{4}x + \frac{11}{4}$,

联立方程组 $\begin{cases} 4x + 3y - 12 = 0, \\ 3x - 4y + 11 = 0, \end{cases} \Rightarrow Q$ 点的坐标为 $\left(\frac{3}{5}, \frac{16}{5}\right)$.

问题反思: 本题方法1思路自然,但运算量相对较大;方法2先判断点 Q 的精确位置,借助于两条直线同时经过点 Q,通过解方程组确定点 Q 的坐标,有助于简化计算. 通过此题,可以学习并掌握解析几何中求定点的通法:两个图象的交点确定点的位置.

问题3 已知点 $P(-1, 2)$,Q 为直线 l: $4x + 3y - 12 = 0$ 上的动点,求 $|PQ|$ 的最小值.

问题分析:

方法1:已知点 Q 在直线 l 上,设点 Q 的坐标,并且横、纵坐标由同一个变量表示,进一步用所设未知数表示所求对象 $|PQ|$,将求解 $|PQ|$ 的最小值转化为求解函数的最小值.

方法2:作图,通过直观感知、操作确认,结合几何性质"点到直线上任意一点的距离垂线段最短",直接利用点到直线的距离公式得出结果.

问题解析1: 因为点 Q 在直线 l 上,设 Q 点的坐标为 $(3a, 4 - 4a)$,

则 $|PQ| = \sqrt{(3a + 1)^2 + (4 - 4a - 2)^2}$

$$= \sqrt{25a^2 - 10a + 5} = \sqrt{25\left(a - \frac{1}{5}\right)^2 + 4}.$$

当 $a = \frac{1}{5}$ 时,$|PQ|_{\min} = 2$.

问题解析2: 如图8,

设 d 为点 $P(-1, 2)$ 到直线 l: $4x + 3y - 12 = 0$ 的距离,

那么 $|PQ| \geqslant d = \frac{|4 \times (-1) + 3 \times 2 - 12|}{\sqrt{4^2 + 3^2}} = 2$,

所以 $|PQ|_{\min} = d = 2$.

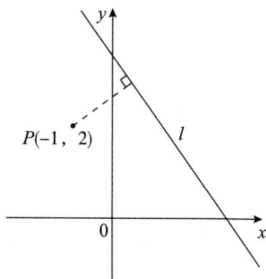

图8

问题反思: 本题方法2根据几何性质,通过常识得出结果,直观地定性感受需要严密的逻辑推理加以证明. 方法1用代数式刻画两点间的距离,进一步将两点间的距离转化为含有一个未知数的函数,通过求函数最值确定直线外一点与直线上任意一点之间的距离的最小值,论据充分、科学严谨,这正是数学中"数形结合"这一重要思想之美的体现,也是数学理性思维光辉的闪烁.

问题 4 已知点 $P(-1, 2)$，直线 $l: y - 3 = k(x - 2)$，求点 P 到直线 l 距离的最大值及取得最大值时 k 的值.

问题分析：本题考查点到直线的距离的最值问题. 其核心是在直线绕着定点旋转的过程中，点 P 到直线 l 的距离 d 随着直线的转动而变化. 通过作图（图 9）、操作、感知，一般情况下，点 P 到直线 l 的距离 d 小于 $|PA|$. 特别地，当直线 $l \perp PA$ 时，$|PA|$ 即是点 P 到直线 l 的距离 d 的最大值.

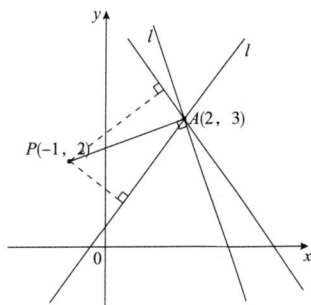

图 9

问题解析：根据直角三角形直角边小于斜边的特征，
有 $d < |PA|$.

当直线 $l \perp PA$ 时，$d_{max} = |PA| \Rightarrow d_{max} = \sqrt{(-1-2)^2 + (2-3)^2} = \sqrt{10}$，
此时 $k \cdot k_{PA} = -1 \Rightarrow k = -3$.

问题反思：这是一个数学中常见的动态问题. 几何中的动态问题，就运动对象而言，有点动、线动、面动. 本题属于线动，特别地，是直线绕着定点旋转而动. 解答本题需要一定的直观感知和空间想象能力，利用图象可以直接观察得出结果.

问题 5 求过点 $P(-1, 2)$ 且与点 $A(2, 3)$、$B(4, -5)$ 距离相等的直线 l 的方程.

问题分析：

方法 1：采用点斜式设出直线 l 的方程和待定系数 k，再根据已知条件"点 A、B 到直线 l 的距离相等"建立等量关系，求出未知数.

方法 2：作图，通过直观感知、操作确认，结合几何性质"点 A、B 在直线 l 两侧"，此时直线 l 过线段 AB 的中点；点 A、B 在直线 l 同侧，此时直线 l 与过点 A、B 的直线平行.

问题解析 1：设直线 l 斜率为 k，
则直线 $l: y - 2 = k(x + 1)$ 即 $kx - y + k + 2 = 0$，
所以 $\dfrac{|2k - 3 + k + 2|}{\sqrt{k^2 + 1}} = \dfrac{|4k + 5 + k + 2|}{\sqrt{k^2 + 1}} \Rightarrow |3k - 1| = |5k + 7|$，
所以 $3k - 1 = 5k + 7$ 或 $3k - 1 = -5k - 7$，
所以 $k = -4$ 或 $k = -\dfrac{3}{4}$，
则直线 l 的方程为 $4x + y + 2 = 0$ 或 $3x + 4y - 5 = 0$.

问题解析 2：

(1) 如图 10，若直线 l 过线段 AB 的中点 G，
分别过点 A、点 B 分别作直线 l 的垂线，垂足为 Q、F，
由 $\triangle AGQ \cong \triangle BGF \Rightarrow |AQ| = |BF|$.

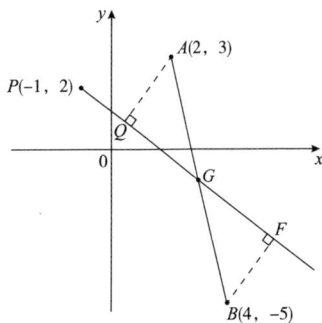

图 10

其中线段 AB 中点 G 的坐标为 $\left(\dfrac{2+4}{2},\dfrac{3-5}{2}\right)$

$\Rightarrow G(3,-1)$,

且直线 l 过点 $P(-1,2)$,由两点式写直线方程,得

$\dfrac{y-2}{-1-2}=\dfrac{x-(-1)}{3-(-1)} \Rightarrow 3x+4y-5=0$.

(2)如图11,若直线 l 与直线 AB 平行,

则 $k=k_{AB}=\dfrac{-5-3}{4-2}=-4$,

此时直线 l 的方程为 $y-2=-4(x+1)$

$\Rightarrow 4x+y+2=0$.

综上所述,直线 l 的方程为

$4x+y+2=0$ 或 $3x+4y-5=0$.

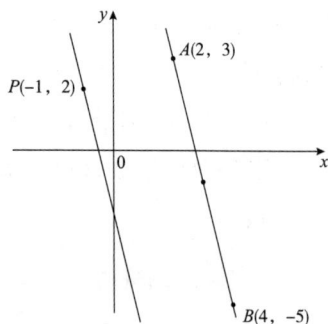

图11

问题反思:本题方法2使用了数形结合的方法,以形之直观明确解题方向,以数之严谨论证该方法的正确性. 方法2中,直线 l 过线段 AB 的中点,过点 A、点 B 分别作直线 l 的垂线,因三角形全等,得出垂线段相等,这就是数学理性思维、实事求是的科学精神的体现.

问题6 已知点 $P(-1,2)$,$A\left(1,\dfrac{8}{3}\right)$,$B(3,0)$,求 $\triangle PAB$ 的面积.

问题分析:由三角形面积公式可知,只要利用距离公式求出边 AB 的长和边 AB 上的高即可.

问题解析:如图12,设边 AB 上的高为 h,

则 $S_{\triangle ABC}=\dfrac{1}{2}|AB|h$.

其中,$|AB|=\sqrt{(1-3)^2+\left(\dfrac{8}{3}-0\right)^2}=\dfrac{10}{3}$,

边 AB 上的高 h 就是点 $P(-1,2)$ 到直线 AB 的距离.

边 AB 所在直线 l 的方程为 $\dfrac{y-0}{\dfrac{8}{3}-0}=\dfrac{x-3}{1-3}$,

图12

$\Rightarrow 4x+3y-12=0$,

则点 P 到直线 AB 的距离 $h=\dfrac{|4\times(-1)+3\times2-12|}{\sqrt{4^2+3^2}}=2$,

因此,$S_{\triangle ABC}=\dfrac{1}{2}\times\dfrac{10}{3}\times2=\dfrac{10}{3}$.

问题反思:教师教学时,要引导学生分析解决问题的思路,让学生回答如何求得三角形

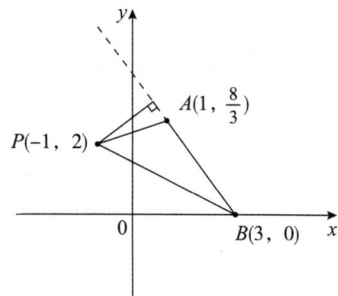

的面积．思路明确了,即可放手让学生独立完成．这充分体现了坐标法为解决这类几何问题提供了普适的方法,而且这种方法完全是程序性的．普适性是指一旦直线的方程和点的坐标确定,那么它们的主要几何性质,如距离、角度等,原则上可以由它们得到;程序性说的是坐标法解决几何问题的"三步曲"．而综合法处理这些问题时需要很强的技巧,往往"就事论事".

问题7 已知点 $P(-1,2)$,$Q(0,-1)$,直线 $l:4x+3y-12=0$ 与两坐标轴分别交于 A、B 两点,R 为线段 PQ 上的动点,求 $\triangle ABR$ 面积的最大值和最小值.

问题分析: 本题与上一题的解题思路一脉相承．由三角形面积公式可知,边 AB 的长是常数,当边 AB 上的高取得最大、最小值时,$\triangle ABR$ 的面积也相应的取得最大、最小值.

问题解析1: 如图13,设边 AB 上的高为 h,

则 $S_{\triangle ABC}=\dfrac{1}{2}|AB|h$.

其中 $|AB|=\sqrt{(0-4)^2+(3-0)^2}=5$,

边 AB 上的高 h 就是点 R 到直线 AB 的距离,

因此,点 R 在直线 l 的垂线上,

同时点 R 也在线段 PQ 上,

故点 R 是直线 l 的垂线与线段线 PQ 的交点.

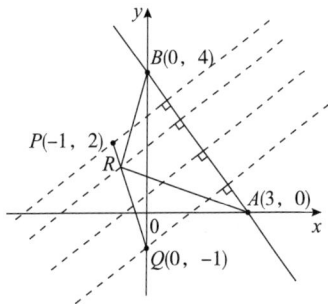

图13

由图13可知,

当直线 l 的垂线与线段 PQ 交于点 $Q(0,-1)$ 时(即点 R 与点 Q 重合时),

高 h 取得最大值,$h_{\max}=\dfrac{|4\times0+3\times(-1)-12|}{\sqrt{3^2+4^2}}=3$,

因此,$(S_{\triangle ABC})_{\max}=\dfrac{1}{2}\times5\times3=\dfrac{15}{2}$.

当直线 l 的垂线与段线 PQ 交于点 $P(-1,2)$ 时(即点 R 与点 P 重合时),

高 h 取得最小值,$h_{\min}=\dfrac{|4\times(-1)+3\times2-12|}{\sqrt{3^2+4^2}}=2$,

因此,$(S_{\triangle ABC})_{\min}=\dfrac{1}{2}\times5\times2=5$.

问题解析2: 如图13,设边 AB 上的高为 h,则 $S_{\triangle ABC}=\dfrac{1}{2}|AB|h$,

其中,$|AB|=\sqrt{(0-4)^2+(3-0)^2}=5$,

边 AB 上的高 h 就是点 R 到直线 AB 的距离.

因此,点 R 在直线 l 的垂线上,同时点 R 也在线段 PQ 上,

故点 R 是直线 l 的垂线与线段线 PQ 的交点.

设直线 l 的垂线方程为 $3x - 4y + c = 0$,

线段 PQ 所在直线方程为 $3x + y + 1 = 0$,

联立方程组 $\begin{cases} 3x - 4y + c = 0, \\ 3x + y + 1 = 0, \end{cases} \Rightarrow \begin{cases} x = \dfrac{-c-4}{15}, \\ y = \dfrac{c-1}{5}, \end{cases}$,即点 R 的坐标为 $\left(\dfrac{-c-4}{15}, \dfrac{c-1}{5} \right)$.

因为 $-1 \leqslant x \leqslant 0$,所以 $-4 \leqslant c \leqslant 11$,

则点 $R\left(\dfrac{-c-4}{15}, \dfrac{c-1}{5} \right)$ 到直线 $l: 4x + 3y - 12 = 0$ 的距离为

$$d = \frac{\left| 4 \times \left(\dfrac{-c-4}{15} \right) + 3 \dfrac{c-1}{5} - 12 \right|}{\sqrt{4^2 + 3^2}} = \frac{|c - 41|}{15}.$$

当 $c = -4$ 时,$d_{max} = \dfrac{|-4-41|}{15} = 3$,因此,$(S_{\triangle ABC})_{max} = \dfrac{1}{2} \times 5 \times 3 = \dfrac{15}{2}$;

当 $c = 11$ 时,$d_{min} = \dfrac{|11-41|}{15} = 2$,因此,$(S_{\triangle ABC})_{min} = \dfrac{1}{2} \times 5 \times 2 = 5$.

问题反思: 本题的两种解法充分体现了数与形的完美结合,以形之直观明确解题方向,以数之严谨论证该方法的正确性. 方法2中,以代数式刻画点到直线的距离,用函数的思想精确研究函数的最值,以此得到三角形的高的最值,最终确定三角形面积的最值,再一次证明了数学理性思维、实事求是的科学精神是数学学科的灵魂体现.

问题8 已知点 $P(-1, 2)$,$Q(0, -1)$,若 R 为线段 PQ 上一点,M 为直线 $l: 3x + 4y - 12 = 0$ 上一点,若直线 RM 与 l 的夹角为 $30°$,求 $|RM|$ 的最值.

问题分析: 上一题线段 PQ 上的一点 R,由点 R 是直线 l 的距离取得最值时确定动点 R 的位置. 本题中,R 依然是线段 PQ 上的一点,且满足直线 RM 与 l 的夹角为 $30°$,进而求 $|RM|$ 的最值. 看似确定点 R 的题设条件与上一题不同,实际上由直角三角形边长关系,可将 $|RM|$ 转化为 $2d$,解法同上一题类似.

问题解析: 如图14,

直线 RM 与 l 的夹角 $\angle RMQ = \angle RM'Q = 30°$,

过点 R 作直线 l 的垂线,垂足为 Q,

即点 R 到直线 l 的距离 $d = |RQ|$,

此时 $|RM| = |RM'| = 2d$.

由问题7知,当点 R 与点 Q 重合时,$d_{max} = 3$,

因此,$|RM|\big|_{min} = 2 \times 2 = 4$.

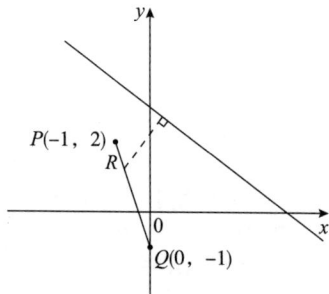

图14

问题反思: 问题拓展是通过不同角度或不同背景,从多个方面变更提供的数学对象或数

学问题的呈现形式,使事物的非本质特征发生变化而本质特征保持不变的教学形式.在拓展中辨析问题的核心内容,运用转化与化归思想,使学生善于从纷繁的表象中抓住事物本质,培养学生条理清晰的逻辑分析能力.

笔者认为,理性思维和科学精神是数学抽象、逻辑推理、数学建模、直观想象、数学运算、数据分析等六个数学学科核心素养要素(即六大关键能力)的灵魂,所以发展学生的数学学科核心素养的聚焦点应放在理性思维和科学精神的发展上,这是由数学的学科特点所决定的.

理性思维得到良好发展的具体表现是:能抓住纷繁复杂事物中的关键要素,善于发现事物的本质、关系和规律;能在一般观念指导下思考和解决问题,精中求简、以简驭繁;形成重论据、有条理、合乎逻辑的思维品质,养成以理服人的行为习惯.

本节内容以直线的方程为基础,多种方法推导点到直线的距离公式.领略了思路自然但运算量较大的坐标法,在坐标法中使用整体替换以实现简化运算的"设而不求"法,利用几何特征的等面积法、用向量的投影和数量积运算以达到优化运算,但需要一定的整体观和构造技巧的向量法,以及在几何中发挥重要作用的柯西不等式等方法.每种方法各有其特点,在解决问题中能提升学生数学运算、逻辑推理、数学建模等能力素养,还能让学生体会解决同一个问题不同知识之间的联系,以严密的逻辑进行推理论证,并从实际例子出发形成网络化的知识体系,站在高处把握全局.

综上所述,深化数学课程改革,就是要以立德树人为根本,以培育和发展数学学科核心素养为目标,以夯实"四基""四能"为手段,以发展理性思维和科学精神为落脚点,以问题拓展促素养构建,培养正确价值观、必备品格和关键能力.

四两拨千斤　润物细无声

——"正弦定理"教学谈

贵阳市第六中学　　代晓宁

数学教育中的立德树人要体现数学学科特点,其基本内涵是:学生能在获得"四基"、提高"四能"的过程中,发展数学学科核心素养,逐步学会用数学眼光观察世界,用数学思维思考世界,用数学语言表达世界;提高学习数学的兴趣,增强学好数学的信心,养成良好的数学学习习惯,树立敢于质疑、敢于思考、严谨求实的科学精神;发展自主学习能力,提高实践能力,提升创新意识;认识数学的科学价值、应用价值、文化价值和审美价值.　总之,符合立德树人要求的数学教育,就是要充分挖掘和利用数学课程内容所蕴含的育人资源,发挥数学在形成人的理性思维、科学精神和促进人的智力发展中的独特作用,用数学的方式开展育人活动,使学生在掌握"四基"、提高"四能"的过程中,学会有逻辑地、创造性地思考,形成数学的思维方式,发展理性思维,养成科学精神,成为善于发现问题、提出问题、分析问题、解决问题的人才.

那么我们如何在数学教学中培养学生的"四基""四能",提升学生的数学核心素养呢?下面以人教版《高中数学(A版)》(必修第二册)第六章"平面向量及其应用"6.4.3小节的"正弦定理"为案例,以知识建构、问题生成、方法提炼以及素养培育的形式进行多维展示.

一、问题分析与思路解析

(一)问题的发现与提出

三角形是最常见的几何图形之一,一个三角形含有各种各样的几何量,例如三边边长、三个内角的度数、面积等,它们之间存在确定的关系.　例如,在初中,我们得到过勾股定理、锐角三角函数,这是直角三角形中的边、角定量关系.　对于一般的三角形,我们已经定性地研究过三角形的边、角关系,得到了 SSS("边边边")、SAS("边角边")、ASA("角边角")、AAS("角角边")等判定三角形全等的方法.　这些判定方法表明,给定三角形的三个角、三条边这六个元素中的某些元素,这个三角形就是唯一确定的. 那么三角形的其他元素与给定的某些元素之间有怎样的数量关系呢?

我们知道,两角与一边分别相等的两个三角形全等. 这说明,给定两角及一边的三角形是唯一确定的. 在初中,我们得到三角形中"等边对等角"的结论. 实际上,三角形中还有"大边对大角""小边对小角"的边角关系. 从量化的角度来看,可以将这个边、角关系转化为:

在△ABC中,已知角A,B,C的对边分别为a,b,c,求A,B,C,a,b,c之间的定量关系.

如果得到了这个定量关系,就可以直接解决"在△ABC中,已知A,B,a,求b"的问题.

培养学生的问题意识是创新教育的起点. 教学中,教师要不断鼓励、引导学生发现问题、提出问题. 正如爱因斯坦说过的:提出一个问题往往比解决一个问题更重要. 所以,教师作为学生所在学科学习活动的组织者、引导者与合作者,首先发挥的作用应该是努力创设这样一种情境:让学生成为问题的发现者与解决者. 在教学中,不仅重视指导学生观察的方法、步骤,而且要为学生提供大量的实践活动情境和参与机会,从现实生活中选取观察的素材,让学生亲身感受到问题就在我们身边,进而培养学生的学科意识.

(二)问题的分析与解决

分析1:三角形有直角三角形、锐角三角形、钝角三角形,而直角三角形是我们比较熟悉的三角形,可以借助直角三角形中的边角关系来探究斜三角形的边角关系. 但怎么才能让直角三角形在斜三角形中出现呢? 显然,作垂线就是很好的方法. 下面(包括后面的分析)以锐角三角形为例,钝角三角形的情形与锐角三角形类似.

方法1:三角形作高法.

如图1,作锐角三角形ABC的高CD,则$CD = a\sin B = b\sin A$,

所以$\dfrac{a}{\sin A} = \dfrac{b}{\sin B}$,同理$\dfrac{b}{\sin B} = \dfrac{c}{\sin C}$.

因此$\dfrac{a}{\sin A} = \dfrac{b}{\sin B} = \dfrac{c}{\sin C}$.

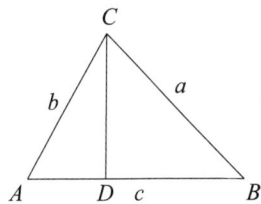

图1

分析2:前面我们借助了直角三角形中的高解决了问题,由高很容易联想到面积,那么我们可不可以借助面积来解决问题呢?

方法2:三角形面积法.

如图1,作锐角三角形ABC的高CD,则$CD = a\sin B$,

所以三角形ABC的面积$S = \dfrac{1}{2} AB \cdot CD = \dfrac{1}{2} ac\sin B$.

同理$S = \dfrac{1}{2} ab\sin C$,$S = \dfrac{1}{2} bc\sin A$,

所以 $\dfrac{1}{2}ac\sin B=\dfrac{1}{2}ab\sin C=\dfrac{1}{2}bc\sin A$,

等式各项同时除以 $\dfrac{1}{2}abc$,再取倒数,有 $\dfrac{a}{\sin A}=\dfrac{b}{\sin B}=\dfrac{c}{\sin C}$.

分析3: 我们知道,向量集数与形于一身,向量的数量积与夹角有着密切关系,那么利用向量的数量积是否可以解决该问题呢?

方法3: 向量的数量积法.

如图1,作锐角三角形 ABC 的高 CD.

因为 $\overrightarrow{AB}=\overrightarrow{CB}-\overrightarrow{CA}$,所以 $0=\overrightarrow{AB}\cdot\overrightarrow{CD}=\left(\overrightarrow{CB}-\overrightarrow{CA}\right)\cdot\overrightarrow{CD}$,

所以 $\overrightarrow{CB}\cdot\overrightarrow{CD}=\overrightarrow{CA}\cdot\overrightarrow{CD}$,

所以 $a\left|\overrightarrow{CD}\right|\cos\left(\dfrac{\pi}{2}-B\right)=b\left|\overrightarrow{CD}\right|\cos\left(\dfrac{\pi}{2}-A\right)$,

即 $a\sin B=b\sin A$.

所以 $\dfrac{a}{\sin A}=\dfrac{b}{\sin B}$,同理 $\dfrac{b}{\sin B}=\dfrac{c}{\sin C}$.

因此 $\dfrac{a}{\sin A}=\dfrac{b}{\sin B}=\dfrac{c}{\sin C}$.

分析4: 在 $\triangle ABC$ 中,A,B,C,a,b,c 之间存在某种定量关系,这个定量有几何意义吗?

方法4: 三角形外接圆法.

如图2,作锐角三角形 ABC 的外接圆直径 CD,连接 DB.

根据同弧所对的圆周角相等及直径所对的圆周角是直角,可得 $\angle A=\angle D$,$\angle DBC=90°$,$CD=2R$(R 为 $\triangle ABC$ 的外接圆半径),

所以 $\sin A=\sin D=\dfrac{CB}{CD}=\dfrac{a}{2R}$,所以 $\dfrac{a}{\sin A}=2R$.

同理 $\dfrac{b}{\sin B}=2R$,$\dfrac{c}{\sin C}=2R$.

因此 $\dfrac{a}{\sin A}=\dfrac{b}{\sin B}=\dfrac{c}{\sin C}=2R$.

图2

当然还有其他的方法可以证明上述结论,这里不一一赘述.

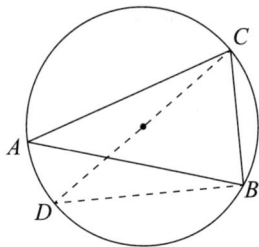

二、知识建构与方法提炼

理性思维和科学精神是数学抽象、逻辑推理、数学建模、直观想象、数学运算、数据分析等六个数学学科核心素养的灵魂,所以发展学生的数学学科核心素养是数学学科立德树人的具体化,而聚焦点应放在理性思维和科学精神的发展上. 学科核心素养是育人价值的集中体现,发展学生的数学素养,要根据学生的认知规律,螺旋式上升安排教学内容,特别是要让重要的(往往也是难以一次完成的)数学概念、思想方法得到反复理解的机会.

本文结合三角形的图形,从三角形的边与角的关系中抽象一般规律和结构,并用数学语言表达,体现了数学抽象的思维方式,让学生养成一般性思考问题的习惯,把握事物的本质,以简驭繁. 在分析与解决问题的过程中也培养了学生的逻辑思维能力,使学生掌握抽象出数学对象、发现和提出数学问题的方法,要将此作为教学的关键任务,以实现从"知其然"到"知其所以然"再到"知何由以知其所以然"的跨越.

关于三角形中的大边对大角、小边对小角,从量化的角度来看,A,B,C,a,b,c 之间确实有定量关系,且这个定量与三角形的外接圆有关. 于是我们得到三角形中边角关系的一个重要定理:

正弦定理　三角形中,各边和它所对角的正弦的比相等,即 $\dfrac{a}{\sin A} = \dfrac{b}{\sin B} = \dfrac{c}{\sin C} = 2R$. (其中 R 为 $\triangle ABC$ 外接圆的半径)

由正弦定理,可以得到如下推论:

(1)$\sin A = \dfrac{a}{2R}, \sin B = \dfrac{b}{2R}, \sin C = \dfrac{c}{2R}$;

(2)$a = 2R\sin A, b = 2R\sin B, c = 2R\sin C$.

从正弦定理及其推论可以看出,三角函数把几何中关于三角形的定性结论变成了可定量计算的公式. 一般地,三角形的三个角 A,B,C 和它的对边 a,b,c,叫做三角形的元素,已知三角形的几个元素求其他元素的过程叫做解三角形.

利用正弦定理及其推论可以解决的问题有很多,下面罗列几种:

1.解三角形

(1)已知三角形的两角一边,直接应用正弦定理可得;

(2)已知三角形的两边及一边所对的角,直接应用正弦定理可得,但要注意解的情况.

2.利用正弦定理判断三角形的解的个数

已知三角形的两角和任意一边,求另两边和另一角,此时有唯一解,三角形被唯一确定. 已知两边和其中一边的对角,求其他的边和角,此时可能出现一解、两解或无解的情况,三角形不能被唯一确定. 具体做法如下:

由正弦定理得 $\sin B = \dfrac{b\sin A}{a}$,

(1)若 $\dfrac{b\sin A}{a} > 1$,则满足条件的三角形个数为 0,即无解;

(2)若 $\dfrac{b\sin A}{a} = 1$,则满足条件的三角形个数为 1,即一解;

(3)若 $\dfrac{b\sin A}{a} < 1$,则满足条件的三角形个数为 1 或 2,视实际情况而定.

3.三角形形状的判断

判断三角形的形状,就是根据题目条件,分析其是不是等腰三角形、直角三角形、等边三角形、等腰直角三角形、锐角三角形、钝角三角形等. 利用正弦定理判断三角形形状的方法如下:

(1)化边为角,走三角变形之路. 常用的转化方式有:

① $a = 2R\sin A, b = 2R\sin B, c = 2R\sin C$(其中 R 为 $\triangle ABC$ 外接圆的半径);

② $\dfrac{a}{b} = \dfrac{\sin A}{\sin B}, \dfrac{a}{c} = \dfrac{\sin A}{\sin C}, \dfrac{b}{c} = \dfrac{\sin B}{\sin C}$.

(2)化角为边,走代数变形之路. 常用的转化方式有:

① $\sin A = \dfrac{a}{2R}, \sin B = \dfrac{b}{2R}, \sin C = \dfrac{c}{2R}$(其中 R 为 $\triangle ABC$ 外接圆的半径);

② $\dfrac{\sin A}{\sin B} = \dfrac{a}{b}, \dfrac{\sin A}{\sin C} = \dfrac{a}{c}, \dfrac{\sin B}{\sin C} = \dfrac{b}{c}$.

4.正弦定理与三角形面积

(1)若三角形中已知一个角(角的大小或该角的正弦、余弦值),以及该角的两边,代入公式求面积.

(2)若已知三角形的三边,可先求其一个角的余弦值,再求其正弦值,代入公式求面积. 总之,结合图形恰当选择面积公式是解题的关键.

(3)若求角,就寻求夹这个角的两边的关系,利用面积公式列方程求解.

(4)若求边,就寻求与该边(或两边)有关联的角,利用面积公式列方程求解.

此外,还有正弦定理与三角形周长问题,正弦定理与三角形外接圆半径,与三角形有关的最值问题,以及正弦、余弦定理综合及其应用问题等,此处不一一展开.

三、问题生成与素养培育

(一)教材例题

《高中数学(A版)》(必修第二册)第47页例7:

在 $\triangle ABC$ 中,已知 $A = 15°, B = 45°, c = 3 + \sqrt{3}$,解这个三角形.

问题分析:此题是已知三角形的两角及一边解三角形的问题,利用三角形内角和求角,然后直接利用正弦定理结合和差角公式即可求解.

问题解析:由三角形内角和定理,得

$C = 180° - (A + B) = 180° - (15° + 45°) = 120°.$

由正弦定理,得

$$a = \frac{c \sin A}{\sin C} = \frac{\left(3 + \sqrt{3}\right) \sin 15°}{\sin 120°} = \frac{\left(3 + \sqrt{3}\right) \sin\left(45° - 30°\right)}{\sin 120°}$$

$$= \frac{\left(3 + \sqrt{3}\right)\left(\frac{\sqrt{2}}{2} \times \frac{\sqrt{3}}{2} - \frac{\sqrt{2}}{2} \times \frac{1}{2}\right)}{\frac{\sqrt{3}}{2}} = \sqrt{2}.$$

$$b = \frac{c \sin B}{\sin C} = \frac{\left(3 + \sqrt{3}\right) \sin 45°}{\sin 120°} = \frac{\left(3 + \sqrt{3}\right) \times \frac{\sqrt{2}}{2}}{\frac{\sqrt{3}}{2}} = \sqrt{6} + \sqrt{2}.$$

(二)问题生成

问题1　《高中数学(A版)》(必修第二册)第47页例8:

在 $\triangle ABC$ 中,已知 $B = 30°$, $b = \sqrt{2}$, $c = 2$,解这个三角形.

问题分析:例7是已知两角一边求解三角形,本题是已知两边与其中一边所对角求解三角形,可以利用正弦定理求解,需注意解的情况.

问题解析:由正弦定理得 $\sin C = \frac{c \sin B}{b} = \frac{2 \sin 30°}{\sqrt{2}} = \frac{\sqrt{2}}{2}$.

因为 $c > b$, $B = 30°$,所以 $30° < C < 180°$. 于是 $C = 45°$,或 $C = 135°$.

(1)当 $C = 45°$ 时, $A = 105°$.

此时

$$a = \frac{b \sin A}{\sin B} = \frac{\sqrt{2} \sin 105°}{\sin 30°} = \frac{\sqrt{2} \sin\left(60° + 45°\right)}{\sin 30°} = \frac{\sqrt{2}\left(\sin 60° \cos 45° + \cos 60° \sin 45°\right)}{\sin 30°}$$

$$= \frac{\sqrt{2}\left(\frac{\sqrt{3}}{2} \times \frac{\sqrt{2}}{2} + \frac{1}{2} \times \frac{\sqrt{2}}{2}\right)}{\frac{1}{2}} = \sqrt{3} + 1.$$

(2)当 $C = 135°$ 时, $A = 15°$.

此时

$$a = \frac{b \sin A}{\sin B} = \frac{\sqrt{2} \sin 15°}{\sin 30°} = \frac{\sqrt{2} \sin\left(45° - 30°\right)}{\sin 30°} = \frac{\sqrt{2}\left(\sin 45° \cos 30° + \cos 45° \sin 30°\right)}{\sin 30°}$$

$$= \frac{\sqrt{2}\left(\frac{\sqrt{3}}{2} \times \frac{\sqrt{2}}{2} - \frac{1}{2} \times \frac{\sqrt{2}}{2}\right)}{\frac{1}{2}} = \sqrt{3} - 1.$$

问题反思: 此题考查正弦定理的应用. 本题的设计旨在让学生在学习了正弦定理后,了解利用正弦定理解决"两边及其中一边所对角"结构求角与余弦定理求角有所不同. 由三角函数的性质可知,在区间$(0,\pi)$内,余弦函数单调递减,所以利用余弦定理求角,只有一解;正弦函数在区间$\left(0,\dfrac{\pi}{2}\right)$内单调递增,在区间$\left(\dfrac{\pi}{2},\pi\right)$内单调递减,所以利用正弦定理求角,可能有两解.

问题2 在$\triangle ABC$中,角A,B,C所对的边分别为a,b,c,若$a=30,b=25,A=42°$,则此三角形解的情况为(   ).

A.无解　　　　　B.有两解　　　　　C.有一解　　　　　D.有无数解

问题解析: 利用正弦定理可得$\sin B=\dfrac{5}{6}\sin A$,由$\sin A$的取值范围可求得$\sin B$的范围,结合"大边对大角"可知$B$为锐角的一个,由此可得结果.

问题反思: 此题考查利用正弦定理判断解的个数的问题,需要关注题目已有的隐含条件,让学生会探寻问题的本质,以培养学生的观察能力和运算求解能力.

问题3 在$\triangle ABC$中,角A,B,C所对的边分别为a,b,c,且$2a=b+c$,$\sin^2 A=\sin B\sin C$,则$\triangle ABC$是(   ).

A.直角三角形　　　B.等腰三角形　　　C.等边三角形　　　D.等腰直角三角形

问题分析: 观察两等式结构,发现可以用正弦定理推论将给定条件统一化为边,然后再进行求解.

问题解析: 将$\sin^2 A=\sin B\sin C$结合正弦定理可得到$a^2=bc$,与$2a=b+c$联立可得到$a=b=c$,继而得到答案.

问题4 在$\triangle ABC$中,角A,B,C所对的边分别为a,b,c,$A=60°$,且$\triangle ABC$外接圆半径为$\sqrt{3}$,若$b+c=3\sqrt{3}$,则$\triangle ABC$的面积为_____.

问题分析: 由已知条件,利用正弦定理可求a的值,进而根据余弦定理可求bc的值,由三角形面积公式即可得结果.

问题解析: 因为$A=60°$,且$\triangle ABC$的外接圆的半径R为$\sqrt{3}$,

所以由正弦定理$\dfrac{a}{\sin A}=2R$,可得$a=2R\sin A=2\times\sqrt{3}\times\sin 60°=3$,

因为$b+c=3\sqrt{3}$,

所以由余弦定理$a^2=b^2+c^2-2bc\cos A$,

可得$9=b^2+c^2-bc=(b+c)^2-3bc=27-3bc$,解得$bc=6$,

因此,$S_{\triangle ABC}=\dfrac{1}{2}bc\sin A=\dfrac{1}{2}\times 6\times\dfrac{\sqrt{3}}{2}=\dfrac{3\sqrt{3}}{2}$.

问题5 在 $\triangle ABC$ 中，角 A,B,C 所对的边分别为 a,b,c，若 $A=2B$，则 $\dfrac{3a-c}{b}$ 的取值范围为（　　）.

A.$(3，4]$　　　　B.$\left(\dfrac{7}{3}，\dfrac{12}{5}\right]$　　　　C.$\left(3，\dfrac{13}{4}\right]$　　　　D.$(2，5]$

问题分析：依题意可得到 B 的取值范围，先求出 $\sin A=2\sin B\cos B$，$\sin C=3\sin B-4\sin^3 B$，再根据正弦定理得到 $\dfrac{3a-c}{b}=-4\cos^2 B+6\cos B+1$，再结合二次函数的性质即可求得 $\dfrac{3a-c}{b}$ 的取值范围.

问题解析：因为 $A=2B$，$B+2B+C=\pi$，

所以 $B\in\left(0，\dfrac{\pi}{3}\right)$，$\sin A=\sin 2B=2\sin B\cos B$，

$\sin C=\sin(A+B)=\sin 3B=3\sin B-4\sin^3 B$，

由正弦定理可得

$$\dfrac{3a-c}{b}=\dfrac{3\sin A-\sin C}{\sin B}=\dfrac{6\sin B\cos B-3\sin B+4\sin^3 B}{\sin B}$$

$$=6\cos B+4(1-\cos^2 B)-3=-4\cos^2 B+6\cos B+1，$$

令 $\cos B=t\in\left(\dfrac{1}{2}，1\right)$，则 $\dfrac{3a-c}{b}=-4t^2+6t+1$，

由二次函数性质知 $-4t^2+6t+1\in\left(3，\dfrac{13}{4}\right]$，

所以，$\dfrac{3a-c}{b}\in\left(3，\dfrac{13}{4}\right]$.

问题反思：此题考查了正弦定理以及求最值问题.首先我们要发现已知条件是角的关系，所求分式关于边的问题可以转化为关于角的问题，然后用公式化简，通过逻辑推理发现可以用一个量来表示所求量，后面就是求函数的最值问题.此题可以挖掘函数与方程思想、数形结合思想、转化与化归思想，培养学生的逻辑推理能力、运算求解能力，综合性比较强.

（三）素养培育

问题 在 $\triangle ABC$ 中，角 A,B,C 所对的边分别为 a,b,c，若 $b\cos\dfrac{A+B}{2}=c\sin B$.

（1）求角 C；

（2）若 $c=\sqrt{3}$，求 BC 边上的高的取值范围.

问题分析：根据给定条件，利用正弦定理将边转化为角，再利用二倍角的正弦求解作答.

问题解析：（1）在 $\triangle ABC$ 中，由正弦定理及 $A+B=\pi-C$，

得 $\sin B \cos \dfrac{\pi - C}{2} = \sin C \sin B$,

即有 $\sin B \sin \dfrac{C}{2} = 2 \sin \dfrac{C}{2} \cos \dfrac{C}{2} \sin B$,

而 A, $B \in (0, \ \pi)$, $\dfrac{C}{2} \in \left(0, \dfrac{\pi}{2}\right)$,

即 $\sin B \neq 0$, $\sin \dfrac{C}{2} \neq 0$,

因此 $\cos \dfrac{C}{2} = \dfrac{1}{2}$, $\dfrac{C}{2} = \dfrac{\pi}{3}$, 所以 $C = \dfrac{2\pi}{3}$.

(2)令 $\triangle ABC$ 边 BC 上的高为 h,

由 $S_{\triangle ABC} = \dfrac{1}{2} ah = \dfrac{1}{2} ac \sin B$, 得 $h = \sqrt{3} \sin B$,

由(1)知, $B \in \left(0, \dfrac{\pi}{3}\right)$, 即 $\sin B \in \left(0, \dfrac{\sqrt{3}}{2}\right)$, 则 $h = \sin B \in \left(0, \dfrac{3}{2}\right)$,

所以 BC 边上的高的取值范围是 $\left(0, \dfrac{3}{2}\right)$.

问题反思:解决三角形中的最值问题有很多方法,比如用图处理、用角处理、用边处理等,这里选择用角处理,主要是凸显正弦定理的作用. 此题综合性较强,有助于培养学生分析问题、解决问题的能力,提升学生的直观想象、逻辑推理、数学运算等数学核心素养.

在观察现象、认识事物或处理问题时,数学的思考结构、思维方式和符号化表达正是数学的力量所在,逻辑性强,简明而精确,具有四两拨千斤的效果,数学育人就是要发挥数学的这种力量. 数学育人的基本途径是对学生进行系统的逻辑思维训练,而训练的基本手段是让学生进行逻辑推理和数学运算,这样,学生的理性思维会得到逐步发展,科学精神也能得到很好的培养. 教好数学就是以数学基础知识、基本技能为载体,使学生在领悟数学基本思想、积累数学基本活动经验的过程中,学会思考与发现,促使学生通过对一个个数学对象的研究,体悟具有普适性的数学思想和方法,逐步掌握解决数学问题的"相似方法",进而逐步形成"数学的思维方式",在这样的过程中,数学学科核心素养就潜移默化、润物无声地得到落实了.

下 篇

借助长方体模型　速解三棱锥问题

贵阳市第八中学　　李　静

『习题再现』

《高中数学(A版)》(选择性必修第一册)第一章第四节"空间向量的应用"练习第2题：

如图1,在三棱锥 $A-BCD$ 中, $AB=AC=BD=CD=3$, $AD=BC=2$, M, N 分别是 AD, BC 的中点. 求异面直线 AN, CM 所成角的余弦值.

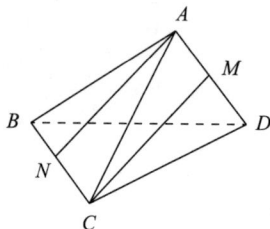

图1

『解题分析』

【习题情境】以立体几何中最基本、也是最重要的几何体三棱锥为背景编写习题,所给条件是三棱锥的四个面是全等的等腰三角形,所求是该三棱锥中相邻两个侧面三角形的底边两条中线所成角的余弦值,情境设置简洁,属于纯数学情境问题.

【思路分析】本题是异面直线所成角问题,可采用几何法及向量法解题,在向量法中可以采用基底法和坐标法完成. 但要特别注意,异面直线所成角的取值范围为 $\left(0,\dfrac{\pi}{2}\right]$.

【知识考点】求异面直线所成角.

『一题多解』

解法1:如图2,连接 ND,取 ND 的中点 E,连接 ME, CE,
因为 M 是 AD 的中点,所以 $ME\ /\!/\ AN$,
异面直线 AN, CM 所成角或其补角为 $\angle EMC$,
根据题意得 $CN=DM=1$, $AN=CM=DN=2\sqrt{2}$,
于是有 $ME=NE=\sqrt{2}$, $CE=\sqrt{3}$,

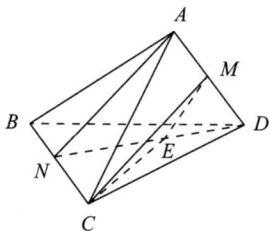

图2

则在 $\triangle EMC$ 中，

$$\cos \angle CME = \frac{CM^2 + EM^2 - CE^2}{2CM \cdot EM} = \frac{8 + 2 - 3}{2 \times 2\sqrt{2} \times \sqrt{2}} = \frac{7}{8},$$

即异面直线 AN, CM 所成角的余弦值为 $\frac{7}{8}$.

解法分析：连接 ND，取 ND 的中点 E，连接 ME，推导出异面直线 AN, CM 所成角或其补角是 $\angle EMC$，利用余弦定理解三角形，即可求出结果，但要注意取舍. 此外，还可连接 BM，取 BM 的中点 F，连接 NF，推导出异面直线 AN, CM 所成角或其补角是 $\angle ANF$ 进行求解. 因为该方法与解法1是同一种思路，在此不赘述.

解法小结：平移法是求异面直线所成角的常用方法，其基本思路是通过平移直线，把异面直线的问题化归为共面直线问题来解决，具体步骤如下：

(1)平移：平移异面直线中的一条或两条，作出异面直线所成角或其补角.

(2)认定：证明作出的角就是所求异面直线所成角或其补角.

(3)计算：利用解三角形的方法(常用余弦定理)求该角的值.

(4)取舍：由异面直线所成的角的取值范围是 $\left(0, \frac{\pi}{2}\right]$，当所作的角为钝角时，应取它的补角作为两条异面直线所成的角.

该方法适用于绝大多数的立体几何问题，因其对逻辑思维能力的要求比较高，常需添加空间辅助线、面，并且要经过严密的逻辑推理论证和准确计算，对于空间角、距离的计算通常都要转化到平面图形(如三角形)中来进行，对于培养学生的空间想象能力、逻辑思维能力有帮助.

解法2：因为在三棱锥 $A - BCD$ 中，$AB = AC = BD = CD = 3, AD = BC = 2$，

所以 $\angle ACB = \angle BCD$，且 $\cos \angle ACB = \cos \angle BCD = \frac{1}{3}$，$\cos \angle ACD = \frac{7}{9}$.

①化为向量问题：选择 $\left\{\overrightarrow{CA}, \overrightarrow{CB}, \overrightarrow{CD}\right\}$ 为基底，则

$$\overrightarrow{NA} = \overrightarrow{CA} - \overrightarrow{CN} = \overrightarrow{CA} - \frac{1}{2}\overrightarrow{CB}, \overrightarrow{CM} = \frac{1}{2}\overrightarrow{CA} + \frac{1}{2}\overrightarrow{CD}.$$

设向量 $\overrightarrow{NA}$ 与 $\overrightarrow{CM}$ 的夹角为 θ，则直线 AN 和 CM 夹角的余弦值等于 $|\cos\theta|$.

②进行向量运算：

$$\overrightarrow{NA} \cdot \overrightarrow{CM} = \frac{1}{2}\left(\overrightarrow{CA} - \frac{1}{2}\overrightarrow{CB}\right) \cdot \left(\overrightarrow{CA} + \overrightarrow{CD}\right)$$

$$= \frac{1}{2}\overrightarrow{CA}^2 - \frac{1}{4}\overrightarrow{CA} \cdot \overrightarrow{CB} + \frac{1}{2}\overrightarrow{CD} \cdot \overrightarrow{CA} - \frac{1}{4}\overrightarrow{CD} \cdot \overrightarrow{CB}$$

$$= \frac{9}{2} - \frac{1}{2} + \frac{7}{2} - \frac{1}{2} = 7.$$

而 $\triangle ABC$ 和 $\triangle ACD$ 都是等腰三角形,所以 $\left|\overrightarrow{NA}\right| = \left|\overrightarrow{CM}\right| = 2\sqrt{2}$,

所以 $\cos\theta = \left|\dfrac{\overrightarrow{NA} \cdot \overrightarrow{CM}}{\left|\overrightarrow{NA}\right| \cdot \left|\overrightarrow{CM}\right|}\right| = \left|\dfrac{7}{2\sqrt{2} \times 2\sqrt{2}}\right| = \dfrac{7}{8}$.

③回到图形问题:综上,直线 AN 和 CM 夹角的余弦值为 $\dfrac{7}{8}$.

解法分析: 选定三个不共面的基向量作为基底,用基底表示 $\overrightarrow{NA}$ 和 $\overrightarrow{CM}$,设向量 $\overrightarrow{NA}$ 与 $\overrightarrow{CM}$ 的夹角为 θ,则直线 AN 和 CM 夹角的余弦值等于 $|\cos\theta|$,根据公式 $\cos\theta = \left|\dfrac{\overrightarrow{NA} \cdot \overrightarrow{CM}}{\left|\overrightarrow{NA}\right| \cdot \left|\overrightarrow{CM}\right|}\right|$ 即可求解.

解法小结: 该法是教材中本节内容主要教授的解题方法,可以避开复杂的逻辑推理,使解题过程变得明快. 对学生而言,不易通过建立空间直角坐标系解决,除几何法外只能采用(基底)向量法解决本题. 因此教材设置本题的主要目的是巩固(基底)向量法解决空间异面直线所成角问题,帮助学生更好地理解空间向量基本定理,渗透用空间向量解决空间立体几何的一般过程:几何问题→向量问题→向量运算→几何解释,进一步发展学生的直观想象、数学运算等核心素养. 但从解答过程来看,该解法运算量较大,且未知向量有时难以用基向量表示,或难以寻找向量与向量之间的关系,因此并没有显示出用向量法解决立体几何问题的优势.

解法3: ①生成长方体:由于该三棱锥的对棱相等,故可以看成由一个长方体削掉四个全等的三棱锥(同一顶点出发的三条侧棱所形成的三棱锥)而得到,故该三棱锥能生成一个长方体.

如图3所示,把三棱锥 $A - BCD$ 放入长方体中,构造该三棱锥的"生成长方体",设棱长分别为 a, b, c,则有 $\begin{cases} a^2 + b^2 = 9, \\ a^2 + c^2 = 9, \\ c^2 + b^2 = 4, \end{cases}$ 解得 $\begin{cases} a = \sqrt{7}, \\ b = \sqrt{2}, \\ c = \sqrt{2}. \end{cases}$

②建系求点坐标:建立如图4所示的空间直角坐标系,则点 D 的坐标为 $\left(\sqrt{7}, \ 0, \ 0\right)$,点 C 的坐标为 $\left(0, \ 0, \ \sqrt{2}\right)$,点 A 的坐标为 $\left(\sqrt{7}, \sqrt{2}, \sqrt{2}\right)$,点 B 的坐标为 $\left(0, \sqrt{2}, \ 0\right)$,进而得到 $M\left(\sqrt{7}, \dfrac{\sqrt{2}}{2}, \dfrac{\sqrt{2}}{2}\right), N\left(0, \dfrac{\sqrt{2}}{2}, \ \dfrac{\sqrt{2}}{2}\right)$.

设向量 $\overrightarrow{AN}$ 和 $\overrightarrow{CM}$ 的夹角为 θ,则直线 AN 和 CM 夹角的余弦值等于 $|\cos\theta|$.

③进行向量运算:$\overrightarrow{AN} = \left(-\sqrt{7}, -\dfrac{\sqrt{2}}{2}, -\dfrac{\sqrt{2}}{2}\right)$,$\overrightarrow{CM} = \left(\sqrt{7}, \dfrac{\sqrt{2}}{2}, -\dfrac{\sqrt{2}}{2}\right)$,

所以,$\cos\theta = \left|\dfrac{\overrightarrow{CN} \cdot \overrightarrow{MA}}{\left|\overrightarrow{CN}\right| \cdot \left|\overrightarrow{MA}\right|}\right| = \left|\dfrac{-7}{\sqrt{8} \times \sqrt{8}}\right| = \dfrac{7}{8}$.

④回到图形问题:综上,直线AN和CM夹角的余弦值为$\dfrac{7}{8}$.

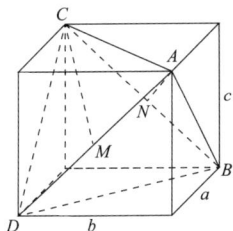 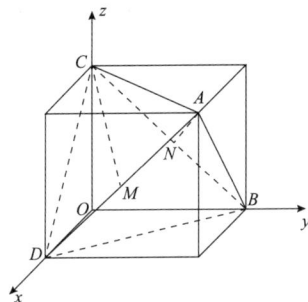

图3   图4

解法分析:观察三棱锥的结构,发现其对棱相等,因此可以将其放入长方体中,从而建立空间直角坐标系,用坐标表示$\overrightarrow{AN}$和$\overrightarrow{CM}$,利用$\overrightarrow{AN}$和$\overrightarrow{CM}$的夹角公式求解.

解法小结:"建系→求坐标→运算"是向量法解立体几何问题的基本操作流程.这种方法通常被称为坐标法,该解法具有程序化、机械化、运算简便等特点,可以避开几何法纷繁复杂的几何推理,也能避开(基底)向量法难以找寻向量关系的弊端,有着明显的优势,深受老师和学生的喜爱.但生成长方体模型对学生的要求较高,需要学生对长方体模型认识十分清晰,这种方法对于培养学生的数学建模能力有一定的帮助.

『一题多思』

回顾这三种解法,可以发现坐标法是最受学生喜爱的,但是如何建立空间直角坐标系却是学生的难点.可否通过观察题目所给几何体的结构特征,引导学生将其变为熟悉的模型,建立空间直角坐标系解决?

《课程标准》强调,在立体几何教学中,要充分借助长方体的模型功能,通过直观感知,认识和理解空间点、直线、平面的位置关系,并抽象出空间点、直线、平面的位置关系的定义,进而解决有关问题.这是立体几何解题中常用的"模型化思想".关键点是通过模型识别或模型构建,将问题化归转化,使问题轻松解决.

因此,找到所给几何体与长方体的契合点,把几何体放入长方体中,使其模型化,从而建立空间直角坐标系证明所给几何体点、线、面之间的位置关系和度量关系,化难为易,变陌生为熟悉,巧妙地将题目解出,可以收到事半功倍的效果.

『习题背景』

本题本质上是将《高中数学(A版)》(选择性必修第一册)第36页例7的正四面体推广成对棱相等的三棱锥,看似不一样,其实解法是一样的. 只是当给定图形为正四面体时,学生容易想到利用正四面体(正三棱锥)的性质,通过顶点 A 作底面 BCD 的垂线来建立空间直角坐标系,从而利用坐标法求出异面直线所成角;而对于生成正方体,建立空间直角坐标系的方法需要老师利用正方体模型,通过实际操作→直观感知,让学生明确正四面体可以生成一个正方体. 受此启发,让学生连接长方体中不相邻的四个顶点,自主发现以这四个顶点为顶点所成的三棱锥就是一个对棱相等的三棱锥,因而对棱相等的三棱锥能生成一个长方体,从而可以利用长方体模型建立空间直角坐标系,解决对棱相等的三棱锥问题.

『一题多变』

变式1 数学中有许多形状优美、寓意独特的几何体,"等腰四面体"就是其中之一.所谓等腰四面体,就是三组对棱分别相等的四面体.如图5,在等腰四面体 $A-BCD$ 中,其三组对棱长分别为 $AB=CD=\sqrt{5}$,$AD=BC=\sqrt{13}$,$AC=BD=\sqrt{10}$.

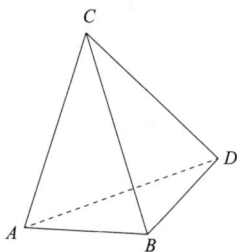

(1)若 E,F,G,H 分别为等腰四面体 $A-BCD$ 棱 AB,BC,CD,DA 的中点,证明:E,F,G,H 四点共面.

(2)若 H 为 DA 的中点,P 为 BH 的中点,线段 AC 上是否存在一点 Q,使得 $PQ \parallel$ 平面 BCD?

(3)求平面 ACD 与底面 BCD 所成的角 α 的余弦值.

解析:(1)因为该四面体的对棱相等,所以该四面体其实是对棱相等的三棱锥,故可构造该等腰四面体的"生成长方体",设棱长分别为 a,b,c,则有

$$\begin{cases} a^2+b^2=10, \\ a^2+c^2=5, \\ b^2+c^2=13, \end{cases} \text{解得} \begin{cases} a=1, \\ b=3, \\ c=2, \end{cases}$$

故将等腰四面体 $A-BCD$ 放入棱长分别为1,3,2的长方体中,建立如图6所示的空间直角坐标系,则点 A 的坐标为 $(0,3,0)$,点 B 的坐标为 $(1,3,2)$,点 C 的坐标为 $(1,0,0)$,点 D 的坐标为 $(0,0,2)$,进而得到 $E\left(\dfrac{1}{2},3,1\right)$,$F\left(1,\dfrac{3}{2},1\right)$,$G\left(\dfrac{1}{2},0,1\right)$,$H\left(0,\dfrac{3}{2},1\right)$.

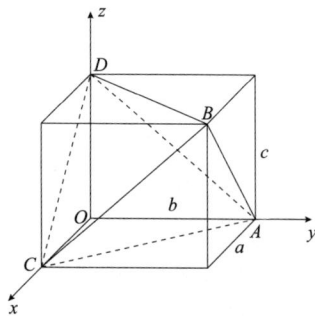

图5

图6

于是有 $\overrightarrow{EF}=\left(\dfrac{1}{2},-\dfrac{3}{2},0\right),\overrightarrow{EG}=(0,-3,0),$

$\overrightarrow{EH}=\left(-\dfrac{1}{2},-\dfrac{3}{2},0\right),$

所以 $\overrightarrow{EF}+\overrightarrow{EH}=(0,-3,0),$ 即 $\overrightarrow{EF}+\overrightarrow{EH}=\overrightarrow{EG}$,所以 E,F,G,H 四点共面.

(2)由第(1)问中所建的空间直角坐标系,易得 $H\left(0,\dfrac{3}{2},1\right),P\left(\dfrac{1}{2},\dfrac{9}{4},\dfrac{3}{2}\right)$.

假设在线段 AC 上存在一点 Q,使得 $PQ\ /\!/$ 平面 BCD,

设 $Q(m,n,t)$,则 $\overrightarrow{AQ}=\lambda\overrightarrow{AC}$,即 $(m,n-3,t)=\lambda(1,-3,0)$,

注意 $0<\lambda<1$,得 $Q(\lambda,3-3\lambda,0)$,此时 $\overrightarrow{PQ}=\left(\lambda-\dfrac{1}{2},\dfrac{3}{4}-3\lambda,-\dfrac{3}{2}\right)$.

设底面 BCD 的法向量为 $\boldsymbol{n}=(x,y,z)$,

因为 $\overrightarrow{DC}=(1,0,-2),\overrightarrow{DB}=(1,3,0)$,所以 $\begin{cases}\boldsymbol{n}\cdot\overrightarrow{DC}=x-2z=0\\\boldsymbol{n}\cdot\overrightarrow{DB}=x+3y=0\end{cases}$.

设 $y=1$,则 $x=-3,z=-\dfrac{3}{2}$,所以 $\boldsymbol{n}=\left(-3,1,-\dfrac{3}{2}\right)$.

要使得 $PQ\ /\!/$ 平面 BCD 成立,则有 $\overrightarrow{PQ}\cdot\boldsymbol{n}=-3\left(\lambda-\dfrac{1}{2}\right)+\dfrac{3}{4}-3\lambda+\dfrac{9}{4}=0$,

得到 $\lambda=\dfrac{3}{4}$,从而在线段 AC 上存在一点 Q,使得 $PQ\ /\!/$ 平面 BCD 成立.

(3)设平面 ACD 与底面 BCD 所成的角为 α,

由第(2)问易知底面 BCD 的法向量为 $\boldsymbol{n}=\left(-3,1,-\dfrac{3}{2}\right)$.

设平面 ACD 的法向量为 $\boldsymbol{n}_1=(a_1,b_1,c_1)$,

因为 $\overrightarrow{DA}=(0,3,-2),\overrightarrow{DC}=(1,0,-2)$,所以 $\begin{cases}\boldsymbol{n}_1\cdot\overrightarrow{DA}=3b_1-2c_1=0\\\boldsymbol{n}_1\cdot\overrightarrow{DC}=a_1-2c_1=0\end{cases}$,

设 $c_1=1$,则 $a_1=2,b_1=\dfrac{2}{3}$,所以 $\boldsymbol{n}_1=\left(2,\dfrac{2}{3},1\right)$,

所以 $\cos\alpha=|\cos\langle\boldsymbol{n}_1,\boldsymbol{n}\rangle|=\left|\dfrac{\boldsymbol{n}_1\cdot\boldsymbol{n}}{|\boldsymbol{n}_1|\cdot|\boldsymbol{n}|}\right|=\dfrac{\dfrac{41}{6}}{\dfrac{7}{3}\times\dfrac{7}{2}}=\dfrac{41}{49}$.

变式扩展: 对于对棱相等的三棱锥,可自证其性质"各对棱的中点的连线是对棱的公垂线"(其为教材42页第7题、43页第8题推广结论).进一步还可证明对棱中点的连线互相垂直.

变式2 三棱锥 $A-BCD$ 中, $AB=CD=2$, $AD=BC=3$, $BD=\sqrt{10}$, 直线 BD 和 AC 所成的角为 $\dfrac{\pi}{3}$, 求 B 到平面 ACD 的距离.

解析: 因为 $AB=CD=2$, $AD=BC=3$, $BD=\sqrt{10}$,

先将三棱锥 $A-BCD$ 的六条棱看成长方体(图7)的六个面的对角线.

下面验证直线 BD 和 AC 所成的角为 $\dfrac{\pi}{3}$, 易知 $MN \parallel BD$, $MN=BD$, 且 MN, AC 互相平分于

O 点, 所以 $OA=OM=\dfrac{\sqrt{10}}{2}$.

设长方体的三边长为 a,b,c, 则 $\begin{cases} a^2+b^2=10, \\ b^2+c^2=4, \\ a^2+c^2=9, \end{cases}$ 解得 $a=\dfrac{\sqrt{30}}{2}$, $b=\dfrac{\sqrt{10}}{2}$, $c=\dfrac{\sqrt{6}}{2}$,

故 $\triangle OAM$ 是等边三角形, 则 $\angle AOM=\dfrac{\pi}{3}$, 即直线 BD 和 AC 所

成的角为 $\dfrac{\pi}{3}$, 即 $BD=AC$ 成立, 故三棱锥 $A-BCD$ 的六条棱看成

长方体(图7)的六个面的对角线.

现建立如图8所示的空间直角坐标系,

则点 A 的坐标为 $(0,0,0)$,

点 B 的坐标为 $\left(\dfrac{\sqrt{10}}{2},0,\dfrac{\sqrt{6}}{2}\right)$,

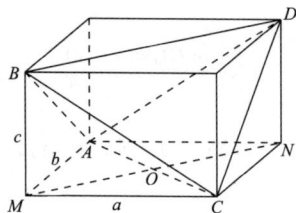

图7

点 C 的坐标为 $\left(\dfrac{\sqrt{10}}{2},\dfrac{\sqrt{30}}{2},0\right)$,

点 D 的坐标为 $\left(0,\dfrac{\sqrt{30}}{2},\dfrac{\sqrt{6}}{2}\right)$,

所以 $\overrightarrow{AB}=\left(\dfrac{\sqrt{10}}{2},0,\dfrac{\sqrt{6}}{2}\right)$, $\overrightarrow{AC}=\left(\dfrac{\sqrt{10}}{2},\dfrac{\sqrt{30}}{2},0\right)$,

$\overrightarrow{AD}=\left(0,\dfrac{\sqrt{30}}{2},\dfrac{\sqrt{6}}{2}\right)$.

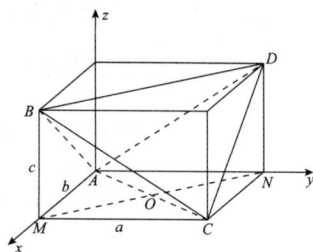

图8

设平面 ACD 的法向量 $\boldsymbol{n}=(x,y,z)$, 则 $\begin{cases} \boldsymbol{n}\cdot\overrightarrow{AC}=\dfrac{\sqrt{10}}{2}x+\dfrac{\sqrt{30}}{2}y=0, \\ \boldsymbol{n}\cdot\overrightarrow{AD}=\dfrac{\sqrt{30}}{2}y+\dfrac{\sqrt{6}}{2}z=0, \end{cases}$

设 $y=1$, 则 $x=-\sqrt{3}$, $z=-\sqrt{5}$, 所以 $\boldsymbol{n}=\left(-\sqrt{3},1,-\sqrt{5}\right)$,

所以 B 到平面 ACD 的距离 $d = \left| \dfrac{\overrightarrow{AB} \cdot \boldsymbol{n}}{|\boldsymbol{n}|} \right| = \dfrac{\sqrt{30}}{3} = \dfrac{\sqrt{30}}{3}$.

『习题启发』

通过这道习题,让学生利用长方体的顶点构造三棱锥,得出长方体中常见的三棱锥,使其发现这些三棱锥的特征,以便在今后碰见这些三棱锥中的点、线、面等的位置关系和度量关系问题时,可以生成长方体,利用坐标法快速解题.

长方体中的三棱锥				
特征	共点的三条棱两两垂直	四个面都是直角三角形	有三个面是直角三角形,且其中有两个直角三角形的斜边为一组对棱	三组对棱相等

由此可见,长方体模型成为学生认识空间几何体的"源",是众多几何体的基本结构,是研究特殊几何体的线面关系、线线关系、面面关系的重要载体,是处理立体几何问题的根基.

波利亚在《怎样解题》中说:"画一个假设图形,假设它的各个部分都满足题目条件,也许是迈出解题的重要一步."因此在解决立体几何问题时,先让学生画一个长方体,后挖掘题目条件,联系长方体的性质以及长方体中特殊的位置关系与数量关系,结合"割补"这一重要的数学方法,将所给几何体放入长方体中,建立空间直角坐标系,将"定性"问题化为"定量"问题来探究. 这样可以降低试题解答难度,快速有效地解决问题,提高解题效率,有利于激发学生的学习兴趣,发展学生直观想象、抽象概括、数学运算等核心素养.

纵观近几年的高考立体几何大题,其所呈现的特点是:分步设问、依次递进. 多数情况下,第(1)问为简单的空间直线、平面平行或垂直关系的证明,通常选择几何法解答;而第(2)问常涉及空间角或空间距离计算或涉及存在性问题,选择向量法与坐标法联用比较方便. 所以,建议在立体几何教学中,遵循一个原则:以几何法为基础、(基底)向量法为导向、坐标法为中心.

巧用基本不等式　妙解取值范围题

『习题再现』

《高中数学(A版)》(必修第一册)第58页习题第5题:

若 a, $b > 0$ 且 $ab = a + b + 3$, 求 ab 的取值范围.

『解题分析』

这是一道限制条件下求解双元代数式最值的题目,题目较为简洁,主要考查学生利用基本不等式求最值的能力. 一般来说,处理不等式求最值的问题时,如何找到题目已知关系式与所求代数式之间的联系,以及找准思维视角合理切入是最为关键的问题,其中合理的变形与转化是发现规律的重要一环. 解决这类问题的主要方法有换元法、消元法,齐次化,三角代换,判别式法,单调性法,等等. 但无论哪种方法,都需要通过对代数式的合理变形才能完成. 因此高中阶段的利用基本不等式求最值的问题是培养学生逻辑推理、数学运算等核心素养的重要载体.[①]

『一题多解』

解法1:基本不等式法.

根据题意可得, $ab - 3 = a + b \geqslant 2\sqrt{ab}$, 当且仅当 $a = b$ 等号成立,

则 $\left(\sqrt{ab}\right)^2 - 3 \geqslant 2\sqrt{ab}$, 即 $\left(\sqrt{ab}\right)^2 - 2\sqrt{ab} - 3 \geqslant 0$,

整理得 $\left(\sqrt{ab} - 3\right)\left(\sqrt{ab} + 1\right) \geqslant 0$, 解得 $ab \geqslant 9$,

所以, ab 的取值范围是 $[9, +\infty)$.

---

①万再兴:《多思维切入 多方法破解——一道不等式题的探究》,《中学教学参考》2022年第2期.

解法2:消元法.

根据题意可得,$b = \dfrac{a+3}{a-1}$,则由 $b > 0$ 得 $a > 1$,

所以 $ab = a \cdot \dfrac{a+3}{a-1} = \dfrac{a^2+3a}{a-1} = \dfrac{a(a-1)+4a}{a-1} = a + \dfrac{4a}{a-1}$

$$= a + \dfrac{4(a-1)+4}{a-1} = a + \dfrac{4}{a-1} + 4 = a - 1 + \dfrac{4}{a-1} + 5$$

$$\geqslant 2\sqrt{(a-1) \cdot \dfrac{4}{(a-1)}} + 5 = 9,$$

当且仅当 $a - 1 = \dfrac{4}{a-1}$, $a = 3$ 时,等号成立. 所以,ab 的取值范围是 $[9,+\infty)$.

解法3:换元法.

根据题意,令 $ab = t$, $t > 0$,则 $b = \dfrac{t}{a}$,

将其代入 $ab = a + b + 3$ 可得 $t = a + \dfrac{t}{a} + 3$,整理得 $t - 3 = \dfrac{t}{a} + a$,

由基本不等式得 $t - 3 = \dfrac{t}{a} + a \geqslant 2\sqrt{t}$,当且仅当 $a = \dfrac{t}{a}$ 等号成立.

即 $t - 2\sqrt{t} - 3 \geqslant 0$,所以,$\left(\sqrt{t} - 3\right)\left(\sqrt{t} + 1\right) \geqslant 0$,解得 $t \geqslant 9$.

所以,ab 的取值范围是 $[9,+\infty)$.

解法4:数形结合.

在解法2和解法3的基础上,令 $ab = t$, $t > 0$,

则 $b = \dfrac{t}{a}, b = \dfrac{a+3}{a-1} = 1 + \dfrac{4}{a-1}(a > 1)$,

把 a, b 分别看成 x, y,

则上式可以看成函数 $f(x) = \dfrac{t}{x}$, $t > 0$,

$g(x) = 1 + \dfrac{4}{x-1}(x > 1)$,

则原命题转化为函数 $f(x)$ 与 $g(x)$ 的图象有交点,

即方程 $\dfrac{t}{x} = 1 + \dfrac{4}{x-1}(x > 1)$ 有解,

因此 $t = x + \dfrac{4x}{x-1} = x - 1 + \dfrac{4}{x-1} + 5 \geqslant 2\sqrt{(x-1) \cdot \dfrac{4}{(x-1)}} + 5 = 9$.

当且仅当 $x - 1 = \dfrac{4}{x-1}, x = 3$ 等号成立.

所以,ab 的取值范围是 $[9,+\infty)$.

（也可以利用二次函数的图象与性质求解）

『一题多思』

上述四种解法从不同的角度切入，各有千秋，体现了不同的思维方式．

解法1从基本不等式入手，是学生最常用也是最容易想到的方法，但要注意ab与$\sqrt{ab}$这两者之间存在平方关系，从而解一元二次不等式得出答案．

解法2中的消元法是处理多元不等式的基本方法，在教学中应予以重视，要引导学生重点掌握这类基本方法．因为消元后变量减少了，单一变量问题学生很自然地会想到构造函数，此时无论采用哪种方法均会涉及函数思想．

解法3中的换元法较为巧妙灵活，消去一个变量b后再利用基本不等式求最小值，解法较为自然流畅，值得推荐．

解法4中的数形结合，本质是在解法2的消元和解法3的换元的基础上，将a看成自变量x，将t看成参数，进而转化为函数与方程的问题，将转化与化归思想体现得淋漓尽致．从图中可以看到当$t=9$时，两函数的图象仅有一个公共点．由此可见，教材的习题非常值得我们进行深层次挖掘，同时要在平时的习题教学中落实核心素养的培育．

『习题推广』

推广1 已知a，b，x，y，k，m，$n>0$，且$a>m$，$b>n$若$(a-m)(b-n)=k$，求$xa+yb$的最小值．

解析： 由已知得$a=\dfrac{k}{b-n}+m$，所以

$$xa+yb=x\left(\dfrac{k}{b-n}+m\right)+by=\dfrac{kx}{b-n}+by+mx=\dfrac{kx}{b-n}+y(b-n)+mx+ny$$

$$\geqslant 2\sqrt{\dfrac{kx}{b-n}\cdot y(b-n)}+mx+ny=2\sqrt{kxy}+mx+ny,$$

当且仅当$\dfrac{kx}{b-n}=y(b-n)$时等号成立，所以$xa+yb$的最小值为$2\sqrt{kxy}+mx+ny$．

推广2 已知a，b，x，y，k，m，$n>0$，且$a>m$，$b>n$若$(a-m)(b-n)=k$，求ab最小值．

解析： 由已知得$a=\dfrac{k}{b-n}+m$，所以

$$ab=\left(\dfrac{k}{b-n}+m\right)b=\dfrac{kb}{b-n}+mb=\dfrac{k(b-n)+nk}{b-n}+m(b-n)+mn$$

$$=\dfrac{nk}{b-n}+m(b-n)+mn+k\geqslant 2\sqrt{mnk}+mn+k,$$

当且仅当 $\dfrac{kn}{b-n} = m(b-n)$ 时等号成立,所以 ab 的最小值为 $2\sqrt{mnk} + mm + k$.

推广3 已知 x_i, a_i, $k > 0 (i = 1, 2, \cdots, n)$ 且 $x_i > a_i$,若 $(x_1 - a_1)(x_2 - a_2)\cdots(x_n - a_n) = k$,求 $x_1 + x_2 + x_3 + \cdots + x_n$ 的最小值.

解析:由 n 元均值不等式可得

$$k = (x_1 - a_1)(x_2 - a_2)\cdots(x_n - a_n) \leqslant \left[\dfrac{x_1 + x_2 + \cdots + x_n - (a_1 + a_2 + \cdots + a_n)}{n} \right]^n,$$

所以 $\dfrac{x_1 + x_2 + \cdots + x_n - (a_1 + a_2 + \cdots + a_n)}{n} \geqslant k^{\frac{1}{n}}$,

即 $x_1 + x_2 + \cdots + x_n \geqslant nk^{\frac{1}{n}} + a_1 + a_2 + \cdots + a_n$,

当且仅当 $(x_1 - a_1) = (x_2 - a_2) = \cdots = (x_n - a_n)$ 时等号成立,

所以 $x_1 + x_2 + x_3 + \cdots + x_n$ 的最小值为 $nk^{\frac{1}{n}} + a_1 + a_2 + \cdots + a_n$.

推广4 已知 x_i, a_i, $k > 0 (i = 1, 2, \cdots, n)$ 且 $x_i > a_i$,若 $(x_1 - a_1)(x_2 - a_2)\cdots(x_n - a_n) = k$,求 $x_1 x_2 x_3 \cdots x_n$ 的最小值.

解析:在推广3的基础上可知 $x_1 + x_2 + \cdots + x_n \geqslant nk^{\frac{1}{n}} + a_1 + a_2 + \cdots + a_n$,

再由 n 元均值不等式可得 $x_1 + x_2 + \cdots + x_n \geqslant n\sqrt[n]{x_1 x_2 x_3 \cdots x_n}$,

当且仅当 $x_1 = x_2 = \cdots = x_n$ 时等号成立.

因此 $n\sqrt[n]{x_1 x_2 x_3 \cdots x_n} \geqslant nk^{\frac{1}{n}} + a_1 + a_2 + \cdots + a_n$,

解得 $x_1 x_2 x_3 \cdots x_n \geqslant \left(k^{\frac{1}{n}} + \dfrac{a_1 + a_2 \cdots + a_n}{n} \right)^n$,

所以 $x_1 x_2 x_3 \cdots x_n$ 的最小值为 $\left(k^{\frac{1}{n}} + \dfrac{a_1 + a_2 + \cdots + a_n}{n} \right)^n$.

推广5 已知 x_i, a_i, $k > 0 (i = 1, 2, \cdots, n)$ 且 $x_i > a_i$,若 $(x_1 - a_1)(x_2 - a_2)\cdots(x_n - a_n) = k$,求 $x_1^2 + x_2^2 + x_3^2 + \cdots + x_n^2$ 的最小值.

解析:在推广3和推广4的基础上由柯西不等式得

$$x_1^2 + x_2^2 + x_3^2 + \cdots + x_n^2 \geqslant \dfrac{(x_1 + x_2 + \cdots + x_n)^2}{n} \geqslant \dfrac{\left(nk^{\frac{1}{n}} + a_1 + a_2 + \cdots + a_n \right)^2}{n},$$

当且仅当 $x_1 = x_2 = \cdots = x_n$ 时等号成立,

所以 $x_1^2 + x_2^2 + x_3^2 + \cdots + x_n^2$ 的最小值为 $\dfrac{\left(nk^{\frac{1}{n}} + a_1 + a_2 + \cdots + a_n \right)^2}{n}$.

『一题多变』

变式1 若 a，$b > 0$ 且 $ab = a + b + 3$，求 $a + b$ 的取值范围.

解析： 由"一题多解"中的解法1可得 $ab \leqslant \left(\dfrac{a + b}{2}\right)^2$，因此 $a + b + 3 \leqslant \left(\dfrac{a + b}{2}\right)^2$，

整理得 $(a + b)^2 - 4(a + b) - 12 \geqslant 0$，

将 $a + b$ 看作整体得 $(a + b - 6)(a + b + 2) \geqslant 0$，由 a，$b > 0$ 得 $a + b \geqslant 6$，

因此 $a + b$ 的取值范围是 $[6, +\infty)$.

变式分析： 本题由原来的"求 ab 的取值范围"改编为"求 $a + b$ 的取值范围"，而对于不等式的处理方法，从"一题多解"的四种解法中不难得出，这几种解法中的任何一种均可以求解本题. 除此之外，在这四种解法的基础上我们还可以有如下解法：

由 $ab = a + b + 3$ 通过配凑和因式分解可得 $(a - 1)(b - 1) = 4$，

则 $4 = (a - 1)(b - 1) \leqslant \left(\dfrac{a - 1 + b - 1}{2}\right)^2$，即 $\left(\dfrac{a - 1 + b - 1}{2}\right)^2 \geqslant 4$，

解得 $a + b \geqslant 6$，当且仅当 $a = b = 3$，等号成立.

由此可见，通过适当的代数变形后再使用基本不等式求解会更加简洁！

变式2 若 a，$b > 0$ 且 $ab = a + b + 3$，求 $a + 2b$ 的取值范围.

解析： 由已知可得 $b = \dfrac{a + 3}{a - 1}$，则由 $b > 0$ 得 $a > 1$，

所以 $a + 2b = a + \dfrac{2(a + 3)}{a - 1} = a + \dfrac{2(a - 1) + 8}{a - 1} = a + \dfrac{8}{a - 1} + 2 = a - 1 + \dfrac{8}{a - 1} + 3$

$\geqslant 2\sqrt{(a - 1) \cdot \dfrac{8}{(a - 1)}} + 3 = 4\sqrt{2} + 3$，

当且仅当 $a - 1 = \dfrac{8}{a - 1}$，$a = 1 + 2\sqrt{2}$ 时，等号成立.

变式分析： 本题在变式1的基础上将"求 $a + b$ 的取值范围"改编为"求 $a + 2b$ 的取值范围"，由于系数发生了变化，所以本题采用消元法进行求解. 由此看出消元法是处理此类问题的通法，在教学中要引导学生重点关注和掌握.

变式3 若 a，$b > 0$ 且 $ab = a + b + 3$，求 $a^2 + b^2$ 的取值范围.

解析： 由已知可得 $b = \dfrac{a + 3}{a - 1}$，则由 $b > 0$ 得 $a > 1$，

由柯西不等式和基本不等式可得

$$a^2 + b^2 = a^2 + \left(\frac{a+3}{a-1}\right)^2 = a^2 + \left(1 + \frac{4}{a-1}\right)^2 = \left[a^2 + \left(1 + \frac{4}{a-1}\right)^2\right](1+1)$$

$$\geqslant \left(a + 1 + \frac{4}{a-1}\right)^2 = \left(a - 1 + \frac{4}{a-1} + 2\right)^2$$

$$\geqslant \left(2\sqrt{(a-1) \cdot \frac{4}{a-1}} + 2\right)^2 = 36,$$

当且仅当 $a - 1 = \dfrac{4}{a-1}$, $a = 3$ 时等号成立,故有 $a^2 + \left(1 + \dfrac{4}{a-1}\right)^2 \geqslant 18$,

所以,$a^2 + b^2$ 的取值范围是 $[18, +\infty)$.

变式分析: 本题变式在原题的基础上,将"求 ab 的取值范围"改编为"求 $a^2 + b^2$ 的取值范围",由于目标结构形式和次数发生了变化,由乘积的形式变形为平方和的形式,这导致了利用消元法进行求解的表达式较为复杂,不利于求解,因此利用柯西不等式进行"降次"处理并利用基本不等式求最值.本题若用导数求最值或者利用换元法进行化简也可以求得结果,但解题过程没有利用柯西不等式简洁,读者可自行尝试.同时,注意两次使用不等式求最值的取等条件一致才能保证所求结果的准确性.

变式 4 若 a, $b > 0$ 且 $ab = a + b + 3$,求 $\dfrac{1}{a(b-1)} + \dfrac{1}{5-b}$ 的取值范围.

解析: 由已知可得,$a(b-1) = b + 3$,

则 $\dfrac{1}{a(b-1)} + \dfrac{1}{5-b} = \dfrac{1}{b+3} + \dfrac{1}{5-b} = \dfrac{8}{(b+3)(5-b)}$

$$\geqslant \dfrac{8}{\left(\dfrac{b+3+5-b}{2}\right)^2} = \dfrac{1}{2},$$

当且仅当 $5 - b = b + 3$, $b = 1$ 时,等号成立.

变式分析: 本题变式在原题的基础上,将所求目标结构由整式变成了分式,看起来较为复杂,但是将分母 $a(b-1)$ 通过题干条件进行替换以后,结构简洁了许多,同时所求的表达式变成了 $\dfrac{1}{b+3} + \dfrac{1}{5-b}$,这个式子只有一个变量,巧妙地进行了消元的操作.因此,越是面对包含复杂结构不等式的题目,越是要学会利用消元、降次等手段对表达式进行变形,这样往往能起到立竿见影的效果.

『高考预测』

通过对近三年的高考试题的梳理不难发现:高考对基本不等式的考查呈逐年增加的趋势,从新高考地区各地的真题卷、模拟卷来看,考查以填空题和多选题为主,多选题多在第11

题或者第12题的位置,填空题多在第14题或者第15题的位置,考查方式灵活多样,难度也较大,学生要全部做对往往较为困难.因此在高一阶段需要增强学生解决基本不等式各种类型问题的技巧性,提高解题的熟练度,才能发展学生的数学运算、逻辑推理的数学核心素养.[1]

鉴于此,笔者尝试命制了以下试题与读者共同学习.

问题 已知a,$b \in R$,且$2a^2 + ab - b^2 = 1$,求$a^2 + b^2$的最小值.

解法1:由已知得$2a^2 + ab - b^2 = (2a - b)(a + b) = 1$,

令$2a - b = x$,$a + b = y$,则由$\begin{cases} 2a - b = x \\ a + b = y \end{cases}$得$\begin{cases} a = \dfrac{x + y}{3} \\ b = \dfrac{2y - x}{3} \end{cases}$,则$xy = 1$.

因此,$a^2 + b^2 = \dfrac{(x + y)^2}{9} + \dfrac{(2y - x)^2}{9} = \dfrac{1}{9}(2x^2 + 5y^2 - 2xy) = \dfrac{1}{9}(2x^2 + 5y^2 - 2)$.

由基本不等式可得$2x^2 + 5y^2 \geqslant 2\sqrt{10}|xy| = 2\sqrt{10}$,

当且仅当$|2x| = |5y|$时,等号成立.

因此$a^2 + b^2$的最小值为$\dfrac{2\sqrt{10} - 2}{9}$.

解法2:令$a^2 + b^2 = r^2$,设$a = r\cos\theta$,$b = r\sin\theta$,则由已知得

$2r^2\cos^2\theta + r^2\sin\theta\cos\theta - r^2\sin^2\theta = 1$,所以

$$r^2 = \frac{1}{2\cos^2\theta + \sin\theta\cos\theta - \sin^2\theta} = \frac{1}{\cos 2\theta + 1 + \dfrac{1}{2}\sin 2\theta - \dfrac{1 - \cos 2\theta}{2}}$$

$$= \frac{1}{\dfrac{1}{2}\sin 2\theta + \dfrac{3}{2}\sin\theta + \dfrac{1}{2}} = \frac{1}{\dfrac{\sqrt{10}}{2}\sin(\theta + \varphi) + \dfrac{1}{2}}$$

$$\geqslant \frac{1}{\dfrac{\sqrt{10}}{2} + \dfrac{1}{2}} = \frac{2\sqrt{10} - 2}{9},$$

当且仅当$\sin(\theta + \varphi) = 1$,其中$\tan\varphi = \dfrac{1}{3}$时,等号成立.

---

[1]张树文:《新课标高中数学教材习题教学现状分析与建议》,《学周刊》,2017年第5期.

对称周期关系密　相互转换要注意

贵阳市民族中学　　杨　杰

『习题再现』

《高中数学(A版)》(必修第一册)第五章第四节"三角函数的图象与性质"拓广探索第18题:

已知周期函数 $y = f(x)$ 的图象如图1所示,

(1)求函数的周期;

(2)画出函数 $y = f(x + 1)$ 的图象;

(3)写出函数 $y = f(x)$ 的解析式.

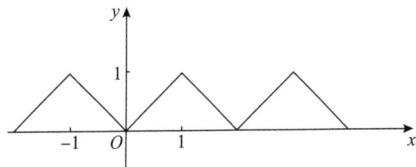

图1

『解题分析』

【习题情境】本题以周期函数图象为背景,求解周期函数的周期、图象及解析式.

【思路分析】三个小问都可以通过图象,利用数形结合的思维求解,也可以依托于周期函数的定义,从 $f(x + T) = f(x)$ 入手进行求解.

【知识考点】该题主要考查周期函数的周期,周期函数的平移,周期函数解析式.

『一题多解』

(1)**解法1**:紧扣定义.

$f(x)$ 的定义域为 **R**,存在非零常数2,使得每一个 $x \in$ **R**,都有 $x + 2 \in$ **R**,且 $f(x + 2) = f(x)$,所以该函数的周期为2(最小正周期). 实际上 $2k(k \in$ **Z**, $k \neq 0)$ 也是该函数的周期.

　　解法分析:该方法要求学生对周期函数的定义非常熟悉. 学生可能会从具体的赋值进行非零常数 $T = 2$ 的寻找,这未尝不是一种切入的方法. 但是教师一定要提醒学生注意:定义中要求的是定义域内的每一个自变量 x 都要满足式子 $f(x + T) = f(x)$.

　　解法小结:利用周期函数的定义,设法找到一个常数 T,使得定义域内的每一个 x 都满足

式子 $f(x + T) = f(x)$，则 T 就可以作为函数 $f(x)$ 的周期，$kT(k$ 为非零的任意整数）也是函数的周期.

解法2：观察图象，数形结合.

从图1可以观察到从一个最高点到达下一个最高点，刚好是一个完整的过程，即从 -1 到 1，长度为2，则最小正周期为2. 实际上 $2k(k \in \mathbf{Z}, \ k \neq 0)$ 也是该函数的周期.

解法分析：该方法更加直观简便. 由于函数图象已经给出，学生更容易从图象出发，结合其感知到的周期即为周而复始，只需要观察图象在哪些范围内重复相同，就可以得到周期.

解法小结：若画出函数 $f(x)$ 的图象比较容易或者题目中已经给出 $f(x)$ 的部分图象，则可以观察图象是否有重复部分，读取重复部分最右端与最左端的点的 x 的值，再将二者相减即可.

（2）通过图象平移法则"左加右减"，可得图2.

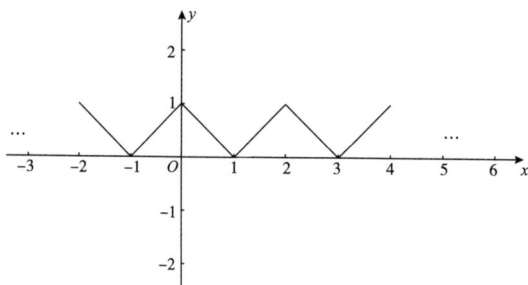

图2

解法分析：学生已经在前面的学习中知道了图象左右平移的表达式和方法，即可通过"左加右减"作出变化后的图象.

解法小结：$f(x) \xrightarrow{\text{图象左平移} a \text{个单位长度}} f(x + a)(a > 0)$.

（3）**解法1**：$x \in [-1, 1]$ 时，易得函数的解析式为 $f(x) = |x|$，又因为 $f(x)$ 的最小正周期为 2，所以 $f(x) = f(x + 2)$，所以 $f(x) = \begin{cases} |x|, & -1 \leqslant x \leqslant 1, \\ f(x + 2), & x < -1 \text{或} x > 1. \end{cases}$

解法分析：学生之前已经学习了分段函数 $f(x) = |x|$ 的图象，通过图象可以马上得到解析式，再通过周期函数所满足的关系式得到该函数的解析式. 解题过程要求学生对所学分段函数的图象非常熟悉.

解法小结：周期函数可以以分段函数的形式书写，其中一段是一个周期上的函数解析式，另外一段用 $f(x + T) = f(x)$ 的形式呈现.

解法2: $x \in [-1，1]$时,易得函数的解析式为$f(x) = |x|$,再结合图象和周期性,即$f(x)$的周期为$2k$,则$f(x) = f(x - 2k) = |x - 2k|$,则解析式为$f(x) = |x - 2k|, x \in [2k - 1，2k + 1], k \in \mathbf{Z}$.

解法分析: 通过数形结合思想,学生需要理解与范围$x \in [-1，1]$相同的图可以看做是$x \in [-1，1]$上的图进行了左右平移得到,然后将图象的左右平移转换成代数式,即在x的基础上减去(或加上)周期$2k$,取值范围也做同样的操作.

解法小结: 可以先写出一个周期上的函数解析式,利用图象平移思想在解析式中x的位置加上或减去kT,取值范围也如此操作.

解法3: 当$-1 \leqslant x < 0$时,$f(x) = -x$,

因为$T = 2k$,所以$-1 + 2n \leqslant x < 2n$时,$f(x) = f(x - 2k) = -(x - 2k) = 2k - x$;

同理,当$0 \leqslant x \leqslant 1$时,$f(x) = x$,

因为$T = 2k$,所以$2n \leqslant x \leqslant 2n + 1$时,$f(x) = f(x - 2k) = x - 2k$.

因此,$f(x) = \begin{cases} 2k - x, & -1 + 2k \leqslant x < 2k \\ x - 2k, & 2k \leqslant x \leqslant 2k + 1 \end{cases} (k \in \mathbf{Z})$.

解法分析: 在一个周期内,根据待定系数法分别求出$-1 \leqslant x < 0$和$0 \leqslant x \leqslant 1$时的解析式,再通过周期函数满足的式子$f(x) = f(x - 2k)$,得到函数解析式.

解法小结: 具备周期性和对称性的分段函数,可以在一个周期内用待定系数法求出一个周期内对称图形的函数解析式,再利用图象平移思想在解析式中x的位置加上或减去kT,取值范围也如此操作.

『一题多思』

第(1)问中,我们采取了两种方法读取周期函数的周期:一是从具体的赋值进行非零常数T的寻找,但是注意通过具体赋值得到的T一定要使得定义域内任意一个自变量x都要满足;二是从图象可以观察到从一个最高点到达下一个最高点,刚好是一个完整的过程,即从-1到1,长度为2,则最小正周期为2,实际上$2k(k \in \mathbf{Z}, k \neq 0)$也是该函数的周期.

第(3)问中,采取了三种方法:一是利用已学的分段函数$f(x) = |x|$的图象,通过图象可以马上得到解析式,再通过周期函数所满足的关系式从而得到该函数的解析式;二是通过数形结合思想,理解与范围$x \in [-1，1]$相同的图象可以看做是$x \in [-1，1]$上的图象进行了左右平移得到,然后将图象的左右平移转换成代数式,即在x的基础上减去(或加上)周期$2k$,取值范围也做同样的操作;三是在一个周期内根据待定系数法分别求出$-1 \leqslant x < 0$和$0 \leqslant x \leqslant 1$时的解析式,再通过周期函数满足的式子$f(x) = f(x - 2k)$,得到函数解析式.

从题目的多种解法中,我们会发现解决该题的核心思想就是具体赋值、待定系数法的代数思想和图象左右平移、对称的数形结合思想,符合我们研究函数和解决函数问题的基本思路．同时在解题思考过程中也锻炼了学生的数学抽象和直观想象能力，从本题的三个问题的解法中，不难看出，对于具有周期性和对称性的分段函数来说，无论是周期的求取还是解析式的求取，都离不开定义和图象的支撑，用好方法、总结好方法能够让学生在今后解决周期函数问题时有思路、有框架，不至于无法解题，也给学生下一步研究函数周期性与其他性质的关系奠定了坚实的基础．

『教材溯源+习题背景』

【教材溯源】

《课程标准》要求："结合三角函数，了解周期性的概念和几何意义；用几何直观和代数运算的方法，研究三角函数的周期性．"

在《高中数学（A版）》（必修第一册）第五章的小结中，这样写道：三角函数是一类特殊的周期函数，在研究三角函数时，既可以联系物理、生物、自然界中的周期现象（运动），也可以从已学过的指数函数、对数函数、幂函数等得到启发，还要注意与锐角三角函数建立联系．

我们需要在三角函数的基础上对其他的周期函数进行推广和学习，这是由于该章节的主要内容是三角函数，并没有特别进行其他周期函数的介绍，而其他周期函数的学习和周期性与其他性质的关系却非常重要．

【习题背景】

习题的编写弥补了教材未对其他周期函数进行介绍学习以及研究周期性和其他函数性质的关系的遗憾，起到了扩展教材内容的作用．

作为习题中的拓广探索题，该题设计的意图不仅是让学生学会基本的读周期、写周期函数的解析式，而且希望在结题中探索出周期的求解方法，探索图象变形后周期是否改变，无论是平移、还是翻转、还是函数值增加倍数后．如果习题利用得当，可以极大地调动学生探求知识的积极性．

在实际生活中，也有很多周而复始的现象（图3），习题的讲解、变形和延伸，有利于学生理解并学习生活中的周期现象．

（a）摆钟运动　　　　　　　　（b）天体运行　　　　　　　　（c）自然景观：潮汐

图3

『一题多变』

变式1　设 $f(x)$ 是周期为2的奇函数,当 $0 \leqslant x \leqslant 1$ 时, $f(x) = x(2 - x)$,则 $f\left(-\dfrac{5}{2}\right) =$ _____.

变式分析: 该题是原题第(1)问的变形运用,即周期函数定义的基本运用,同时结合了利用函数解析式求函数值. 利用周期函数定义可以根据已知条件" $f(x)$ 是周期为2的奇函数"得到式子 $f(x + 2) = f(x)$,通过奇函数的定义可以得到 $f\left(-\dfrac{5}{2}\right) = -f\left(\dfrac{5}{2}\right)$,再通过式子 $f(x + 2) = f(x)$ 将 $x = \dfrac{5}{2}$ 转换到区间 $[0,1]$,并利用解析式代入计算.

解析: 由已知可得 $f(x + 2) = f(x)$,又因为 $f(x)$ 为奇函数,

所以 $f\left(-\dfrac{5}{2}\right) = -f\left(\dfrac{5}{2}\right) = -f\left(\dfrac{1}{2} + 2\right) = -f\left(\dfrac{1}{2}\right) = -\left[\dfrac{1}{2} \cdot \left(2 - \dfrac{1}{2}\right)\right] = -\dfrac{3}{4}$.

故答案为 $-\dfrac{3}{4}$.

变式2　已知函数 $f(x)$ 是定义域为 **R** 的奇函数,满足 $f(1 - x) = f(1 + x)$,若 $f(1) = -2$,则 $f(1) + f(2) + f(3) + \cdots + f(50) = ($ 　　 $)$.

A. -50　　　　　B. 0　　　　　C. -2　　　　　D. 50

变式分析: 该题是原题图象观察后的变形运用,题目第(2)问看似只是在考查图象的平移,但是可以引导学生观察图象的左右平移不影响周期的改变,适当提出问题"上下平移、翻折等图象变换是否会影响周期";同时,还可以观察图象的对称的特点,总结函数的奇偶性、对称性与周期性之间的关系和结论.

(1) $f(x + a) = f(x + b) \Leftrightarrow y = f(x)$ 的周期为 $T = b - a$.

(2) $f(x + a) = -f(x) \Leftrightarrow y = f(x)$ 的周期为 $T = 2a$.

(3) $f(x + a) = \dfrac{1}{f(x)} \Leftrightarrow y = f(x)$ 的周期为 $T = 2a$.

(4) $f(x + a) = -\dfrac{1}{f(x)} \Leftrightarrow y = f(x)$ 的周期为 $T = 2a$.

解析: 令 $f(1 - x) = f(1 + x)$ 中的 $x = x + 1$,得 $f(-x) = f(x + 2)$,再令 $x = x + 2$,得 $f(x) = f(x + 4)$,所以函数 $f(x)$ 是周期为4的函数,所以 $f(0) = f(2) = f(4) = 0$, $f(3) = f(-1) = -f(1) = 2$,所以 $f(1) + f(2) + f(3) + f(4) = 0$,所以 $f(1) + f(2) + f(3) + \cdots + f(50) = 12[f(1) + f(2) + f(3) + f(4)] + f(1) + f(2) = -2$.

故本题选 C.

变式3　已知函数 $f(x)$ 的周期为2,当 $x \in [-1,1]$ 时, $f(x) = x^2$,那么函数 $y = f(x) -$

$|\log_4 x|$的零点个数为(　　).

A.3　　　　　　B.4　　　　　　C.5　　　　　　D.6

变式分析:该题是原题第(2)问的变形,考查了周期函数图形的变换,考查了构造函数图象解决零点问题的方法.

解析:$y = f(x) - |\log_4 x|$的零点个数 $\Leftrightarrow$ 方程$f(x) - |\log_4 x| = 0$的根的个数 $\Leftrightarrow$ 函数$y_1 = f(x)$与函数$y = |\log_4 x|$的交点个数,画出$x > 0$时两个函数的图象(图4)观察交点,利用对称性得到最终交点个数.

故本题选D.

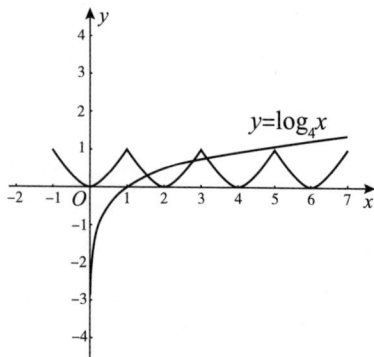

图4

『习题启发』

【对课堂教学的思考】

通过三角函数周而复始的特点,引出了函数的性质——周期性,但不能只对$y = A\sin(\omega x + \phi)$的周期性进行教学和解题训练.结合高考对函数周期性和对称性、单调性的要求,应在教学中安排其他周期函数的讲解,结合定义和数形结合思想,教会学生读取一般周期函数的周期;利用相应的题目总结周期性与对称性的关系和结论,让学生在做题时获得解题思路.

【对解题教学的思考】

周期性与对称性的综合试题的延伸对于研究周期函数的图象和周期性与其他函数性质起到了至关重要的作用,也对高考中情境化试题的讲解,如摆钟运动、天体运行等问题的解决有着重要的作用.同时,函数的周期性概念是借助三角函数的图象进行抽象的.这种图象特征与学生头脑中事先存储的那些具有周期性的现象相互交汇,为学生的数学抽象奠定了基础,也就是说,学生先前"植于"脑海中的周期现象的"根",经过直观的函数图象滋养出周期函数定义式的"果".

『高考预测』

1.已知数列$\{a_n\}$中,$a_1 = 2$,$a_2 = 4$,$a_{n+2} = a_{n+1} - a_n$,则$a_{2024} = $ _____.

解析:通过赋值归纳出周期.

因为$a_1 = 2$,$a_2 = 4$,所以$a_3 = 2$,$a_4 = -2$,$a_5 = -4$,$a_6 = -2$,$a_7 = 2$,可以推出数列$\{a_n\}$是周期为6的周期数列,则$a_{2024} = a_2 = 4$.

2.已知定义在 **R** 上的函数$f(x)$满足$f(-x) = -f(x)$,$f(1 + x) = f(1 - x)$,当$x \in [-1, 1]$

时,$f(x) = e^x$,则$f(2024)$等于(　　).

A.1　　　　　　　B.-1　　　　　　　C.e　　　　　　　D.$\dfrac{1}{e}$

解析:因为函数$f(x)$满足$f(-x) = -f(x)$,所以函数$f(x)$为奇函数,

又因为$f(1 + x) = f(1 - x)$,所以$f(1 + x) = -f(x - 1)$,即$f(x) = -f(x - 2)$,

所以$f(x - 2) = -f(x - 4)$,所以$f(x) = f(x - 4)$,

即函数$f(x)$是周期函数且周期为4,所以$f(2024) = f(4 \times 506 + 0) = f(0)$,

又因为$x \in [-1,\ 1]$时,$f(x) = e^x$,所以$f(0) = e^0 = 1$,即$f(2024) = 1$.

数学运算解圆锥　数形结合育素养

贵州省实验中学　　申利兵

『习题再现』

《高中数学(A版)》(选择性必修第一册)第146页第16题：

过抛物线 $y^2 = 2px(p > 0)$ 的焦点 F 作直线与抛物线交于 A,B 两点,以 AB 为直径画圆,观察它与抛物线的准线 l 的关系,你能得到什么结论? 相应于椭圆、双曲线如何? 你能证明你的结论吗?

『解题分析』

【试题情境】本题聚焦于数学本身的情境,考查学生是否能够在关联的情境中,在对概念、公式、知识点识记理解的基础上,通过分析所给的问题条件,寻求解决问题的过程. 本题以直线与抛物线的位置关系为背景.

【思路分析】先联立直线与抛物线方程,借助韦达定理和弦长公式求出弦长,也可利用抛物线过焦点的弦长公式 $|AB| = x_1 + x_2 + p$ 求出弦长,再从数或形的角度判断直线与圆的位置关系. 本题考查学生是否能够运用代数的方法研究直线、曲线之间的基本关系,是否能够运用平面解析几何的思想解决一些简单的实际问题. 也可借助抛物线的定义构造梯形,借助梯形的性质从几何角度解决问题.

【知识考点】抛物线及其标准方程,抛物线的焦点与准线,直线与抛物线的位置关系,直线与圆的位置关系.

『一题多解』

解法1:如图1所示,取 AB 的中点 M,分别过 A、B、M 作准线的垂线 AP、BQ、MN,垂足分别为 P、Q、N.

由抛物线的定义可知, $|AP| = |AF|$, $|BQ| = |BF|$,

在直角梯形$APQB$中，

$|MN| = \dfrac{1}{2}(|AP| + |BQ|) = \dfrac{1}{2}(|AF| + |BF|) = \dfrac{1}{2}|AB|$，

故圆心M到准线的距离等于半径，

所以，以AB为直径的圆与抛物线的准线相切.

圆的半径为r，则$r = \dfrac{1}{2}|AB|$，

分别过点A，B作右准线的垂线，则构成一个直角梯形，

两底长分别为$\dfrac{1}{e}|AF|$，$\dfrac{1}{e}|BF|$（e为离心率），

圆心到准线的距离d为梯形的中位线长，即$\dfrac{1}{2e}(|AF| + |BF|)$.

在椭圆中，$0 < e < 1$，故而$d = \dfrac{1}{2e}(|AF| + |BF|) = \dfrac{1}{2e}|AB| > \dfrac{1}{2}|AB| = r$，

所以，以AB为直径的圆与抛物线的准线相离.

在双曲线中，$e > 1$，可得$d < r$，

所以，以AB为直径的圆与抛物线的准线相交.

解法2：设$A(x_1, \ y_1)$，$B(x_2, \ y_2)$，

由 $\begin{cases} x = my + \dfrac{p}{2} \\ y^2 = 2px \end{cases}$ 消去x并化简得$y^2 - 2mpy - p^2 = 0$，解得$y_1 + y_2 = 2mp$，

则$x_1 + x_2 = m(y_1 + y_2) + p = 2m^2 p + p$，

所以，A，B的中点C的坐标为$\left(m^2 p + \dfrac{p}{2}, \ mp\right)$，$|AB| = x_1 + x_2 + p = 2m^2 p + 2p$，

以AB为直径的圆的圆心坐标为$\left(m^2 p + \dfrac{p}{2}, \ mp\right)$，半径为$m^2 p + p$，

因为准线方程为$x = -\dfrac{p}{2}$，所以圆心C到准线的距离为$m^2 p + p$，

故圆心C到准线的距离等于半径，即以AB为直径的圆与抛物线的准线相切.

『一题多思』

解法2最直接，具有一般性，但是计算稍显复杂. 解法1充分运用抛物线的定义，即抛物线上的点到焦点的距离等于这个点到准线的距离，使运算的复杂性大大简化，这种方法把抛物线的标准方程和其几何特征紧密地结合起来，体现了用坐标法解决问题的基本思想方法：先用几何眼光观察，再用代数运算解决.

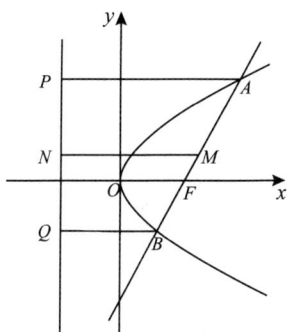
图1

『一题多变』

变式 1　2023年全国新高考卷 II 第10题(多选题)：

设 O 为坐标原点,直线 $y = -\sqrt{3}(x-1)$ 过抛物线 C: $y^2 = 2px(p > 0)$ 的焦点,且与 C 交于 M, N 两点, l 为 C 的准线,则(　　).

A. $p = 2$　　　　　　　　　B. $|MN| = \dfrac{8}{3}$

C. 以 MN 为直径的圆与 l 相切　　　D. $\triangle OMN$ 为等腰三角形

解析：设 MN 的中点为 A,

点 M, N, A 到直线 l 的距离分别为 d_1, d_2, d,

因为 $d = \dfrac{1}{2}(d_1 + d_2) = \dfrac{1}{2}(|MF| + |NF|) = \dfrac{1}{2}|MN|$,

即 A 到直线 l 的距离等于 MN 的一半,

所以以 MN 为直径的圆与直线 l 相切,

故 C 选项正确.

变式 2　已知抛物线 C: $y^2 = 2px(p > 0)$, F 为抛物线的焦点, AB 是过焦点的动弦, A', B' 是 A, B 两点在准线上的投影,如图2所示,则下列论断正确的是(　　).

A. 以 AB 为直径的圆与准线一定相切

B. 以 $A'B'$ 为直径的圆与直线 AB 一定相切

C. 以 AF 为直径的圆与 y 轴一定相切

D. 以 AA' 为直径的圆与 x 轴有可能相切

变式分析：本题在题型上进行了改变,更符合新高考的要求. 本题考查了抛物线中直线与圆的位置关系,意在考查学生的计算能力和推理能力,解题的关键点在于画出图象,确定线段与半径的关系.

解析：由抛物线的定义,

设 $|AF| = |AA'| = a$, $|BF| = |BB'| = b$,

对于选项 A,如图3, M, N 分别为 AB, $A'B'$ 的中点,

所以 $|MN| = \dfrac{1}{2}(|AA'| + |BB'|) = \dfrac{1}{2}(a+b)$,且 $MN \perp A'B'$,

设以 AB 为直径的圆的半径为 R_1,

因为 $|AB| = 2R_1 = a + b$,所以 $R_1 = |MN|$,

所以以 AB 为直径的圆与准线相切,A 正确;

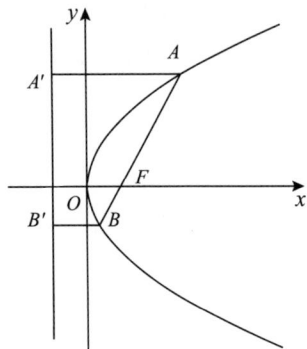

图2

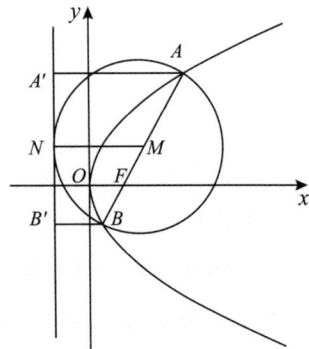

图3

对于选项 B,如图 4,N 为 $A'B'$ 的中点,

由勾股定理得 $|A'B'|^2 = (a+b)^2 - (a-b)^2 = 4ab$,

设以 $A'B'$ 为直径的圆的半径为 R_2,

则 $|A'B'| = 2\sqrt{ab} = 2R_2, R_2 = \sqrt{ab}$,

因为 $\angle A'AB + \angle B'BA = 180°$,

即 $180° - 2\angle AFA' + 180° - 2\angle BFB' = 180°$,

所以 $\angle AFA' + \angle BFB' = 90°$,故 $\angle A'FB' = 90°$,

因为 N 为 $A'B'$ 的中点,则 $|NF| = \sqrt{ab} = R_2$,

由 A 知 $\angle ANB = 90°$,又 $|NF|^2 = ab = |AF| \cdot |BF|$,

所以 $NF \perp AB$,

所以以 $A'B'$ 为直径的圆与直线 AB 相切,B 正确;

对于选项 C,如图 5,设以 AF 为直径的圆的半径为 R_3,

P,Q 分别是 AF,OE 的中点,

则 $|AF| = 2R_3 = a$,

$|PQ| = \dfrac{1}{2}(|FO| + |AE|) = \dfrac{1}{2}\left(\dfrac{p}{2} + a - \dfrac{p}{2}\right) = \dfrac{a}{2} = R_3$,

且 $PQ \perp y$ 轴,

所以以 AF 为直径的圆与 y 轴相切,C 正确;

对于选项 D,假设存在以 AA' 为直径的圆与 x 轴相切,

则有 $|AA'| = 2|y_A|$,即 $x_A + \dfrac{p}{2} = 2|y_A|$,

又 $y_A^2 = 2px_A$,联立得 $x_A^2 - 7px_A + \dfrac{p^2}{4} = 0$,

$\Delta = 48p^2 > 0, x_A = \dfrac{(7 - 4\sqrt{3})p}{2}$ 或 $x_A = \dfrac{(7 + 4\sqrt{3})p}{2}$,

故假设成立,D 正确.

故选 ABCD.

变式 3　如图 6,已知抛物线 $x^2 = 4y$,弦 AB 过抛物线的焦点 F,过 A,B 两点分别作准线 l 的垂线,垂足分别为 C、D,设 AB 的中点为 N,线段 AB 的垂直平分线交 y 轴于 L,则 $\dfrac{|FL|}{|AB|} = $ _____;若 CD 的中点为 R,则 $\dfrac{|NL|}{|RF|} = $ _____.

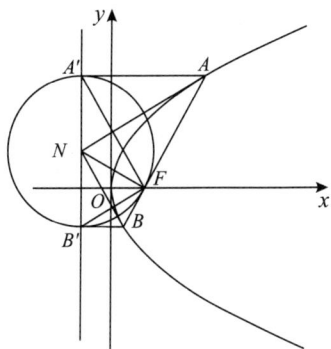

图 4

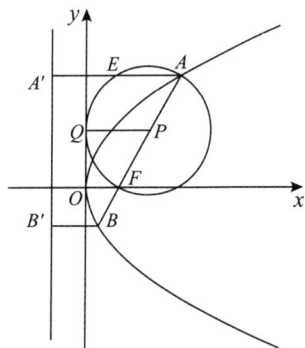

图 5

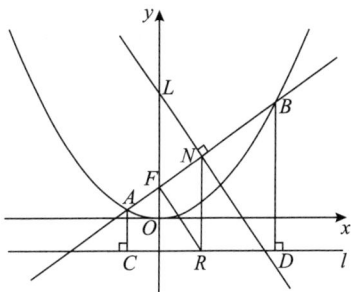

图 6

解析：对于第一空，易知弦 AB 的斜率存在，

根据题意可得 $F(0, 1)$，$l: y = -1$，设 $l_{AB}: y = kx + 1$，$A(x_1, y_1)$，$B(x_2, y_2)$，

联立 $\begin{cases} 4y = x^2, \\ y = kx + 1, \end{cases}$ 化简得 $x^2 - 4kx - 4 = 0$，则 $\begin{cases} x_1 + x_2 = 4k, \\ x_1 x_2 = -4, \\ y_1 + y_2 = k(x_1 + x_2) + 2 = 4k^2 + 2, \end{cases}$

即 $N(2k, 2k^2 + 1)$，

可得弦 AB 方程的垂线方程为 $y = -\dfrac{1}{k}(x - 2k) + 2k^2 + 1 = -\dfrac{1}{k}x + 2k^2 + 3$，

故 $L(0, 2k^2 + 3)$，$LF = 2k^2 + 2$.

由弦长公式得 $|AB| = \sqrt{k^2 + 1}\,|x_1 - x_2| = \sqrt{k^2 + 1}\sqrt{(x_1 + x_2)^2 - 4x_1 x_2} = 4k^2 + 4$，

显然 $\dfrac{|FL|}{|AB|} = \dfrac{1}{2}$.

对于第二空，易知 $NR /\!/ y$ 轴，

由上可得 $NR = 2k^2 + 1 - (-1) = 2k^2 + 2 = LF$，

故四边形 $LFRN$ 是平行四边形，所以 $\dfrac{|NL|}{|RF|} = 1$.

故答案为：$\dfrac{1}{2}$；1.

『习题启发』

【对课堂教学的思考】

解决解析几何问题需根据几何问题和图形的特点，用代数语言把几何问题转化为代数问题；根据对几何问题（图形）的分析，探索解决问题的思路，运用代数方法得到结论，给出代数结论合理的几何解释．在解题的过程中，要引导学生认识运算在解析几何中的重要性，使学生体会到坐标法中的运算所具有的特点，要先分析清楚几何对象的几何特征，将几何元素及其关系代数化，在运算过程中还要充分利用相应的几何特性以简化运算．总之，在解析几何的解题中，运算是"数形结合"的运算，而不仅仅是代数运算．

【对解题教学的思考】

直线与圆锥曲线的位置关系是高考的高频考点，涉及直线与圆锥曲线的相交、弦长、面积、相切等问题．一般通过联立直线方程与圆锥曲线方程，消元可得到关于 x（或 y）的二次方程，可设交点为 $M(x_1, y_1)$，$N(x_2, y_2)$，观察题目中的条件，以及坐标的形式是否复杂判断坐标是否需要解出，如果所求的问题与两根的和或乘积有关，则可利用韦达定理进行整体代入．

函数奇偶性　解题巧用招

贵阳市第六中学　　叶秋霞

『习题再现』

《高中数学(A版)》(必修第一册)第四章"指数函数与对数函数"复习参考题4拓广探索第12题第(2)小题:

对于函数$f(x) = a - \dfrac{2}{2^x + 1}(a \in \mathbf{R})$,(1)略;(2)是否存在实数$a$使函数$f(x)$为奇函数?

『解题分析』

【习题情境】以函数的奇偶性为背景,考查利用奇函数的性质求参数.

【思路分析】在解决过程中,可以先根据函数的解析式,求出函数的定义域,再用奇函数的性质列出方程,进而通过运算即可求出参数a的值,也可以利用奇函数的特征代入特殊值快速求解.

【知识考点】奇函数的定义,奇函数的性质.

『一题多解』

解法1:巧用特殊值.

假设存在实数a使函数$f(x)$为奇函数,

因为$f(x) = a - \dfrac{2}{2^x + 1}(a \in \mathbf{R})$的定义域为$\mathbf{R}$,则有$f(0) = 0$,即$a - \dfrac{2}{2^0 + 1} = 0$,所以$a = 1$.

故存在实数$a = 1$使函数$f(x)$为奇函数.

解法2:紧扣定义.

假设存在实数a使函数$f(x)$为奇函数,则有$f(-x) = -f(x)$,

即$a - \dfrac{2}{2^{-x} + 1} = -\left(a - \dfrac{2}{2^x + 1}\right)$,所以$2a = \dfrac{2^{x+1} + 2}{2^x + 1}$,解得$a = 1$.

故存在实数 $a = 1$ 使函数 $f(x)$ 为奇函数.

『一题多思』

函数的奇偶性是历年高考对函数进行重点考查的一大基本性质,它以基本初等函数或抽象函数等为载体,多以选择题或填空题的形式出现,很好地交汇与融合了函数的概念、图象与性质等相关知识,在各类考试中出现的频率较高,深受命题人的青睐.

本题常见的解法有特殊值法、定义法. 解法1为特殊值法,在根据解析式求出定义域的基础上,令 $x = 0$ 建立方程,运算即可求出 a 的值. 解法1可以很好地降低运算难度. 解法2主要抓住奇函数的定义建立方程进行解题,凸显了基本定义在解决问题中的重要作用,但运算相对复杂.

『试题背景』

本题以函数的奇偶性为背景,探究函数 $f(x) = 1 - \dfrac{2}{2^x + 1}$ 是奇函数,可推广得到 $y = \dfrac{a^x - 1}{a^x + 1}$ 是奇函数. 进行变式推广可得 $y = \dfrac{1}{a^x - 1} + \dfrac{1}{2}$ 是奇函数.

『试题推广』

命制这类题目时可以尝试以如下结论为背景:

(1)奇函数的性质

①奇函数的图象关于原点对称,定义域关于原点对称.

②如果 $f(x)$ 在 $x = 0$ 处有意义,则有 $f(0) = 0$.

③已知 $g(x)$ 为奇函数,a 为常数,$f(x) = g(x) + a$,$f(x)$ 的最大值为 M,最小值为 m,则有 $M + m = 2a$.

④奇函数在对称区间上具有相同的单调性.

(2)常见的奇函数($a > 0$ 且 $a \neq 1$)

①$f(x) = x^{2n-1}$, $n \in \mathbf{Z}$; $f(x) = x^3$.

②$f(x) = \sin x$, $f(x) = \tan x$, $f(x) = x|x|$, $f(x) = x \cos x$.

③$f(x) = a^x - a^{-x}$, $f(x) = e^x - e^{-x}$.

④$f(x) = \dfrac{a^x - 1}{a^x + 1}$, $f(x) = \dfrac{e^x - 1}{e^x + 1}$.

⑤$f(x) = \dfrac{1}{2} - \dfrac{1}{a^x + 1}$, $f(x) = \dfrac{1}{a^x - 1} + \dfrac{1}{2}$.

⑥$f(x) = \log_a\left(\sqrt{1 + k^2 x^2} \pm kx\right)$.

⑦$f(x) = |x+k| - |x-k|$, $f(x) = |x+1| - |x-1|$.

⑧$f(x) = \log_a \dfrac{mx-n}{mx+n}$, $f(x) = \log_a \left| \dfrac{mx-n}{mx+n} \right|$.

(3)偶函数的性质

①偶函数的图象关于y轴对称,定义域关于原点对称.

②$f(x) = f(|x|)$.

③偶函数在对称区间上具有相反的单调性.

(4)常见的偶函数($a > 0$且$a \neq 1$)

①$f(x) = x^{2n}$, $n \in \mathbf{Z}$; $f(x) = |x|$; $f(x) = |x+k| + |x-k|$.

②$f(x) = \cos x$, $f(x) = x\sin x$, $f(x) = x^2\cos x$.

③$f(x) = a^x + a^{-x}$, $f(x) = \mathrm{e}^x + \mathrm{e}^{-x}$.

④$f(x) = \log_a(a^{2mx} + 1) - mx$, $f(x) = \ln(\mathrm{e}^{2x} + 1) - x$.

(5)函数奇偶性的运算

①若函数$f(x)$和$g(x)$都是奇函数,则在$f(x)$和$g(x)$定义域的公共区间上,$f(x) \pm g(x)$为奇函数,$f(x) \times g(x)$和$\dfrac{f(x)}{g(x)}$为偶函数.

②若函数$f(x)$和$g(x)$都是偶函数,则在$f(x)$和$g(x)$定义域的公共区间上,$f(x) \pm g(x)$,$f(x) \times g(x)$,$\dfrac{f(x)}{g(x)}$为偶函数.

③若函数$f(x)$和$g(x)$一个是奇函数,另一个是偶函数,则在$f(x)$和$g(x)$定义域的公共区间上,$f(x) \pm g(x)$为非奇非偶函数,$f(x) \times g(x)$,$\dfrac{f(x)}{g(x)}$为奇函数.

(6)对于函数$F(x) = f(g(x))$,

①若函数$f(x)$和$g(x)$都是奇函数,则$F(x)$是奇函数.

②若函数$f(x)$和$g(x)$都是偶函数,则$F(x)$是偶函数.

③若函数$f(x)$是偶函数,$g(x)$是奇函数,则$F(x)$是偶函数.

(7)函数的对称性

①若$y = f(x+a)$是定义在$\mathbf{R}$上的奇函数,则函数$y = f(x)$关于点$(a, 0)$中心对称.

②若$y = f(x+a)$是定义在$\mathbf{R}$上的偶函数,则函数$y = f(x)$关于直线$x = a$对称.

③若$y = f(x)$满足$f(x+a) = f(b-x)$,则函数$y = f(x)$关于直线$x = \dfrac{a+b}{2}$对称.

④若$y = f(x)$满足$f(x+a) + f(b-x) = 2c$,则函数$y = f(x)$关于点$\left(\dfrac{a+b}{2}, c \right)$中心对称.

（8）两对称函数图象交点之间的关系

①若函数 $f(x)$ 和 $g(x)$ 均关于直线 $x = a$ 对称，且两个函数图象有 n 个交点，则 n 个交点的横坐标之和为 $\sum_{i=1}^{n} x_i = na$.

②若函数 $f(x)$ 和 $g(x)$ 均关于点 (a, b) 对称，且两个函数图象有 n 个交点，则 n 个交点的横坐标之和为 $\sum_{i=1}^{n} x_i = na$，纵坐标之和为 $\sum_{i=1}^{n} y_i = nb$.

函数的奇偶性、对称性与周期性是高中函数知识模块的重要主线之一，贯穿函数学习的始末，其抽象程度高、综合程度强、内在逻辑深，在"三新"背景下深受命题专家喜爱，常考常新，三者通常会结合起来考查. 如：

（1）奇偶性与对称性

①若函数 $f(x)$ 的图象关于点 $(a, 0)$ 对称，则 $f(x + a)$ 是奇函数，且 $f(-x + a) + f(x + a) = 0$ 或 $f(x) + f(2a - x) = 0$.

②若函数 $f(x)$ 的图象关于点 (a, b) 对称，则 $f(x + a) - b$ 是奇函数，且 $f(-x + a) + f(x + a) = 2b$ 或 $f(x) + f(2a - x) = 2b$.

③若函数 $f(x)$ 的图象关于直线 $x = a$ 对称，则 $f(x + a)$ 是偶函数，且 $f(x) = f(2a - x)$ 或 $f(x + a) = f(-x + a)$.

（2）对称性与周期性

①若函数 $f(x)$ 分别关于直线 $x = a$，$x = b$ 成轴对称，则函数 $f(x)$ 为周期函数，一个周期为 $2|a - b|$.

②若函数 $f(x)$ 分别关于点 (a, c)，(b, c) 成中心对称，则函数 $f(x)$ 为周期函数，一个周期为 $2|a - b|$.

③若函数 $f(x)$ 分别关于直线 $x = a$ 轴对称，关于 (b, c) 成中心对称，则函数 $f(x)$ 为周期函数，一个周期为 $4|a - b|$.

（3）奇偶性、对称性与周期性

①若奇函数 $f(x)$ 的图象关于点 $(a, 0)(a \neq 0)$ 成中心对称，则函数 $f(x)$ 的一个周期为 $T = 4a$.

②若奇函数 $f(x)$ 的图象关于直线 $x = a(a \neq 0)$ 对称，则函数 $f(x)$ 的一个周期为 $T = 2a$.

③若 T 是 $f(x)$ 的一个周期，且 $f(x)$ 的图象关于点 (a, b) 对称，则函数 $f\left(x + \dfrac{kT}{2} + a\right) - b$ $(k \in \mathbf{Z})$ 是奇函数.

④若 T 是 $f(x)$ 的一个周期,且 $f(x)$ 的图象关于直线 $x = a$ 对称,则函数 $f\left(x + \dfrac{kT}{2} + a\right)$ $(k \in \mathbf{Z})$ 是偶函数.

⑤若 T 是奇函数 $f(x)$ 的一个周期,则函数 $f(x)$ 的图象关于点 $\left(\dfrac{kT}{2},\ 0\right)(k \in \mathbf{Z})$ 对称且 $f\left(\dfrac{kT}{2}\right) = 0$.

⑥若 T 是偶函数 $f(x)$ 的一个周期,则函数 $f(x)$ 的图象关于直线 $x = \dfrac{kT}{2}(k \in \mathbf{Z})$ 对称.

(4)导函数视角下的奇偶性、对称性与周期性

①若 $f(x)$ 是可导函数且其图象关于直线 $x = a$ 对称,则 $f'(x)$ 的图象关于点 $(a,\ 0)$ 对称.

②若 $f(x)$ 是可导函数且其图象关于点 $(a,\ 0)$ 对称,则 $f'(x)$ 的图象关于直线 $x = a$ 对称.

③若 $f(x)$ 是可导偶函数,则 $f'(x)$ 是奇函数.

④若 $f(x)$ 是可导奇函数,则 $f'(x)$ 是偶函数.

⑤若 $f(x)$ 是可导函数且最小正周期为 T,则 $f'(x)$ 的最小正周期为 T.

『一题多变』

变式1　设函数 $f(x) = \ln(x + 1) + m\ln(1 - x)$ 是偶函数,则(　　　).

　　　　A.$m = 1$,且 $f(x)$ 在 $(0,\ 1)$ 上是增函数

　　　　B.$m = 1$,且 $f(x)$ 在 $(0,\ 1)$ 上是减函数

　　　　C.$m = -1$,且 $f(x)$ 在 $(-1,\ 1)$ 上是增函数

　　　　D.$m = -1$,且 $f(x)$ 在 $(-1,\ 1)$ 上是减函数

变式2　若 $f(x) = \ln\left|a + \dfrac{1}{1 - x}\right| + b$ 是奇函数,则 $a = $ _____,$b = $ _____.

变式3　函数 $f(x) = \dfrac{3e^x + 1}{e^x + 1} + \ln\left(x + \sqrt{1 + x^2}\right)$,若 $f(x)$ 在 $[-k,\ k]$ $(k > 0)$ 上的最大值与最小值分别为 M 与 m,则 $M + m = $ _____.

『习题启发』

【对课堂教学的思考】

函数是贯穿整个初、高中数学以及大学高等数学教学的一条主线,更是高中数学的重要组成部分,学习函数最关键的就是学习函数的重要性质,而奇偶性是函数的重要性质之一,是高中数学的重点考查内容,也是每年高考的热点和必考内容.对函数奇偶性的考查,往往会将函数的奇偶性与函数的周期性、单调性、对称轴及对称中心等内容结合在一起进行命

题,综合性较强,难度较大,在命题形式上主要有选择题和填空题.

然而,函数的奇偶性对于刚进入高中还没有完全适应高中数学学习特点的新生来说,是比较抽象的.甚至有的学生都不清楚为什么要学习函数的奇偶性.大多数高一学生对函数奇偶性的概念、符号表示、图象特征等方面认识不深.奇偶函数的定义与图象性质紧密结合,根据奇函数与中心对称、偶函数与轴对称的关系,采用数形结合的方法可以很好地突破这些认知难点.同时,在日常教学中应注重让学生感悟概念的形成过程,进而帮助学生把握数学本质,加深对概念、性质的理解.

【对解题教学的思考】

在教学中,教师应当引导学生,在利用函数奇偶性做题时,要抓住函数奇偶性的定义和性质,并把定义和性质融会贯通,同时在解题过程中要注意深层挖掘函数奇偶性的特征,还要把函数奇偶性与函数单调性、对称性、周期性以及导函数结合起来,为解决问题提供便利.

『高考预测』

1.已知函数 $f(x)$ 及其导函数 $f'(x)$ 的定义域均为 $\mathbf{R}$,若函数 $f(3+2x)$ 为偶函数,函数 $f'(1-x)$ 为奇函数,则 $f'(-1)=$ _____.

解析:因为函数 $f(3+2x)$ 为偶函数,所以 $f(3+2x)=f(3-2x)$,即函数 $f(x)$ 关于直线 $x=3$ 对称.根据推广知,导函数 $f'(x)$ 关于点 $(3,0)$ 中心对称,且 $f'(3)=0$.因为函数 $f'(1-x)$ 为奇函数,所以 $f'(1-x)=-f'(1+x)$,即导函数 $f'(x)$ 关于点 $(1,0)$ 中心对称.所以导函数 $f'(x)$ 为周期函数,周期为 4.所以 $f'(-1)=f'(3)=0$.

2.已知函数 $f(x)$,$g(x)$ 的定义域为 $\mathbf{R}$,且 $f(x)+g(2-x)=5$,$g(x)-f(x-4)=7$.若 $y=g(x)$ 的图象关于直线 $x=2$ 对称,$g(2)=4$,则 $\sum_{k=1}^{18} f(k)=$ _____.

解析:易知 $g(2-x)=g(x+2)$,故 $f(x)+g(2+x)=5$.

由 $g(x)-f(x-4)=7$,得 $g(x+2)=7+f(x-2)$,$f(x)+f(x-2)=-2$.

所以 $f(3)+f(5)+\cdots+f(17)=(-2)\times 4=f(4)+f(6)+\cdots+f(18)=-8$.

由 $f(x)+g(2-x)=5$,知 $f(x)+g(2)=5$,即 $f(0)=1$,$f(2)=-3$.

由 $g(x)-f(x-4)=7$,得 $g(x+4)-f(x)=7$,得 $g(2-x)+g(x+4)=12$,故 $f(1)=-1$.

所以 $\sum_{k=1}^{18} f(k)=-1-3-8-8=-20$.

重视含参导函数　关注恒成立问题

贵州省实验中学　　夏学超

『习题再现』

《高中数学(A版)》(选择性必修第二册)第五章复习参考题5拓广探索第18题：

已知函数 $f(x) = e^x - \ln(x + m)$. 当 $m \leq 2$ 时,求证 $f(x) > 0$.

『解题分析』

【试题情境】此题是以指数函数及对数函数为载体的导函数的证明题目,作为高中的初等函数,指数函数和对数函数是高考考查的重点,恒成立也是高考中的一大热点. 整体而言,高中对指数函数、对数函数的研究,通常按照"实际问题→函数概念→图象与性质→应用"的路径展开. 通过对函数图象、性质的研究,进而把握相应函数的本质. 近年的高考中,以指数函数和对数函数为载体的导函数试题实在太多,是高考的重中之重.

【思路分析】该题需要转化为不含"参数"的恒成立问题,进一步转化为最值问题,最后通过隐零点来求解该题.

【知识考点】

研究意义和价值	知识技能思想方法	育人价值	核心素养
导函数的应用;体会数形结合思想,培养学生的逻辑推理和数学运算素养,体会导函数研究函数问题的一般研究过程.	利用导数研究函数的最值,恒成立问题.分析问题解决问题能力,计算推理能力.函数与方程思想、数形结合思想.	了解函数,感受数学知识在科学和工程领域的应用,初步感受数学作为基础学科的意义和价值,培养学生的数形结合思想和用数学眼光观察世界、用数学思维思考世界、用数学语言表达世界的习惯,培养学生的推理论证能力和运算求解能力.	数学运算水平二:能够在关联的情境中确定运算对象,提出运算问题,能够针对运算问题,合理选择运算方法,设计运算程序,解决问题.能够理解运算是一种演绎推理,能够在综合使用运算方法解决问题的过程中,体会程序化思想的意义和作用.在交流的过程中,能够借助运算探讨问题.

『一题多解』

解法1:隐零点代换法.

$f'(x) = e^x - \dfrac{1}{x+m}$,则 $y = f'(x)$ 在 $(0, +\infty)$ 上单调递增.

注意到,当 $x \to -m$ 时,$f'(x) \to -\infty$;$x \to +\infty$ 时,$f'(x) \to +\infty$.

根据零点存在定理 $\exists x_0 \in (-m, +\infty)$,$f'(x_0) = 0$,

当 $x \in (-m, x_0)$ 时,$f'(x) < 0$;当 $x \in (x_0, +\infty)$ 时,$f'(x) > 0$.

所以 $y = f(x)$ 在 $(-m, x_0)$ 单调递减,在 $(x_0, +\infty)$ 单调递增.

所以当 $x > -m$ 时,$f(x) \geqslant f(x)_{\min} = f(x_0) = e^{x_0} - \ln(x_0 + m)$.

由 $f'(x_0) = 0$ 得 $e^{x_0} = \dfrac{1}{x_0 + m}$,则 $\ln(x_0 + m) = -x_0$,

所以 $f(x) \geqslant f(x_0) = e^{x_0} - \ln(x_0 + m) = \dfrac{1}{x_0 + m} + x_0$

$$= \dfrac{1}{x_0 + m} + x_0 + m - m \geqslant 2 - m \geqslant 2 - 2 = 0,$$

注意:第一个不等式,当 $x_0 + m = \dfrac{1}{x_0 + m}$ 时取等号,即 $x_0 + m = 1$ 时取等号;

第二个不等式,当 $m = 2$ 时取等号.

综上,该不等式在 $m = 2$,$x_0 = -1$ 时取等号.

当 $m = 2$ 时,$f'(x) = e^x - \dfrac{1}{x+2}$,则 $f'(-1) = e^{-1} - 1 \neq 0$,

所以 $x_0 = -1$ 时不能取等号,$f(x_0) > 0$,

因此,当 $m \leqslant 2$ 时,$f(x) \geqslant f(x_0) > 0$,结论得证.

解法分析:隐零点代换法关键在于找到函数的隐零点,这是解题的难点.

解法小结:解题过程中要用到均值不等式,注意均值不等式取等号的限制条件.

解法2:变换主元,以 m 为主元来解决问题.

令 $g(m) = e^x - \ln(x+m)$ $(m \leqslant 2)$,则转化为证明:当 $m \leqslant 2$ 时,$g(m) > 0$.

因为 $g'(m) = -\dfrac{1}{x+m} < 0$,所以 $g(m)$ 在 $(-\infty, 2)$ 单调递减,

所以 $g(m) > g(2) = e^x - \ln(x+2)$,

即当 $m \leqslant 2$ 时,$f(x) = e^x - \ln(x+m) \geqslant e^x - \ln(x+2)$,

所以证明 $f(x) > 0$ 转化为证明 $e^x - \ln(x+2) > 0$.

令 $F(x) = e^x - \ln(x+2)$ $(x > -2)$,

则 $F'(x) = e^x - \dfrac{1}{x+2}$，$F''(x) = e^x + \dfrac{1}{(x+2)^2} > 0$，

显然 $F'(x)$ 在 $(-2,+\infty)$ 单调递增，$F'(0) = 1 - \dfrac{1}{2} > 0$，$F'(-1) < 0$，

根据零点存在定理 $\exists x_0 \in (-1,0)$，$F'(x_0) = 0$，

当 $x \in (-2, x_0)$ 时，$F'(x) < 0$；当 $x \in (x_0, +\infty)$ 时，$F'(x) > 0$.

所以 $y = F(x)$ 在 $(-2, x_0)$ 单调递减，在 $(x_0, +\infty)$ 单调递增.

则 $y = F(x)$ 在 $x = x_0$ 处取得最小值.

由 $F'(x_0) = 0$ 得 $e^{x_0} = \dfrac{1}{x_0 + 2}$，则 $\ln(x_0 + 2) = -x_0$，

所以 $F(x) \geqslant F(x)_{\min} = F(x_0) = e^{x_0} - \ln(x_0 + 2) = \dfrac{1}{x_0 + 2} + x_0 = \dfrac{(x_0 + 1)^2}{x_0 + 2} > 0$.

综上，当 $m \leqslant 2$ 时，$F(x) > 0$.

解法分析：利用变换主元的思想解题比解法 1 更有优势.

解法小结：此题变换主元后在运算上变得更加简单.

『一题多思』

解法 1 是常规处理方法，对于恒成立问题需要进一步转化为最值问题，通过隐零点来求解. 而隐零点的函数值的计算需要利用指数对数代换，这是学生解题的一个难点，需要将 $e^{x_0} = \dfrac{1}{x_0 + m}$ 转化为 $\ln(x_0 + m) = -x_0$，进一步比较导数与零的大小. 最后要用到基本不等式来求函数值的范围，往往会漏掉取得等号的条件.

解法 2 通过转化成以 m 为主元的问题来说明，要证明该题只需要等价证明当 $m = 2$ 时 $f(x) > 0$ 即可. 该题是转化为不含"参数"的常规的恒成立问题，进一步转化为最值问题，最后通过隐零点来求解.

『试题推广』

该题是以指数函数、对数函数为载体的导函数的证明题目，其实质是一类恒成立问题，同时该题也是一类典型的考查隐零点问题的题目. 指数函数、对数函数是高考考查的重点，恒成立也是高考中的一大热点. 研究指数函数、对数函数问题时，通常按照"实际问题→函数概念→图象与性质→应用"的路径展开. 近年的高考中，以指数函数、对数函数为载体的导函数试题实在太多，可以依据本题进一步推广.

『一题多变』

变式1 已知函数 $f(x) = ae^{x-1} - \ln x + \ln a$. 若不等式 $f(x) \geq 1$ 恒成立,求 a 的取值范围.

变式分析: 教材习题是一个含有指数函数及对数函数的证明题目,给定参数的范围,证明恒成立问题,而该题相当于教材的一个逆向题目,已知恒成立,反过来求解参数的取值范围.

解法1: 通性通法.

由 $f(x) = ae^{x-1} - \ln x + \ln a$ 得 $f'(x) = ae^{x-1} - \dfrac{1}{x}$,且 $a > 0$.

设 $g(x) = f'(x)$,则 $g'(x) = ae^{x-1} + \dfrac{1}{x^2} > 0$,

所以 $g(x)$ 在 $(0, +\infty)$ 上单调递增,即 $f'(x)$ 在 $(0, +\infty)$ 上单调递增.

当 $a = 1$ 时,$f'(1) = 0$,所以 $f(x)_{\min} = f(1) = 1$,所以 $f(x) \geq 1$ 成立;

当 $a > 1$ 时,$\dfrac{1}{a} < 1$,所以 $e^{\frac{1}{a}-1} < 1$,所以 $f'\left(\dfrac{1}{a}\right) \times f'(1) = a\left(e^{\frac{1}{a}-1} - 1\right)(a-1) < 0$.

所以存在唯一的 $x_0 > 0$,使得 $f'(x_0) = ae^{x_0-1} - \dfrac{1}{x_0} = 0$,

且当 $x \in (0, x_0)$ 时 $f'(x) < 0$,当 $x \in (x_0, +\infty)$ 时 $f'(x) > 0$.

据此得 $ae^{x_0-1} = \dfrac{1}{x_0}$,变形得到 $\ln a + x_0 - 1 = -\ln x_0$,

因此 $f(x)_{\min} = f(x_0) = ae^{x_0-1} - \ln x_0 + \ln a = \dfrac{1}{x_0} + \ln a + x_0 - 1 + \ln a$

$$\geq 2\ln a - 1 + 2\sqrt{\dfrac{1}{x_0} \cdot x_0} = 2\ln a + 1 > 1,$$

所以 $f(x) > 1$,所以 $f(x) \geq 1$ 恒成立.

当 $0 < a < 1$ 时,$f(1) = a + \ln a < a < 1$,所以 $f(1) < 1$,$f(x) \geq 1$ 不恒成立.

综上所述,实数 a 的取值范围是 $[1, +\infty)$.

解法2: 同构解法.

由 $f(x) \geq 1$ 得 $ae^{x-1} - \ln x + \ln a \geq 1$,即 $e^{\ln a + x - 1} + \ln a + x - 1 \geq \ln x + x$,

而 $\ln x + x = e^{\ln x} + \ln x$,所以 $e^{\ln a + x - 1} + \ln a + x - 1 \geq e^{\ln x} + \ln x$.

令 $h(m) = e^m + m$,则 $h'(m) = e^m + 1 > 0$,所以 $h(m)$ 在 $\mathbf{R}$ 上单调递增.

由 $e^{\ln a + x - 1} + \ln a + x - 1 \geq e^{\ln x} + \ln x$,可知 $h(\ln a + x - 1) \geq h(\ln x)$,

所以 $\ln a + x - 1 \geq \ln x$,即 $\ln a \geq (\ln x - x + 1)_{\max}$.

令 $F(x) = \ln x - x + 1$,则 $F'(x) = \dfrac{1}{x} - 1 = \dfrac{1-x}{x}$.

所以当 $x \in (0, 1)$ 时,$F'(x) > 0$,$F(x)$ 单调递增;

当 $x \in (1, +\infty)$ 时，$F'(x) < 0$，$F(x)$ 单调递减.

所以 $\left[F(x)\right]_{\max} = F(1) = 0$，则 $\ln a \geq 0$，即 $a \geq 1$.

所以 a 的取值范围为 $a \geq 1$.

解法3：换元同构.

由题意知 $a > 0$，$x > 0$，令 $ae^{x-1} = t$，所以 $\ln a + x - 1 = \ln t$，所以 $\ln a = \ln t - x + 1$.

于是 $f(x) = ae^{x-1} - \ln x + \ln a = t - \ln x + \ln t - x + 1$.

由于 $f(x) \geq 1$，$t - \ln x + \ln t - x + 1 \geq 1 \Leftrightarrow t + \ln t \geq x + \ln x$，

而 $y = x + \ln x$ 在 $x \in (0, +\infty)$ 时为增函数，

故 $t \geq x$，即 $ae^{x-1} \geq x$，分离参数后有 $a \geq \dfrac{x}{e^{x-1}}$.

令 $g(x) = \dfrac{x}{e^{x-1}}$，得到 $g'(x) = \dfrac{e^{x-1} - xe^{x-1}}{e^{2x-2}} = \dfrac{e^{x-1}(1-x)}{e^{2x-2}}$.

当 $0 < x < 1$ 时，$g'(x) > 0$，$g(x)$ 单调递增；

当 $x > 1$ 时，$g'(x) < 0$，$g(x)$ 单调递减.

所以当 $x = 1$ 时，$g(x) = \dfrac{x}{e^{x-1}}$ 取得最大值为 $g(1) = 1$. 所以 $a \geq 1$.

解法4：特殊到一般.

因为定义域为 $(0, +\infty)$，且 $f(x) \geq 1$，所以 $f(1) \geq 1$，即 $a + \ln a \geq 1$.

令 $S(a) = a + \ln a$，则 $S'(a) = 1 + \dfrac{1}{a} > 0$，所以 $S(a)$ 在区间 $(0, +\infty)$ 内单调递增.

因为 $S(1) = 1$，所以 $a \geq 1$ 时，有 $S(a) \geq S(1)$，即 $a + \ln a \geq 1$.

下面证明当 $a \geq 1$ 时，$f(x) \geq 1$ 恒成立.

令 $T(a) = ae^{x-1} - \ln x + \ln a$，只需证明当 $a \geq 1$ 时，$T(a) \geq 1$ 恒成立即可.

因为 $T'(a) = e^{x-1} + \dfrac{1}{a} > 0$，所以 $T(a)$ 在区间 $[1, +\infty)$ 内单调递增，

则 $\left[T(a)\right]_{\min} = T(1) = e^{x-1} - \ln x$.

因此要证明 $a \geq 1$ 时，$T(a) \geq 1$ 恒成立，只需证明 $\left[T(a)\right]_{\min} = e^{x-1} - \ln x \geq 1$ 即可.

由 $e^x \geq x + 1$，$\ln x \leq x - 1$，得 $e^{x-1} \geq x$，$-\ln x \geq 1 - x$.

上面两个不等式两边相加可得 $e^{x-1} - \ln x \geq 1$，故 $a \geq 1$ 时，$f(x) \geq 1$ 恒成立.

当 $0 < a < 1$ 时，因为 $f(1) = a + \ln a < 1$，显然不满足 $f(x) \geq 1$ 恒成立，

所以 a 的取值范围为 $a \geq 1$.

解法分析：

解法1：利用导数判断函数 $f(x)$ 的单调性，求出其最小值，由 $f_{\min} \geq 0$ 即可求出 a 的取值范

围．虽稍显麻烦，但却是解此类题的通性通法．

解法2：利用同构思想将原不等式化成 $e^{\ln a + x - 1} + \ln a + x - 1 \geqslant e^{\ln x} + \ln x$，再根据函数 $h(m) = e^m + m$ 的单调性以及分离参数法即可求出 a 的取值范围，这是本题的最优解．

解法3：通过先换元，令 $ae^{x-1} = t$，再同构，可将原不等式化成 $t + \ln t \geqslant x + \ln x$，然后根据函数 $y = x + \ln x$ 的单调性以及分离参数法求出 a 的取值范围．

解法4：由特殊到一般，利用 $f(1) \geqslant 1$ 可得 a 的取值范围，再进行充分性证明即可．

变式2 已知函数 $f(x) = ae^x - \ln x - 1$．证明：当 $a \geqslant \dfrac{1}{e}$ 时，$f(x) \geqslant 0$．

变式分析：该题给定一个函数证明恒成立问题，其研究思路和教材习题一样．

解析：当 $a \geqslant \dfrac{1}{e}$ 时，$f(x) \geqslant \dfrac{e^x}{e} - \ln x - 1$，

设 $g(x) = \dfrac{e^x}{e} - \ln x - 1$，则 $g'(x) = \dfrac{e^x}{e} - \dfrac{1}{x}$，

当 $0 < x < 1$ 时，$g'(x) < 0$；当 $x > 1$ 时，$g'(x) > 0$．

所以 $x = 1$ 是 $g(x)$ 的最小值点．

故当 $x > 0$ 时，$g(x) \geqslant g(1) = 0$．

因此，当 $a \geqslant \dfrac{1}{e}$ 时，$f(x) \geqslant 0$．

变式3 已知函数 $f(x) = (2 + x + ax^2)\ln(1 + x) - 2x$．若 $a = 0$，证明：当 $-1 < x < 0$ 时，$f(x) < 0$；当 $x > 0$ 时，$f(x) > 0$．

变式分析：该题需要分段证明，其解题思路和教材题目一样．

解析：$f'(x) = \ln(1 + x) + \dfrac{2 + x}{x + 1} - 2 = \ln(1 + x) + \dfrac{1}{1 + x} - 1$，

$f''(x) = \dfrac{1}{x + 1} = \dfrac{1}{(x + 1)^2}$，令 $f''(x) \geqslant 0 \Rightarrow x \geqslant 0$，

所以 $x \geqslant 0$ 时 $f'(x)$ 递增，$-1 \leqslant x < 0$ 时 $f'(x)$ 递减．

又因为当 $x = 0$ 时，$f'(x) = 0$，

所以 $f'(x) \geqslant 0$ 恒成立，又 $f'(x) = 0$，

所以得证：当 $-1 \leqslant x \leqslant 0$ 时，$f(x) < 0$；当 $x > 0$ 时，$f(x) > 0$．

变式4 设函数 $f(x) = \ln(a - x)$，已知 $x = 0$ 是函数 $y = xf(x)$ 的极值点．设函数 $g(x) = \dfrac{x + f(x)}{xf(x)}$，

(1)求 a．

(2)设函数 $g(x) = \dfrac{x + f(x)}{xf(x)}$，证明：$g(x) < 1$．

变式分析:该题需要注意定义域,在变式3的基础上增加了一定难度,也需要分段处理.

解析:(1)由$f(x) = \ln(a - x) \Rightarrow f'(x) = \dfrac{1}{x - a}$,

$y = xf(x) \Rightarrow y' = \ln(a - x) + \dfrac{x}{x - a}$,

又因为$x = 0$是函数$y = xf(x)$的极值点,所以$y'(0) = \ln a = 0$,解得$a = 1$.

对于第(2)问,有以下几种解法:

解法1:转化为有分母的函数.

由(1)知,$g(x) = \dfrac{x + \ln(1 - x)}{x\ln(1 - x)} = \dfrac{1}{\ln(1 - x)} + \dfrac{1}{x}$,其定义域为$(-\infty, 0) \cup (0, 1)$.

要证$g(x) < 1$,即证$\dfrac{1}{\ln(1 - x)} + \dfrac{1}{x} < 1$,即证$\dfrac{1}{\ln(1 - x)} < 1 - \dfrac{1}{x} = \dfrac{x - 1}{x}$.

①当$x \in (0, 1)$时,$\dfrac{1}{\ln(1 - x)} < 0, \dfrac{x - 1}{x} < 0$,即证$\ln(1 - x) > \dfrac{x}{x - 1}$.

令$F(x) = \ln(1 - x) - \dfrac{x}{x - 1}$,因为$F'(x) = \dfrac{-1}{1 - x} - \dfrac{-1}{(x - 1)^2} = \dfrac{x}{(x - 1)^2} > 0$,

所以$F(x)$在区间$(0, 1)$内为增函数,所以$F(x) > F(0) = 0$.

②当$x \in (-\infty, 0)$时,$\dfrac{1}{\ln(1 - x)} > 0, \dfrac{x - 1}{x} > 0$,即证$\ln(1 - x) > \dfrac{x}{x - 1}$,

由①分析知$F(x)$在区间$(-\infty, 0)$内为减函数,所以$F(x) > F(0) = 0$.

综合①②有$g(x) < 1$.

解法2:转化为无分母函数.

由(1)得$f(x) = \ln(1 - x), g(x) = \dfrac{x + f(x)}{xf(x)} = \dfrac{x + \ln(1 - x)}{x\ln(1 - x)}, x < 1$且$x \neq 0$,

当$x \in (0, 1)$时,要证$g(x) = \dfrac{x + \ln(1 - x)}{x\ln(1 - x)} < 1$,

因为$x > 0, \ \ln(1 - x) < 0$,所以$x\ln(1 - x) < 0$,

即证$x + \ln(1 - x) > x\ln(1 - x)$,化简得$x + (1 - x)\ln(1 - x) > 0$;

同理,当$x \in (-\infty, 0)$时,要证$g(x) = \dfrac{x + \ln(1 - x)}{x\ln(1 - x)} < 1$,

因为$x < 0, \ \ln(1 - x) > 0$,所以$x\ln(1 - x) < 0$,即证$x + \ln(1 - x) > x\ln(1 - x)$,

化简得$x + (1 - x)\ln(1 - x) > 0$.

令$h(x) = x + (1 - x)\ln(1 - x)$,再令$t = 1 - x$,则$t \in (0, 1) \cup (1, +\infty), x = 1 - t$,

令$\varphi(t) = 1 - t + t\ln t, \varphi'(t) = -1 + \ln t + 1 = \ln t$,

当$t \in (0, 1)$时,$\varphi'(t) < 0, \varphi(t)$单调递减,故$\varphi(t) > \varphi(1) = 0$;

当$t \in (1, +\infty)$时，$\varphi'(t) > 0$，$\varphi(t)$单调递增，故$\varphi(t) > \varphi(1) = 0$.

综上所述，$g(x) = \dfrac{x + \ln(1-x)}{x\ln(1-x)} < 1$在$x \in (-\infty, 0) \bigcup (0, 1)$恒成立.

解法3：利用导数不等式中的常见结论证明.

令$\varphi(x) = \ln x - (x-1)$，因为$\varphi'(x) = \dfrac{1}{x} - 1 = \dfrac{1-x}{x}$，

所以$\varphi(x)$在区间$(0, 1)$上是增函数，在区间$(1, +\infty)$上是减函数，

所以$\varphi(x) \leqslant \varphi(1) = 0$，即$\ln x \leqslant x - 1$（当且仅当$x = 1$时取等号）.

故当$x < 1$且$x \neq 0$时，$\dfrac{1}{1-x} > 0$且$\dfrac{1}{1-x} \neq 1$，$\ln \dfrac{1}{1-x} < \dfrac{1}{1-x} - 1$，

即$-\ln(1-x) < \dfrac{x}{1-x}$，所以$\ln(1-x) > \dfrac{x}{x-1}$.

①当$x \in (0, 1)$时，$0 > \ln(1-x) > \dfrac{x}{x-1}$，所以$\dfrac{1}{\ln(1-x)} < \dfrac{x-1}{x} = 1 - \dfrac{1}{x}$，

即$\dfrac{1}{\ln(1-x)} + \dfrac{1}{x} < 1$，所以$g(x) < 1$.

②当$x \in (-\infty, 0)$时，$\ln(1-x) > \dfrac{x}{x-1} > 0$，同理可证$g(x) < 1$.

综合①②得，当$x < 1$且$x \neq 0$时，$\dfrac{x + \ln(1-x)}{x\ln(1-x)} < 1$，即$g(x) < 1$.

解法分析：第(2)问的解法1利用不等式的性质分类转化分式不等式：当$x \in (0, 1)$时，转化为证明$\ln(1-x) > \dfrac{x}{x-1}$，当$x \in (-\infty, 0)$时，转化为证明$\ln(1-x) > \dfrac{x}{x-1}$，然后构造函数，利用导数研究单调性，进而证得.

解法2利用不等式的性质分类讨论分别转化为整式不等式：当$x \in (0, 1)$时，$x + (1-x)\ln(1-x) > 0$成立，当$x \in (-\infty, 0)$时，$x + (1-x)\ln(1-x) > 0$成立，然后换元构造，利用导数研究单调性进而证得，此为通性通法，运算简洁，为最优解.

解法3先构造函数$\varphi(x) = \ln x - (x-1)$，利用导数分析单调性，证得常见常用结论$\ln x \leqslant x - 1$（当且仅当$x = 1$时取等号），然后换元得到$\ln(1-x) > \dfrac{x}{x-1}$，分类讨论，利用不等式的基本性质证得要证的不等式，有一定的巧合性.

『习题启发』

【对课堂教学的思考】

教学课堂还是要回归教材，在导函数的教学中，要注重对一些含参函数进行讨论，关注恒成立问题.

【对解题教学的思考】

让学生多积累一些方法来解决零点问题,尤其是隐零点问题,这是解题过程中的一个难点,可以通过适当变换主元,将问题转化,同构式的解法思想在解题过程中也较为重要.

『高考预测』

高考主要以指数函数、对数函数为载体的导数题目为主进行考查,而以三角函数为背景的题目已逐渐成为一种趋势,例如下题:

已知函数 $f(x) = 2\sin x - x\cos x - x$,$f'(x)$ 为 $f(x)$ 的导数. 若 $x \in [0, \pi]$ 时,$f(x) \geqslant ax$,求 a 的取值范围.

解析: 由题设知 $f(\pi) \geqslant a\pi$,$f(\pi) = 0$,可得 $a \leqslant 0$.

$f'(x)$ 在 $(0, \pi)$ 只有一个零点,设为 x_0,

当 $x \in (0, x_0)$ 时,$f'(x) > 0$,当 $x \in (x_0, \pi)$ 时,$f'(x) < 0$,

所以 $f(x)$ 在 $(0, x_0)$ 单调递增,在 (x_0, π) 单调递减.

又因为 $f(0) = 0$,$f(\pi) = 0$,所以,当 $x \in [0, \pi]$ 时,$f(x) \geqslant 0$.

当 $a \leqslant 0$,$x \in [0, \pi]$ 时,$ax \leqslant 0$,故 $f(x) \geqslant ax$.

因此,a 的取值范围是 $(-\infty, 0]$.

"参数"扑朔迷离   "分类"有条有理

修文中学   刘天发

『习题再现』

《高中数学(A版)》(必修第一册)第一章第三节"集合的基本运算"综合运用第5题:

设集合$A = \{x|(x-3)(x-a) = 0, a \in \mathbf{R}\}, B = \{x|(x-4)(x-1) = 0\}$,求$A \bigcup B, A \bigcap B$.

『习题分析』

【习题情境】本题通过集合的描述法来表示集合,集合的元素是一元二次方程的实数根,而两个集合中的一元二次方程都是两个因式乘积的形式. 命题者对学生的数学素养的考查分两个方面:第一,学生是否能用列举法表示集合的元素;第二,学生是否理解集合的基本运算"并集"和"交集"的本质.

【思路分析】把用描述法表示的有限集用列举法表示出来,关键看集合的元素是否能表示出来. 集合B的元素中不含参数,学生就能很好地用列举法表示出来,这一步的难度与教材中相关例题的难度持平;而对于集合A,其关系式中有一个变化的参数a,这就需要学生去辨析参数a的取值. 参数a的变化决定了集合A元素的变化,这需要学生联系集合的元素的特征(互异性)来分析问题:参数a在什么情况下,集合A的元素是一个? 参数a在什么情况下,集合A的元素是两个? 只要学生能够发现这两个问题,他们就可以用"分类"的方法客观地列举出集合A的元素. 但是,在作业批改中发现,有相当一部分学生忽略了参数a的变化,认为集合A的元素就是两个,而且还想当然地认为a不能等于3,1和4中的任何一个. 学生的这种简单的想法,说明其对含参方程缺乏系统的认识.

【知识考点】学生经历初中数学知识的学习过程,已经知道如何解一元二次方程. 在本题中,要求学生知道由等式"$ab = 0$"可以得到结论"$a = 0$,或$b = 0$",这是用因式分解法解一元二次方程的依据. 据此,几乎每一个学生都能够很容易地知道集合B有两个元素1和4,可以很顺利地把集合B的描述法表示成功转化为列举法表示,写成"$B = \{1, 4\}$"的形式,这属于"复习巩固"层面的要求.

从数学基本技能领悟的角度看,对于集合 A,学生当然可以模仿对集合 B 的处理思路来处理,但是在由描述法向列举法转化的过程中,还要求学生考虑到集合中元素的互异性,这样学生就很容易在此犯下"顾此失彼"的错误,显然,这对学生数学能力的要求提升了,达到了"综合应用"的层面.

『一题多解』

解法1:对集合 A 的元素个数进行讨论.

解析:分类讨论如下:

①若集合 A 有且只有一个元素,则 $a = 3$,故 $A = \{3\}$,则 $A \cup B = \{1, 3, 4\}$,$A \cap B = \varnothing$;

②若集合 A 有且只有两个元素,则 $a \neq 3$,故 $A = \{a, 3\}$,再考虑 a 是否为 1、4 或者其他实数.

当 $a = 1$ 时,$A \cup B = \{1, 3, 4\}$,$A \cap B = \{1\}$;

当 $a = 4$ 时,$A \cup B = \{1, 3, 4\}$,$A \cap B = \{4\}$;

当 $a \neq 3$,且 $a \neq 1$,且 $a \neq 4$ 时,$A \cup B = \{1, 3, 4, a\}$,$A \cap B = \varnothing$.

综上,当 $a = 3$ 时,$A \cup B = \{1, 3, 4\}$,$A \cap B = \varnothing$;

当 $a = 1$ 或 $a = 4$ 时,$A \cup B = \{1, 3, 4\}$,$A \cap B = \{a\}$;

当 $a \notin \{1, 3, 4\}$ 时,$A \cup B = \{1, 3, 4, a\}$,$A \cap B = \varnothing$.

解法小结:由于参数 a 的变化,集合 A 的元素个数也在发生变化. 从集合 A 的元素个数入手进行分类讨论,这是大多数学生都能够在第一时间内想到的解法. 根据集合 A 中方程的特征,可以断定集合 A 的元素个数至少有一个,至多有两个,这是发现问题的开始. 本题在此种解法中,还应用了从特殊开始,进一步推广到一般的研究路径去对 a 进行分类,最后用"概括"的想法整合成规范的解答结果,这是"先分类,后整合"的一种数学表达方式,这个方式中的"整合"可以很好地培养学生的数学"概括"能力,能够引领学生精准地把数学想法表达出来.

解法2:对集合 $A \cup B$ 的元素个数进行讨论.

解析:分类讨论如下:

①若集合 $A \cup B$ 有且只有三个元素,此时 $a \in \{1, 3, 4\}$,且 $A \cup B = \{1, 3, 4\}$.

当 $a = 1$ 时,$A \cap B = \{1\}$;

当 $a = 4$ 时,$A \cap B = \{4\}$;

当 $a = 3$ 时,$A \cap B = \varnothing$.

②若集合 $A \cup B$ 有且只有四个元素,则 $a \notin \{1, 3, 4\}$,且 $A \cup B = \{1, 3, 4, a\}$,此时必

然有 $A \cap B = \varnothing$.

综上,当 $a \in \{1,3,4\}$ 时,$A \cup B = \{1,3,4\}$;

当 $a \notin \{1,3,4\}$ 时,则 $A \cup B = \{1,3,4,a\}$.

当 $a = 1$ 或 $a = 4$ 时,$A \cap B = \{a\}$;当 $a \notin \{1,4\}$ 时,$A \cap B = \varnothing$.

解法小结: 由于集合 B 有两个元素:1 和 4,而 $3 \in A$,且 $3 \notin B$,故集合 $A \cup B$ 的元素个数至少有三个,至多有四个,什么时候是三个元素,什么时候又是四个元素,依然成了"新分类"的依据. 只是具有这种整体思维的学生不太多,我们在教学中,应该鼓励学生多用这种整体思维的模式考虑问题,培养学生解决问题的思维灵巧性.

解法3: 对集合 $A \cap B$ 的元素个数进行讨论.

解析: 分类讨论如下:

①若集合 $A \cap B = \varnothing$,此时 $a \notin \{1,4\}$.

当 $a = 3$ 时,$A \cup B = \{1,3,4\}$;

当 $a \notin \{1,3,4\}$ 时,$A \cup B = \{1,3,4,a\}$.

②若集合 $A \cap B$ 的元素是 1 个时,则 $A \cap B = \{a\}$,此时 $a = 1$ 或 $a = 4$. 进一步得到集合 $A \cup B = \{1,3,4\}$.

综上,当 $a = 1$ 或 $a = 4$ 时,$A \cap B = \{a\}$;

当 $a \notin \{1,4\}$ 时,$A \cap B = \varnothing$.

当 $a \in \{1,3,4\}$ 时,$A \cup B = \{1,3,4\}$;

当 $a \notin \{1,3,4\}$ 时,$A \cup B = \{1,3,4,a\}$.

解法小结: 由于集合 $B = \{1,4\}$,而 $3 \in A$,且 $3 \notin B$,因此根据实数 a 的取值变化,考虑集合 $A \cap B$ 的元素个数的情况,只有两种:零个或一个,至于集合 $A \cap B$ 什么时候是零个元素,什么时候是一个元素,这也是"新分类"的依据. 这当然也要求学生具备从整体方面思维考虑问题的能力.

『一题多思』

回顾上述三种不同的解法容易知道,集合 B 一共有两个元素,可以写成这样的形式:$B = \{x \mid (x-4)(x-1) = 0\} = \{1,4\}$. 而集合 A 的元素个数是多少个呢?需要学生想清楚,这不是机械地、简单地模仿就能得出结果的. 事实上,集合 A 的元素个数是需要根据参数 a 的变化而确定的,要么有一个元素,要么有两个元素.

解决一个问题的思维角度不应该是单一的. 不满足于一种思路,变换角度去思考同一个问题,解决问题的视野就会开阔很多. 如果自己的确想不出来,我们可以考虑"借鉴"他人的优秀想法,"他山之石,可以攻玉",未尝不是好的学习经验呢?

比如,根据集合并集运算的本质,研究集合 $A \cup B$ 的元素个数,思维的抽象性就提高了. 由于集合 B 有两个元素:1和4,而 $3 \in A$,且 $3 \notin B$,如果 $a \in \{1,3,4\}$,集合 $A \cup B$ 的元素都是三个;如果 $a \notin \{1,3,4\}$,集合 $A \cup B$ 的元素都是四个.

再如,根据集合交集运算的本质,研究集合 $A \cap B$ 的元素个数,由于集合 $B = \{1,4\}$,而 $3 \in A$,且 $3 \notin B$,故集合 $A \cap B$ 的元素个数的多少,依然取决于参数 a 的取值的变化情况. 如果 $A \cap B$ 为空集,元素个数就是零个;如果 $A \cap B$ 不为空集,元素个数就是一个.

『教材溯源』

【从"四基"到"四能"的分析】

教材习题对学生学习数学的能力,按照由低到高分为三个档次:复习巩固、综合应用、拓广探究. 上面选取的这道题在教材中出现的位置就是"综合应用"层面. 笔者认为,如果教师能够"用心"打理,把本题作为"母题"进行必要挖掘,在教学过程中有意识地引导学生加以深入探究,在培养学生数学素养方面,本题具有很好的育人价值. 本题对学生数学能力的检测有数学知识、数学思想和数学能力等三个方面的要求,能够达到提升学生的数学学科核心素养的部分目标,是培养高一年级学生在科学精神和创新意识方面"好情境"的一个学习载体.

基础知识层面:刚进入高一年级的学生,已经熟练掌握了实数的乘法运算性质,熟悉用因式分解法解一元二次方程的依据. 根据这个基础,几乎每一个学生都能够很容易地知道集合 B 有两个元素1和4,可以很顺利地把集合 B 的描述法表示成功转化为列举法表示,写成"$B = \{1,4\}$"的形式,这属于"复习巩固"层面的要求. 此外,在解决本题的过程中,学生明白集合基本运算 $A \cup B$ 和 $A \cap B$ 的本质是什么. 显然,这也是"复习巩固"层面的要求.

基本技能层面:对于集合 A,学生当然可以模仿对集合 B 的处理思路来处理集合 A,但是在由描述法向列举法的转化过程中,还要求学生考虑到集合中元素的互异性,这样学生就很容易在此犯下"顾此失彼"的错误,显然本题对学生数学能力的要求提升了,达到了"综合应用"的层面. 这是因为对集合 A 的分析过程,能够检测到学生的数学"四大"能力,具体表现在:

①发现问题的能力——集合 B 有两个元素,那么集合 A 也有两个元素吗?(这是促进问题正确分析的初始愿望.)

②提出问题的能力——集合 A 到底有多少个元素?(这是对"发现问题"进行批判性接纳的质疑过程.)

③分析问题的能力——集合 A 有一个元素还是两个元素? 分辨依据是什么? 是不是与参数 a 的变化有关呢?(这是在联想学习过的数学知识"集合中元素的互异性"寻找解题方案的过程.)

④解决问题的能力——如何研究参数 a 的变化探究集合 A 的元素个数?(对参数 a 的变

化进行合理"分类",可以让"集合 A 的元素个数"的研究"豁然开朗",如果 $a = 3$,集合 A 就有一个元素;如果 $a \neq 3$,集合 A 就有两个元素.)

上述数学能力中,会提出问题是关键,探求研究思路有助于在分析问题的过程中快速找到有效解决问题的大致方向,所以学会提出问题某些时候比如何解决问题显得更重要.

基本思想层面:本题涉及数学基本思想的表现形式也特别丰富,其中最主要的就是"分类". 此外,本题还涉及了数学思想的其他表现形式,涵盖了归纳、抽象和演绎等方面. 就"分类"而言,首先需要考虑"如何分类"这个数学策略,其根本原则就是:从特殊到一般,从简单到复杂. 比如以 $a = 3$ 为起点研究集合 A 的元素个数,这就是从特殊情况出发的很好例证,借助这个特殊性为"题眼",就会轻易地发现问题:当 $a \neq 3$ 时,情况又有新的变化,实现了从特殊到一般的数学思维策略,体现了从简单到复杂的思维过程.

基本活动经验层面:通过本题的问题情境,可以根据上面拟定的"数学四大能力"的顺序去设置提问方向,启发学生形成正确思考问题,特别是独立思考问题的习惯,引导学生通过把握数学基本内容去探索数学问题、领悟数学方法、正确表达数学意思等一系列具体的数学核心素养.

【学情分析】

这是一道源于高一教材的习题,了解刚从初三升入高一年级学生的知识背景,可以方便我们循序渐进地设置与他们产生共鸣的问题. 以"方程"为例,他们学过哪些方程?一元一次方程、一元二次方程、二元一次方程(组)等的解法. 在集合教学中,以方程的解法为出发点设置问题,符合学生的"胃口". 适当给一点陷阱,慢慢地培养他们形成分类的习惯,培养学生养成严谨的数学思维习惯.

比如提问:已知 $a \in \mathbf{R}$,关于 x 的方程 $ax^2 - 3x + 2 = 0$ 是哪种方程?学生都会一口"咬定":一元二次方程. 这种认知对于解决下面的两个问题会得到不全面的答案.

问题 1 已知 $a \in \mathbf{R}$,集合 $\{x | ax^2 - 4x + 2 = 0\}$ 仅有一个元素,求 a 的值.

很多学生会得到答案 $a = 2$,漏掉答案 $a = 0$. 这种错误的出现体现了学生缺乏"分类"的意识.

问题 2 已知 $a \in \mathbf{R}$,集合 $A = \{x | ax = 2\}$,$B = \{x | (x - 3)(x - 5) = 2\}$,如果满足关系式 $A \cup B = B$,用列举法写出 a 的可能值构成的集合.

很多学生会得出错误答案 $\left\{\dfrac{2}{3}, \dfrac{2}{5}\right\}$,与正确答案 $\left\{0, \dfrac{2}{3}, \dfrac{2}{5}\right\}$ 失之交臂. 出错的原因是这部分学生还不具备"分类"的数学素养.

『一题多变』

变式 1　已知集合 $A = \{x \mid x^2 + ax - 12 = 0\}, B = \{x \mid 2x^2 + bx + 8 = 0\}$，且 $A \cap B = \{2\}$，求 ab 的值.

变式分析：在变式中，集合 A 和 B 的元素是关于 x 的一元二次方程的根，与教材中习题的难度差异不大，但是在解决问题的过程中，可以关注到"方程"的本质，从知识层面看，从一元二次方程中衍生出一元一次方程，也是对方程进行"分类"的体现. 从数学核心素养的角度分析，$A \cap B$ 本质上也体现了元素 2 的归属问题，元素 2 就是两个不同"分类"对象的共同特性，把元素 2 依次代入两个不同的方程中，这依然是"分类"的体现.

解析：因为 $A \cap B = \{2\}$，所以 $2 \in A$，故方程 $x^2 + ax - 12 = 0$ 有一个根是 2，于是得到一个关于 a 的一元一次方程 $4 + 2a - 12 = 0$，解之得 $a = 4$；

同样，因为 $2 \in B$ 知方程 $2x^2 + bx + 8 = 0$ 有一个根是 2，于是关于 b 的一元一次方程 $2 \times 2^2 + 2b + 8 = 0$，解之得 $b = -8$.

所以 $ab = -32$.

变式 2　已知 $a, b \in \mathbf{R}$，设集合 $A = \{x \mid 1 < x \leqslant a\}, B = \{x \mid 2 \leqslant x < b\}$，若 $A \cap B = \{x \mid 2 \leqslant x \leqslant 3\}, A \cup B = \{x \mid 1 < x < 5\}$，求 $a + b$ 的值.

变式分析：在变式中，把集合 A 和 B 都设置成了无限集，对于题设条件来说，比教材中的习题稍微复杂一点，而画数轴表示不等式的过程中，考虑哪种不等式可以取到端点，哪种不等式又不可以取到端点，这显然也构成了"分类"；此外，把两个集合的交集运算和并集运算作为条件同时设置在题目中，学生就必须"分类"辨析 $A \cap B$ 和 $A \cup B$ 的本质，可以提高问题的综合性；在解决问题中，有意识地引导学生使用"数轴"作为工具，进一步深入理解 $A \cap B$ 和 $A \cup B$ 的本质，促成学生对数学核心素养的"数学基本知识"的深入理解.

解析：因为 $A \cap B \neq \varnothing$，故 $A \neq \varnothing$，且 $B \neq \varnothing$，所以 $a > 1, b > 2$.

通过在同一个数轴上画出不等式 $1 < x \leqslant a$ 和不等式 $2 \leqslant x < b$ 表示的区域（图形在此省略），结合 $A \cap B$ 的区域可得 $a = 3$，再结合 $A \cup B$ 可得 $b = 5$，故 $a + b = 8$.

变式 3　（多选题）设集合 $S = \{s \mid s = 2n + 1, \ n \in \mathbf{Z}\}$，如果 $S \cup T = S$，那么集合 T 可以是（　　）.

A. $\{t \mid t = 4n + 1, \ n \in \mathbf{Z}\}$　　　　B. $\{t \mid t = 4n + 3, \ n \in \mathbf{Z}\}$

C. $\{t \mid t = 4n + 2, \ n \in \mathbf{Z}\}$　　　　D. $\{t \mid t = 2n - 1, \ n \in \mathbf{Z}\}$

变式分析：变式是根据 2021 年全国乙卷第 2 题改编而成，能够检测学生对"数学基本概念"理解层面的基本功. 在变式 3 中，检测了学生需要理解数学基础知识 $S \cup T = S \Leftrightarrow T \subseteq S$ 的本质，选项中的参数 n 的变化，让学生很难把正确答案全部都选出来，这是考查学生数学素养的"好题",在考试中具有一定的区分度. 本题设计的数学基本思想的表现形式还是"分类",有对奇数集合和偶数集合的本质认识,也有对以数字"4"的余数为标准的"分类"暗示.

解析:因为 $S \cup T = S$,所以 $T \subseteq S$,通过抽象思考发现,集合 $\{t|t = 4n+1, n \in \mathbf{Z}\}$ 和集合 $\{t|t = 4n+3, n \in \mathbf{Z}\}$ 都是集合 S 的真子集,而集合 $\{t|t = 2n-1, n \in \mathbf{Z}\}$ 与集合 S 相等,因此选 ABD.

『习题启发』

【对课堂教学的思考】

高中数学课堂教学分两步走:

第一步,教知识的生成过程,包括数学概念、数学定理、数学方法和数学思想. 但是,数学教学脱离不了解题,例题是解题,课堂练习也是解题,课后作业还是解题.

第二步,教学生如何解题,包括题设条件分析,题目知识与教材知识的衔接与联系,问题问了什么,怎样发现问题,怎么提出问题,具体问题如何分析,解决问题的方案拟定,解题成果如何扩大,等等.

【对解题教学的思考】

(1)一些简单的竞赛题可以在学习相关知识时进入课堂.

问题 2021年全国高中数学联合竞赛一试(A卷)填空题第2题:

设集合 $A = \{1, 2, m\}$,其中 m 为实数. 令 $B = \{a^2|a \in A\}$,$C = A \cup B$. 若 C 的所有元素之和为6,则 C 的所有元素之积为_____.

解析:由集合元素的互异性可知 $m \neq 1, m \neq 2$. 根据集合 B 的元素个数来考虑 m 的值,集合 B 至少有两个元素,至多有三个元素,因此 $m^2 = m$ 和 $m^2 \neq m$ 分两种情况考虑.

情况一:如果集合 B 恰好有两个元素,则

①若 $m^2 = m$,结合 $m \neq 1$,则 $m = 0$,此时 $A = \{1, 2, 0\}$,$B = \{1, 4, 0\}$,故 $C = \{1, 2, 4, 0\}$,即 C 的所有元素之和为7,不符合题意;

②若 $m^2 = 4$,结合 $m \neq 2$,则 $m = -2$,此时 $A = \{1, 2, -2\}$,$B = \{1, 4\}$,故 $C = \{1, 2, -2, 4\}$,即 C 的所有元素之和为5,不符合题意;

③若 $m^2 = 1$,结合 $m \neq 1$,则 $m = -1$,此时 $A = \{1, 2, -1\}$,$B = \{1, 4\}$,故 $C = \{1, 2, -1, 4\}$,即 C 的所有元素之和为6,符合题意,进一步得 C 的所有元素之积为 -8.

情况二:如果集合 B 恰好有三个元素,则 $m^2 \neq m$,则 $A = \{1, 2, m\}$,$B = \{1, 4, m^2\}$,故 $C = \{1, 2, 4, m, m^2\}$,由题意建立关于实数 m 的一元二次方程方程 $1 + 2 + 4 + m + m^2 = 6$,化简可得 $m^2 + m + 1 = 0$,显然此方程无实数根.

综上,$m = -1$,集合 C 的所有元素之积为 -8.

（2）简单的高考真题也可以在学习相关知识时"提前"进入课堂.

问题1 （2023·新高考Ⅱ卷·2）设集合 $A=\{0,-a\}$，$B=\{1,a-2,2a-2\}$，若 $A\subseteq B$，则 $a=($ ）.

A.2　　　　B.1　　　　C.$\dfrac{2}{3}$　　　　D.-1

问题2 （2023·课标甲卷·理·1）设 U 为整数集，集合 $A=\{x|x=3k+1,k\in\mathbf{Z}\}$，$B=\{x|x=3k+2,k\in\mathbf{Z}\}$，则集合 $\complement_U(A\cup B)=($ ）.

A.$A=\{x|x=3k,k\in\mathbf{Z}\}$　　　　B.$A=\{x|x=3k-1,k\in\mathbf{Z}\}$

C.$A=\{x|x=3k-2,k\in\mathbf{Z}\}$　　　　D.$\varnothing$

问题3 （2023·课标乙卷·理·1）设集合 $U=\mathbf{R}$，集合 $M=\{x|x<1\}$，$N=\{x|-1<x<2\}$，则 $\{x|x\geqslant2\}=($ ）.

A.$\complement_U(M\cup N)$　　　B.$N\cup\complement_UM$　　　C.$\complement_U(M\cap N)$　　　D.$M\cup\complement_UN$

【参考答案】问题1：B. 问题2：A. 问题3：A.

『模拟训练』

1.若 $\{1,\sqrt{a}\}\subseteq\{1,2,4,a^2\}$，求 a 的值.

考查目标：子集含义的理解，渗透分类与整合的数学思想.

解析：

①当 $\sqrt{a}=2$ 时，即 $a=4$，则 $\{1,\sqrt{a}\}=\{1,2\}$，$\{1,2,4,a^2\}=\{1,2,4,16\}$，符合题意.

②当 $\sqrt{a}=4$ 时，即 $a=16$，则 $\{1,\sqrt{a}\}=\{1,4\}$，$\{1,2,4,a^2\}=\{1,2,4,256\}$，符合题意.

③当 $\sqrt{a}=a^2$ 时，即 $a=0$，或 $a=1$.

如果 $a=0$，则 $\{1,\sqrt{a}\}=\{1,0\}$，$\{1,2,4,a^2\}=\{1,2,4,0\}$，符合题意；

如果 $a=1$，则 $\sqrt{a}=1$，$a^2=1$，显然与集合中元素的互异性矛盾，应该舍去.

综上，a 的值是0，或4，或16.

2.若 $\{0,-1,2a\}=\{a-1,-|a|,a+1\}$，求 a 的值.

考查目标：集合相等的概念的理解，渗透分类与整合的数学思想.

解析：

①若 $a-1=0$，即 $a=1$，则 $\{0,-1,2a\}=\{0,-1,2\}$，而 $\{a-1,-|a|,a+1\}=\{0,-1,2\}$，符合题意；

②若 $a - 1 = -1$,即 $a = 0$,则 $2a = 0$,与集合中元素的互异性矛盾,应舍去;

③若 $a - 1 = 2a$,即 $a = -1$,则 $\{0, -1, 2a\} = \{0, -1, -2\}$,而 $\{a - 1, -|a|, a + 1\} = \{-2, -1, 0\}$,符合题意;

④若 $-|a| = 0$,即 $a = 0$,同②;

⑤若 $-|a| = -1$,即 $a = \pm 1$,同①和③;

⑥若 $-|a| = 2a$,即 $a = 0$,同②;

⑦若 $a + 1 = 0$,即 $a = -1$,同③;

⑧若 $a + 1 = -1$,即 $a = -2$,则 $\{0, -1, 2a\} = \{0, -1, -4\}$,而 $\{a - 1, -|a|, a + 1\} = \{-3, -2, -1\}$,不符合题意;

⑨若 $a + 1 = 2a$,即 $a = 1$,同①.

综上, a 的值是 1 或 -1.

3.已知集合 $A = \{1, 3, n\}, B = \{n^2, 1\}$,且 $A \cup B = A$,求实数 n 的值.

考查目标: $A \cup B = A \Leftrightarrow B \subseteq A$,渗透特殊与一般、分类与整合的数学思想.

解析:

考虑到集合元素的互异性,可以知道 $n \neq 1, n^2 \neq 1$,由 $A \cup B = A$ 得 $B \subseteq A$. 据此讨论如下:

①若 $n^2 = 3$,则 $n = \pm\sqrt{3}$,经检验,符合题意;

②若 $n^2 = n$,则 $n = 0$ 或 $n = 1$,经检验, $n = 0$ 符合题意.

综上, a 的值是 0,或 $\sqrt{3}$,或 $-\sqrt{3}$.

4.已知集合 $A = \{x | 2a + 1 \leqslant x \leqslant 3a - 5\}, B = \{x | 3 \leqslant x \leqslant 22\}$,如果 $A \cap B = A$,求实数 a 的取值范围.

考查目标: $A \cap B = A \Leftrightarrow A \subseteq B$,渗透特殊与一般、分类与整合的数学思想.

解析:

由 $A \cap B = A$ 得 $A \subseteq B$,据此可考虑 $A = \varnothing$ 与 $A \neq \varnothing$ 两种情况,讨论如下:

①若 $A = \varnothing$,则 $2a + 1 > 3a - 5$,故 $a < 6$;

②若 $A \neq \varnothing$,则需要解下列一元一次不等式组:

$$\begin{cases} a \geqslant 6, \\ 2a + 1 \geqslant 3, \\ 3a - 5 \leqslant 22, \end{cases} \quad 即 \begin{cases} a \geqslant 6, \\ a \geqslant 1, \\ a \leqslant 9, \end{cases} 解得 6 \leqslant a \leqslant 9.$$

综上, a 的取值范围是 $a \leqslant 9$.

圆锥曲线之基　定义花苞待开

贵州省实验中学　　魏子鑫

『习题再现』

《高中数学(A版)》(选择性必修第一册)第三章"圆锥曲线方程"例1：

已知椭圆的两个焦点坐标分别是$(-2,0),(2,0)$，并且经过点$\left(\dfrac{5}{2},-\dfrac{3}{2}\right)$，求它的标准方程．

『解题分析』

【试题情境】

圆锥曲线与科研、生产以及人类生活有着紧密的关系，如：行星绕太阳运行的轨道是椭圆，发电厂冷却塔的外形线是双曲线，探照灯反射镜面、卫星接收天线是抛物线绕其对称轴旋转所成的抛物面，等等．

圆锥曲线的发现与研究始于古希腊．当时人们用纯几何的方法研究这些与圆密切相关的曲线，它们的几何性质是圆的几何性质的自然推广．17世纪，笛卡儿发明了坐标系，人们开始借助坐标系，运用代数方法研究圆锥曲线．

其中，行星绕太阳运动的轨道是椭圆的发现归功于艾萨克·牛顿．他在1687年首次提出了基于万有引力理论的牛顿定律，根据该定律，行星沿着椭圆轨道绕太阳公转，它们之间的万有引力引发了行星的轨道运动．

在具体实践中，牛顿观察到行星的运动速度并不是恒定的，而是随着行星与太阳的距离而变化．当行星靠近太阳时，受到太阳的引力作用增强，运动速度就会变快；相反，当行星远离太阳时，受到太阳的引力作用减弱，运动速度就会变慢．因此，行星不可能按照完美的圆形轨道来绕太阳运动．

此外，开普勒在第谷·布拉赫艰苦的天文观测基础上，通过自己的研究和计算，发现了行星运动的三大定律，即轨道定律、面积定律和周期定律．这三大定律进一步确认了牛顿的万有引力理论和行星椭圆轨道的理论.

【思路分析】

(1)定义法:条件中给出了焦点坐标,可以利用椭圆上的点到两焦点的距离之和得出长轴长,从而得到方程.

(2)待定系数法:根据条件设出椭圆的标准方程,将椭圆上的点代入方程,求出待定系数,从而得到方程.

【知识考点】

研究意义和价值	知识	技能	思想方法	育人价值	核心素养
体会圆锥曲线中的椭圆在现实生活中的重要性.	圆锥曲线的定义.	阅读能力,能从题目中提取出有关定义的内容.	数形结合思想	椭圆的定义涉及几何图形的构造和性质,需要学生具备一定的空间想象能力和逻辑推理能力.学生通过学习椭圆的定义,可以锻炼自己的思维能力,提高解决问题的能力;认识到数学与现实生活的联系;能够更好地理解数学的应用价值,增强对数学的兴趣和热爱.	数学运算水平二:能够在关联的情景中确定运算对象,提出运算问题,能够针对运算问题,合理选择运算方法,设计运算程序,解决问题.能够理解运算是一种演绎推理,能够在综合使用运算方法解决问题的过程中,体会程序化思想的意义和作用.在交流的过程中,能够借助运算探讨问题.

『一题多解』

解法1:由于椭圆的焦点在 x 轴上,所以设它的标准方程为 $\frac{x^2}{a^2}+\frac{y^2}{b^2}=1(a>b>0)$.

由椭圆的定义知 $c=2,2a=\sqrt{\left(\frac{5}{2}+2\right)^2+\left(-\frac{3}{2}\right)^2}+\sqrt{\left(\frac{5}{2}-2\right)^2+\left(-\frac{3}{2}\right)^2}=2\sqrt{10}$,

所以 $a=\sqrt{10}$,所以 $b^2=a^2-c^2=10-4=6$.

因此,所求椭圆的标准方程为 $\frac{x^2}{10}+\frac{y^2}{6}=1$.

解法小结:熟悉圆锥曲线的定义,能根据题意提炼出有效的信息,求出跟定义有关的数据,从而根据定义直接得到方程. 对于定义法,要求学生掌握以下内容:

(1)圆锥曲线的定义;

(2)两点间的距离公式.

解法2:由于椭圆的焦点在 x 轴上,所以设它的标准方程为 $\frac{x^2}{a^2}+\frac{y^2}{b^2}=1(a>b>0)$.

由椭圆的定义知 $c = 2$，所以 $b^2 = a^2 - c^2 = a^2 - 4$，所以 $\dfrac{x^2}{a^2} + \dfrac{y^2}{a^2 - 4} = 1(a > 0)$，

又因为点 $\left(\dfrac{5}{2}, -\dfrac{3}{2}\right)$ 在椭圆上，所以 $\dfrac{\left(\dfrac{5}{2}\right)^2}{a^2} + \dfrac{\left(-\dfrac{3}{2}\right)^2}{a^2 - 4} = 1(a > 0)$，解得 $a^2 = 10$.

所以椭圆的标准方程为 $\dfrac{x^2}{10} + \dfrac{y^2}{6} = 1$.

解法分析：熟悉圆锥曲线的标准方程，掌握其结构式，其中含有几个待定系数，应用方程的思想，确定需要找到几个等量关系求解待定系数.

解法小结：使用待定系数法，学生应该掌握以下内容：

(1)掌握椭圆的标准方程；

(2)掌握 a，b，c 三者之间的关系；

(3)会解分式方程.

『一题多思』

定义法回顾思考：

在遇到题干中涉及焦点与椭圆上的一点的问题时，应该优先考虑椭圆的定义，再结合所学的其他知识，比如距离公式、特殊几何图形的性质、解三角形的知识等，找到等量关系，从而求解待定系数. 还需要熟识圆锥曲线的定义的自然描述与代数表示，再从椭圆的定义推广到圆锥曲线的定义.

『试题背景』

(1)在天文学中，圆锥曲线有着广泛的应用，开普勒三大定律就是基于椭圆曲线的形状和尺寸推导出来的. 例如，太阳系中的行星运动轨迹通常被描述为椭圆，并使用椭圆的长轴、短轴和离心率等参数来描绘其形状和特征. 此外，彗星的轨道也可以通过圆锥曲线描述. 质点在只受到中心天体的引力的作用下，其运动轨迹也是圆锥曲线. 这进一步证明了圆锥曲线在描述宇宙物体运动中的重要性.

(2)在物理学中，抛物线曲线是重要的概念. 当物体在重力作用下进行自由落体运动时，其轨迹是抛物线. 抛物线曲线也在现代物理学中用于描述电子、粒子等物质的运动轨迹.

(3)双曲线则用于描述电磁波、光线、流体等现象. 在飞行器轨迹分析中，双曲线用于描述传感器测量的辐射源.

『试题推广』

推广1 如图1,椭圆$\dfrac{x^2}{5}+\dfrac{y^2}{9}=1$的两个焦点分别为$F_1,F_2$,点$M$在椭圆上运动,则$\triangle MF_1F_2$的周长为(   ).

A. 6 　　　　B. $2\sqrt{5}$ 　　　　C. 8 　　　　D. 10

分析:直接考查椭圆的定义.

解析:由$\dfrac{x^2}{5}+\dfrac{y^2}{9}=1$,

得$a^2=9$,$b^2=5$,

则$a=3$,$b=\sqrt{5}$,$c=\sqrt{a^2-b^2}=2$,

所以$|F_1F_2|=2c=4$,

因为点M在椭圆上运动,所以$|MF_1|+|MF_2|=2a=6$,

所以$\triangle MF_1F_2$的周长为$|MF_1|+|MF_2|+|F_1F_2|=6+4=10$,

故选D.

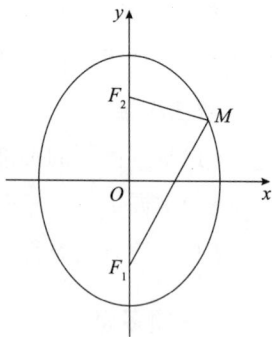

图1

推广2 已知两定点$A(-2,-1)$,$B(2,1)$,一动点P到点A,B的距离之和为8,则动点P到$B(2,1)$的距离最小值为_____.

分析:考查椭圆的定义,但是两焦点不在坐标轴上,椭圆上的点到焦点的距离最值为$a\pm c$.

解析:由椭圆定义可知A,B为椭圆的两个焦点,动点P为椭圆上一点,求$|PB|$的最小值,即为求椭圆上右顶点到右焦点的距离,即$a-c=4-\sqrt{5}$.

推广3 如图2,已知椭圆$C:\dfrac{x^2}{a^2}+\dfrac{y^2}{b^2}=1(a>b>0)$的右焦点为$F$,以原点$O$为圆心,$OF$为半径的圆与$C$在第二、四象限的交点分别为$A,B$,若$\tan\angle ABF=\dfrac{4}{3}$,则$C$的离心率为(   ).

A.$\dfrac{1}{2}$ 　　　　B.$\dfrac{2}{3}$ 　　　　C.$\dfrac{5}{7}$ 　　　　D.$\dfrac{\sqrt{2}}{2}$

解析:由题意知$AF\perp BF$,连接AE、BE,

则四边形$AEBF$为矩形,

则$\tan\angle ABF=\dfrac{4}{3}=\dfrac{BF}{AF}=\dfrac{AE}{AF}$,

设$2a=AE+AF=3k+4k=7k$,

则$2c=EF=\sqrt{AE^2+AF^2}=5k$,

所以$e=\dfrac{2c}{2a}=\dfrac{5}{7}$.

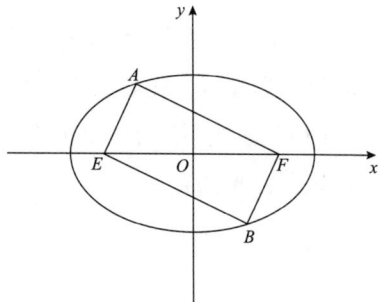

图2

推广4 如图3,已知F_1,F_2分别为椭圆$\dfrac{x^2}{4}+\dfrac{y^2}{3}=1$的左、右焦点,$P$为椭圆上的点,$PT$为$\triangle F_1PF_2$的外角平分线,$F_2T\perp PT$,则$|OT|=$(　　).

A.1　　　　　B.2　　　　　C.$\sqrt{3}$　　　　　D.4

解析: 如图4,延长F_1P与F_2T交于点R,则由题意得$PF_1+PR=PF_1+PF_2=2a=4$,

又点T,O分别是RF_2,F_1F_2的中点,所以$OT=\dfrac{1}{2}F_1R=a=2$.

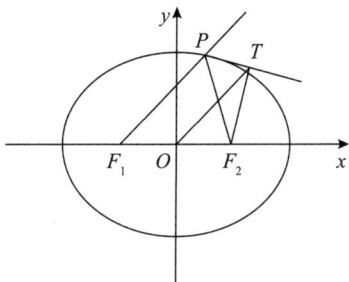

图3

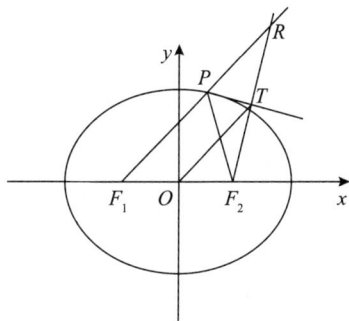

图4

『一题多变』

变式 1 如果点$M(x,y)$在运动过程中,总满足关系式$\sqrt{x^2+(y-3)^2}+\sqrt{x^2+(y+3)^2}=10$,那么点$M$的轨迹是什么曲线?为什么?写出它的方程.

解析: 因为$\sqrt{x^2+(y-3)^2}+\sqrt{x^2+(y+3)^2}=10$,表示点$M(x,y)$到两点$F_1(0,3)$,$F_2(0,-3)$的距离之和为10(大于$F_1F_2$),符合椭圆的定义,所以$M$的轨迹方程为$\dfrac{y^2}{25}+\dfrac{x^2}{16}=1$.

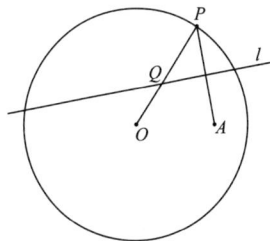

图5

变式2 已知圆O的半径为定长r,A是圆O内一个定点,P是圆O上任意一点.作线段AP的垂直平分线l与半径OP相交于点Q,当点P在圆上运动时,点Q的轨迹是什么?为什么?

解析: 如图5,连接QA. 由已知得$|QA|=|QP|$,

所以$|QO|+|QA|=|QO|+|QP|=|OP|=r$.

又因为点A在圆内,所以$|OA|<|OP|$.

根据椭圆的定义,

点Q的轨迹是以O,A为焦点,r为长轴长的椭圆.

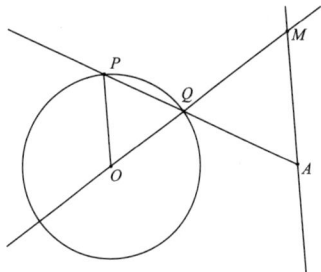

图6

变式3 已知圆 O 的半径为定长 r，A 是圆 O 外一个定点，P 是圆 O 上任意一点．作射线 AP 交圆 O 于另一点 Q，过点 A 作 OP 的平行线交直线 OQ 于点 M，当点 P 在圆上运动时，点 M 的轨迹是什么？为什么？

解析： 如图6，由于 $AM \ /\!/ \ OP$，$|OP| = |OQ|$，

所以 $|MA| = |MQ|$，则有

$||MO| - |MA|| = ||MO| - |QO|| = |QO| = r$，且 $r < |OA|$，

所以点 M 的轨迹是以 A，O 为焦点，r 为实轴长的双曲线．

『习题启发』

【对课堂教学的思考】

(1)在课堂教学中，首先需要让学生理解圆锥曲线的定义，这包括圆锥曲线的第一定义和统一定义，然后通过具体实例，让学生了解如何应用这些定义解决问题．

(2)分析圆锥曲线之间的共同点，培养学生归纳总结的能力．比如椭圆、双曲线和抛物线这三种圆锥曲线在几何知识结构上是相似的．

(3)利用圆锥曲线定义之间的联系，找到解决问题的共同方法，培养类比联想的能力．例如，三种圆锥曲线的学习基础都是直线与圆的方程等其他几何和代数知识，在知识衔接和解题方法运用等方面有很多相似性．

【对解题教学的思考】

(1)通过适当的练习题来巩固学生对圆锥定义的理解和应用．可以选择教材中的例题与习题，或者设计一些针对性的练习题，让学生在实践中不断积累经验．

(2)在解题过程中，教师可以引导学生运用不同的方法和技巧来解决同一个问题，这样可以培养学生的思维灵活性和解决问题的能力．同时，教师还可以鼓励学生自主思考，提出自己的解题思路和方法，培养学生的运算能力与思维能力．

(3)在解题教学中，教师应该注重培养学生的数学素养．这包括培养学生的逻辑思维能力、分析问题的能力、发现问题的能力等．教师可以通过提问、讨论和总结等方式来引导学生思考并提高他们的数学素养．

『高考预测』

1.已知圆 O 的半径为定长 R，A 是圆 O 所在平面内一个定点，P 是圆 O 上任意一点，线段 AP 的垂直平分线 l 和直线 OP 相交于点 Q，当点 P 在圆上运动时，关于点 Q 的轨迹，下列命题正确的是(   )．

A.若 A 是圆 O 内的一个定点(非点 O)时，点 Q 的轨迹是椭圆

B.若A是圆O外的一个定点时,点Q的轨迹是双曲线的一支

C.若A与点O重合时,点Q的轨迹是圆

D.若A是圆O上的一个定点时,点Q的轨迹不存在

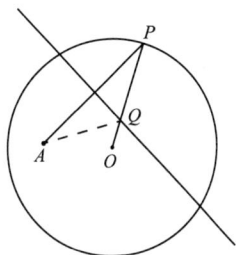

图7

解析:对于A选项,如图7,连接AQ,则$|AQ|=|PQ|$,

A是圆O内的一个定点(非点O)时,

$|QA|+|QO|=|PQ|+|QO|=|OP|>|OA|$,

故点Q的轨迹是椭圆,A正确;

对于B选项,如图8和图9,连接AQ,则$|AQ|=|PQ|$,

A是圆O外的一个定点时,

$||QA|-|QO||=||PQ|-|QO||=|OP|<|OA|$,

由于Q点可以接近点O,也可以接近点A,

故若A是圆O外的一个定点时,点Q的轨迹是双曲线的两支,B错误;

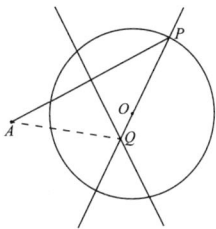

图8

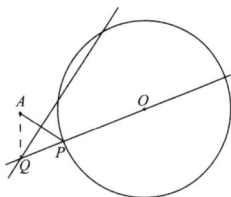

图9

对于C选项,如图10,此时点Q在OP上,且$|OQ|=\dfrac{1}{2}R$为定值,

故若A与点O重合时,点Q的轨迹为以O为圆心,以$\dfrac{1}{2}R$为半径的圆,C正确;

对于D选项,如图11,若A是圆O上的一个定点时,点Q与点O重合,

故轨迹为一个点,D错误.

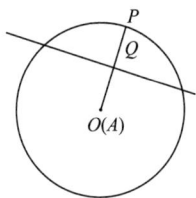

图10

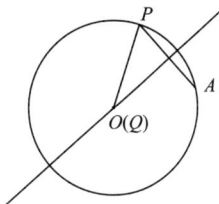

图11

故选AC.

2.已知$M(-2，0)$，P是圆$N:x^2-4x+y^2-32=0$上一动点,线段MP的垂直平分线交NP于点Q,则动点Q的轨迹方程为_____.

解析:由题意可知圆N的标准方程为$(x-2)^2+y^2=36$,

圆心为$N(2，0)$,半径为6.

因为线段MP的垂直平分线交NP于点Q,如图12,

所以$|QP|=|QM|$,

所以$|QM|+|QN|=|QP|+|QN|=|PN|=6>|MN|=4$,

因为点Q的轨迹是以M,N为焦点的椭圆,

所以$a=3,c=2,b=\sqrt{a^2-c^2}=\sqrt{5}$,

所以其轨迹方程为$\dfrac{x^2}{9}+\dfrac{y^2}{5}=1$.

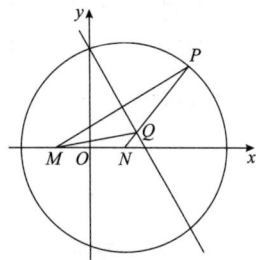

图12

千连万转象不定　定点一过迹已明

——双曲线定点问题

贵阳市乌当中学　　李俭萍

『真题再现』

(2023·新课标Ⅱ卷·21)已知双曲线 C 的中心为坐标原点,左焦点为 $\left(-2\sqrt{5},\ 0\right)$,离心率为 $\sqrt{5}$.

(1)求 C 的方程.

(2)记 C 的左、右顶点分别为 A_1, A_2,过点 $(-4,\ 0)$ 的直线与 C 的左支交于 M, N 两点,M 在第二象限,直线 MA_1 与 NA_2 交于点 P. 证明:点 P 在定直线上.

『试题分析』

【试题情境】试题背景中包括两个主要几何元素——直线和双曲线. 本题考查双曲线的几何定义与代数表示之间的关系,考查直线与双曲线的关系和学生对相关数学思想方法的理解,聚焦必备知识和关键能力. 本题设计体现了圆锥曲线的历史发展逻辑,具有深刻的几何意义. 所涉及的数学问题:对于给定的圆锥曲线,A_1A_2 为该圆锥曲线的定弦,$F\left(-2\sqrt{5},\ 0\right)$ 为直线 A_1A_2 上的定点,MN 为该圆锥曲线的过定点 F 的变动的弦,则直线 MA_1 与 NA_2 的交点 P 过定直线.

【思路分析】(1)题干给出了双曲线的左焦点坐标和离心率,根据各参数的关系,易求出双曲线的标准方程.(2)考查直线与双曲线的位置关系,可以从多个角度理解直线 MN,如果把 M, N 分成直线 MA_1 与 NA_2 与双曲线的两个交点,就是解法1;如果把 M, N 分成直线 MN 与双曲线的两个交点,就是解法2;如果把点 P 理解为直线 MA_1 与 NA_2 的交点,就是解法3.

【知识考点】考查双曲线标准方程及其各参数的意义,考查双曲线与直线的位置关系,渗透数形结合的思想方法,体现逻辑思维和数学运算的核心素养.

『一题多解』

(1)设双曲线方程为 $\dfrac{x^2}{a^2} - \dfrac{y^2}{b^2} = 1(a > 0,\ b > 0)$,由焦点坐标可知 $c = 2\sqrt{5}$,

则由 $e = \dfrac{c}{a} = \sqrt{5}$,可得 $a = 2, b = \sqrt{c^2 - a^2} = 4$,

故双曲线方程为 $\dfrac{x^2}{4} - \dfrac{y^2}{16} = 1$.

第(2)问有以下三种解法:

解法1:如图1,设 $M(x_1,\ y_1), N(x_2,\ y_2)$,

则直线 MA_1 的方程为 $y = m(x + 2)$,

直线 NA_2 的方程为 $y = n(x - 2)$.

联立 $y = m(x + 2)$ 与 $\dfrac{x^2}{4} - \dfrac{y^2}{16} = 1$,

得 $(4 - m^2)x^2 - 4m^2 x - (4m^2 + 16) = 0$,

由于 $-2x_1 = \dfrac{4m^2 + 16}{m^2 - 4}$,

所以 $x_1 = \dfrac{-2m^2 - 8}{m^2 - 4}, y_1 = \dfrac{-16m}{m^2 - 4}$,

则点 M 的坐标为 $\left(\dfrac{2m^2 + 8}{4 - m^2}, \dfrac{16m}{4 - m^2} \right)$ ①

同理,联立 $y = n(x - 2)$ 与 $\dfrac{x^2}{4} - \dfrac{y^2}{16} = 1$,得 $(4 - n^2)x^2 - 4n^2 x - (4n^2 + 16) = 0$,

所以 $x_2 = \dfrac{-2n^2 - 8}{n^2 - 4}, y_1 = \dfrac{-16n}{n^2 - 4}$,

则点 N 的坐标为 $\left(\dfrac{2n^2 + 8}{n^2 - 4}, \dfrac{16n}{n^2 - 4} \right)$ ②

令 $F(-4,\ 0)$,由 M, N, F 三点共线,

得 $(x_1 + 4)y_2 = (x_2 + 4)y_1$ ③

联立①②③化简得 $(mn - 3)(m + 3n) = 0$.

由题意知 $mn < 0$,则 $m = -3n$,

点 $P(x,\ y)$ 是 $y = m(x + 2)$ 与 $y = n(x - 2)$ 的交点,

所以 $x = -1$,可得点 P 在定直线 $x = -1$ 上.

解法2:由(1)可得 $A_1(-2,\ 0), A_2(2,\ 0)$. 设 $M(x_1,\ y_1), N(x_2,\ y_2)$,

当直线斜率不存在时,易得 $M\left(-4,\ 4\sqrt{3}\right), N\left(-4,\ -4\sqrt{3}\right)$,

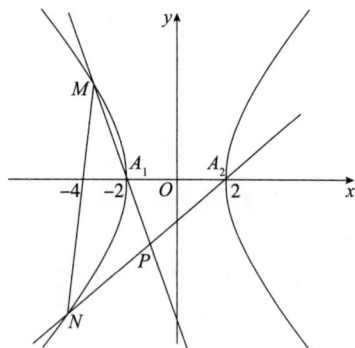

图1

所以直线 MA_1 的方程为 $y = -2\sqrt{3}(x + 2)$,

直线 NA_2 的方程为 $y = \dfrac{2\sqrt{3}}{3}(x - 2)$,

联立以上两方程得 $P\left(-1,\ -2\sqrt{3}\right)$.

当直线斜率存在时,显然直线的斜率不为 0,

所以设直线 MN 的方程为 $x = my - 4$,且 $-\dfrac{1}{2} < m < \dfrac{1}{2}$,

与 $\dfrac{x^2}{4} - \dfrac{y^2}{16} = 1$ 联立可得 $(4m^2 - 1)y^2 - 32my + 48 = 0$,且 $\Delta = 64(4m^2 + 3) > 0$,

则 $y_1 + y_2 = \dfrac{32m}{4m^2 - 1}$,$y_1 y_2 = \dfrac{48}{4m^2 - 1}$,

直线 MA_1 的方程为 $y = \dfrac{y_1}{x_1 + 2}(x + 2)$,直线 NA_2 的方程为 $y = \dfrac{y_2}{x_2 - 2}(x - 2)$,

联立直线 MA_1 与直线 NA_2 的方程可得

$$\dfrac{x + 2}{x - 2} = \dfrac{y_2(x_1 + 2)}{y_1(x_2 - 2)} = \dfrac{y_2(my_1 - 2)}{y_1(my_2 - 6)} = \dfrac{my_1 y_2 - 2(y_1 + y_2) + 2y_1}{my_1 y_2 - 6y_1}$$

$$= \dfrac{m\dfrac{48}{4m^2 - 1} - 2\dfrac{32m}{4m^2 - 1} + 2y_1}{m\dfrac{48}{4m^2 - 1} - 6y_1} = \dfrac{\dfrac{-16m}{4m^2 - 1} + 2y_1}{\dfrac{48m}{4m^2 - 1} - 6y_1} = -\dfrac{1}{3},$$

由 $\dfrac{x + 2}{x - 2} = -\dfrac{1}{3}$ 可得 $x = -1$,即 $x_p = -1$,

据此可得点 P 在定直线 $x = -1$ 上运动.

解法 3:设点 $P(x_p,\ y_p)$,$M(x_1,\ y_1)$,$N(x_2,\ y_2)$,$S(-4,\ 0)$,

所以直线 MA_1 的方程为 $y = \dfrac{y_p}{x_p + 2}(x + 2)$　①

直线 NA_2 的方程为 $y = \dfrac{y_p}{x_p - 2}(x - 2)$　②

把①式与双曲线方程联立得

$$\left[4(x_p + 2)^2 - y_p{}^2\right]x^2 - 4y_p{}^2 x - 4y_p{}^2 - 16(x_p + 2)^2 = 0,$$

所以 $-2x_1 = \dfrac{-4y_p{}^2 - 16(x_p + 2)^2}{4(x_p + 2)^2 - y_p{}^2}$,

化简得 $x_1 = \dfrac{2y_p{}^2 + 8(x_p + 2)^2}{4(x_p + 2)^2 - y_p{}^2}$,$y_1 = \dfrac{16(x_p + 2)y_p}{4(x_p + 2)^2 - y_p{}^2}$,

把②式与双曲线方程联立得

$$\left[4\left(x_p-2\right)^2-y_p{}^2\right]x^2+4y_p{}^2x-4y_p{}^2-16\left(x_p-2\right)^2=0,$$

所以 $2x_2=\dfrac{-4y_p{}^2-16\left(x_p-2\right)^2}{4\left(x_p-2\right)^2-y_p{}^2}$,

化简得 $x_2=\dfrac{-2y_p{}^2-8\left(x_p+2\right)^2}{4\left(x_p-2\right)^2-y_p{}^2}$, $y_1=\dfrac{-16\left(x_p+2\right)y_p}{4\left(x_p-2\right)^2-y_p{}^2}$,

由 M, S, N 三点共线,$\overrightarrow{MS}=(-4-x_1,\ -y_1)$,$\overrightarrow{SN}=(x_2+4,\ y_2)$,

所以 $(-4-x_1)y_2+y_1(x_2+4)=0$,代入上式得

$$16\left(x_p+2\right)y_p\left[8\left(x_p-2\right)^2-6y_p{}^2\right]+16\left(x_p-2\right)y_p\left[24\left(x_p+2\right)^2-2y_p{}^2\right]=0,$$

化简得 $(x_p+1)\left[y_p{}^2-4\left(x_p+2\right)\left(x_p-2\right)\right]=0$.

由 $-2<x_p<2$,所以 $y_p{}^2-4\left(x_p+2\right)\left(x_p-2\right)>0$,所以 $x_p=-1$,

据此可得点 P 在定直线 $x=-1$ 上运动.

『一题多思』

本题的双曲线是确定的,而直线 MN 是变化的,研究的是运动变化过程中的不变量,利用运动变化的观点来研究.

解法1以 MN 的变化为切入点,设直线 MN 的方程,以直线 MN 方程的斜率为参数表示定点问题;

解法2以直线 MA_1、直线 NA_2 的斜率为参数表示定点问题;

解法3设定点坐标,以坐标为参数表示,由 M,N 的坐标,根据三点共线建立关系.

纵观三种解法,无论选择什么方法,都有以下一些共性:

第一,分析引起 MN 变化的参变量是什么.

第二,无论是什么原因导致 MN 的变化,都需要联立直线和双曲线方程,分析二次方程的根与系数的关系.

第三,分析所求问题的代数表示是否能表示为多项式,如果不能表示为多项式,就需要把一元二次方程的另一根写出来,即解法1;如果能表示为多项式,就可以直接运用根与系数的关系,即解法2和解法3. 三种思路呈现出不同的计算状态,显然解法1简单些,解法2计算繁琐,解法3计算更加繁琐.

选择不同的方法,在求解过程中的运算各不相同. 不同的思路,会有不同的困难需要克服,需要不同的知识储备,当然也会有不同的风景.

『教材溯源+试题背景』

【教材溯源】

《高中数学(A版)》(选择性必修第一册)第127页第8题:

求与椭圆 $\dfrac{x^2}{49} + \dfrac{y^2}{24} = 1$ 有公共焦点,且离心率 $e = \dfrac{5}{4}$ 的双曲线的方程.

《高中数学(A版)》(选择性必修第一册)第128页第14题:

已知双曲线 $\dfrac{x^2}{4} - \dfrac{y^2}{16} = 1$ 与直线 $l: y = kx + m (k \neq \pm 2)$ 有唯一的公共点 M,过点 M 且与 l 垂直的直线分别交 x 轴、y 轴于 $A(x,\ 0), B(0,\ y)$ 两点. 当点 M 运动时,求点 $P(x,\ y)$ 的轨迹方程,并说明轨迹是什么曲线. 如果推广到一般曲线,能得到什么相应的结论?

【试题背景】

试题的设计体现了圆锥曲线的历史发展逻辑,具有深刻的几何意义. 圆锥曲线经历了三个主要历史发展阶段:古典几何阶段的圆锥曲线理论,坐标几何阶段的二次曲线理论,射影几何阶段的圆锥曲线理论. 不同的历史发展阶段对圆锥曲线的研究内容、研究方法和研究重点既相互联系又明显区别.

第一阶段,研究方法是综合古典几何,研究内容是圆锥曲线的几何性质;

第二阶段,研究方法是代数方程与古典几何的综合,研究内容主要是圆锥曲线的代数结构;

第三阶段,研究方法是变换几何中的射影变换,研究内容是射影不变量.

试题体现了圆锥曲线的三个历史发展阶段的综合. 考查内容及数学思想符合圆锥曲线历史发展的第一和第三阶段,考查的方法符合圆锥曲线历史发展的第二阶段,因此试题在考查内容、数学思想方法方面具有深刻的数学意义和背景,有利于引导高中数学教师在课堂教学中关注教材习题,抓住学科本质,渗透数学思想方法,进一步提升学生的数学素养.

『一题多变』

双曲线 E 与椭圆 $\dfrac{x^2}{25} + \dfrac{y^2}{5} = 1$ 有相同的焦点,其中一条渐近线方程是 $y = 2x$.

(1)求 E 的方程.

(2)A_1, A_2 分别是 E 的左右顶点,P 是直线 $x = 1$ 上的动点,直线 PA_1, PA_2 与 E 的另一交点分别是 M, N. 求证:直线 MN 恒过定点.

解析:(1)根据题意得 $c^2 = 25 - 5 = 20$,由渐近线方程知 $\dfrac{b}{a} = 2$,且 $c^2 = a^2 + b^2$,

可求出 $a^2 = 4, b^2 = 16$,所求双曲线 E 的方程是 $\dfrac{x^2}{4} - \dfrac{y^2}{16} = 1$.

(2)令 $P(1, n)(n \neq 0)$，$M(x_1, y_1)$，$N(x_2, y_2)$，

则直线 PA_1 的方程为 $y = \dfrac{n}{3}(x + 2)$，直线 PA_2 的方程为 $y = -n(x - 2)$，

联立 $y = \dfrac{n}{3}(x + 2)$ 与 $\dfrac{x^2}{4} - \dfrac{y^2}{16} = 1$ 得 $(36 - n^2)x^2 - 4n^2x - 4n^2 - 144 = 0$，

所以 $-2x_1 = \dfrac{-4n^2 - 144}{36 - n^2}$，$x_1 = \dfrac{2n^2 + 72}{36 - n^2}$，$y_1 = \dfrac{16n}{12 - 3n^2}$.

联立 $y = -n(x - 2)$ 与 $\dfrac{x^2}{4} - \dfrac{y^2}{16} = 1$ 得 $(4 - n^2)x^2 + 4n^2x - 4n^2 - 16 = 0$，

所以 $2x_2 = \dfrac{4n^2 + 16}{n^2 - 4}$，$x_2 = \dfrac{2n^2 + 8}{n^2 - 4}$，$y_2 = \dfrac{-16n}{n^2 - 4}$.

进而求 MN 的所在直线方程是：$\dfrac{y - \dfrac{48n}{36 - n^2}}{x - \dfrac{2n^2 + 72}{36 - n^2}} = \dfrac{\dfrac{-16n}{n^2 - 4} - \dfrac{48n}{36 - n^2}}{\dfrac{2n^2 + 8}{n^2 - 4} - \dfrac{2n^2 + 72}{36 - n^2}}$，

化简 $y = \dfrac{8n}{n^2 - 12}(x - 4)$，所以 MN 恒过定点 $(4, 0)$.

『试题启发』

【对课堂教学的思考】

此类题型考查双曲线的简单性质及方程思想，还考查了学生的计算能力及其转化思想、推理论证能力，属于难题. 在教学中需对比解题思路的异同，总结计算心得体会，进行前瞻性思考，积累计算经验. 那么如何兼顾不同学生的需求呢？在埋头计算的过程中，往往不知道计算的结果是什么，没有了方向！如何解决这个问题呢？不妨先猜后证，先求出特殊情况下的答案，学生会结合自己的思考进一步选择方法进行解答. 虽然用这种方法解题不能得到满分，不能代表全部情况，但在难题面前不失为一种好办法.

【对解题教学的思考】

研究运动变化过程中的不变量问题，需要利用运动的观点来研究，需要注意：

(1)搞清楚几何元素(点和直线)的变化过程与关联.

(2)抓住几何元素在变化过程中的规律与不变性(数量关系、位置、状态).

(3)选择恰当的变量来刻画整个运动变化过程，同时兼顾几何关系与问题代数化的方便性与合理性.

思路源于认识，不同的思路认识决定不同的思路与解法. 不同的思路导致的计算差异性很大，需要自己不断琢磨，把一道题做透，研究清楚，加强解题后的反思与总结，选择适合自己的方法，是提高备考效率的必由之路.

『高考预测』

如图2,P是圆$B:x^2 + y^2 + 6x - 3 = 0$上的动点,$A(3,\ 0)$,AP与圆B交于另一点Q,过A且与BP平行的直线与BQ交于M,记点M的轨迹为E.

(1)求轨迹E的方程.

(2)动直线l与E的两个交点C,D位于x轴同侧,若点$N(-1,\ 0)$使得$|NC| + |ND|$最小. 证明:直线l过定点,并求当$|NC| + |ND| = 4\sqrt{15}$时直线l的方程.

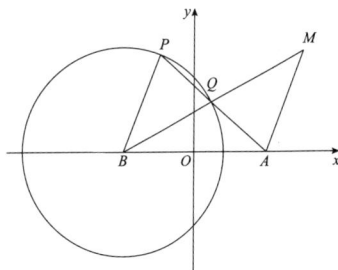

图2

解析:(1)根据圆B的方程$(x + 3)^2 + y^2 = 12$,

可得圆心$B(-3,\ 0)$,半径$R = 2\sqrt{3}$,且$A(3,\ 0)$在圆B外,

由于$AM /\!/ BP$,$|BP| = |BQ|$,所以$|MA| = |MQ|$,

则$||MB| - |MA|| = ||MB| - |BQ|| = |BQ| = 2\sqrt{3} < |AB|$,

所以点M的轨迹是以A,B为焦点,O为中心的双曲线,

设点M的轨迹E的方程是$\dfrac{x^2}{a^2} - \dfrac{y^2}{b^2} = 1(a > 0,\ b > 0)$,

则$2a = 2\sqrt{3}$,$2c = |AB| = 6$,即$a = \sqrt{3}$,$c = 3$,$b = \sqrt{6}$,

所以E的轨迹方程为$\dfrac{x^2}{3} - \dfrac{y^2}{6} = 1(y \neq 0)$.

(2)如图3,设直线l的方程为$x = my + t$,代入$\dfrac{x^2}{3} - \dfrac{y^2}{6} = 1(y \neq 0)$

得$(2m^2 - 1)y^2 + 4mty + 2t^2 - 6 = 0$　①

设$C(x_1,\ y_1)$,$D(x_2,\ y_2)$,则y_1,y_2是方程①的两根,则

$2m^2 - 1 \neq 0$,$\Delta = 16m^2t^2 - (8m^2 - 4)(2t^2 - 6) > 0$,

即$6m^2 + t^2 - 3 > 0$,

且$y_1 + y_2 = \dfrac{-4mt}{2m^2 - 1}$,$y_1 y_2 = \dfrac{2t^2 - 6}{2m^2 - 1} > 0$,

如图4,因为点$N(-1,\ 0)$使得$|NC| + |ND|$的值最小,所以N为C与D关于x轴对称点D_1的连线同x轴的交点,因此直线NC与直线ND的斜率互为相反数,即$K_{NC} + K_{ND} = 0$,则

$K_{NC} + K_{ND} = \dfrac{y_1}{x_1 + 1} + \dfrac{y_2}{x_2 + 1} = \dfrac{y_1(my_2 + t + 1) + y_2(my_1 + t + 1)}{(my_1 + t + 1)(my_2 + t + 1)} = 0$,

化简得$2my_1 y_2 + (t + 1)(y_1 + y_2) = 0$,

故 $2m\dfrac{2t^2-6}{2m^2-1}+(t+1)\dfrac{-4mt}{2m^2-1}=0$,

所以 $-3m=mt$,即 $t=-3$,

则直线方程是 $x=my-3$,

所以直线 l 过定点$(-3,0)$.

当 $t=-3$ 时,$y_1+y_2=\dfrac{12m}{2m^2-1}$,$y_1y_2=\dfrac{12}{2m^2-1}>0$,$m^2>\dfrac{1}{2}$,

由于 $|NC|+|ND|=|NC|+|ND_1|=|CD_1|=4\sqrt{15}$,即$|CD_1|=4\sqrt{15}$,

所以 $|CD_1|=\sqrt{(x_1-x_2)^2+(y_1+y_2)^2}=\sqrt{(my_1-3-my_2+3)^2+(y_1+y_2)^2}$

$\qquad\quad=\sqrt{m^2\big[(y_1+y_2)^2-4y_1y_2\big]+(y_1+y_2)^2}=4\sqrt{15}$,

即 $\sqrt{m^2\left[\left(\dfrac{12m}{2m^2-1}\right)^2-4\times\dfrac{12}{2m^2-1}\right]+\left(\dfrac{12m}{2m^2-1}\right)^2}=4\sqrt{15}$,

化简得 $19m^4-24m^2+5=0$,即$(19m^2-5)(m^2-1)=0$,

所以 $m^2=1$,或$m^2=\dfrac{5}{19}<\dfrac{1}{2}$(舍去),

所以 $m=\pm1$,因此直线 l 方程为 $x\pm y+3=0$.

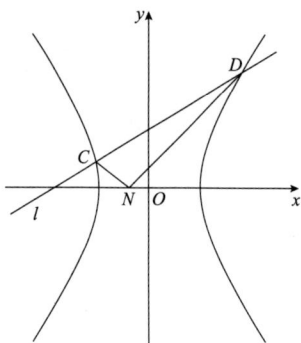

图3

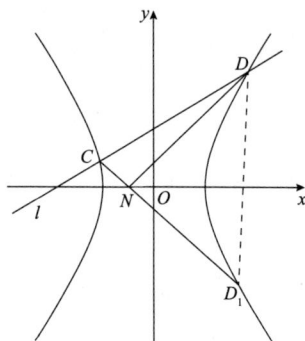

图4

眼中有光亮　解题新方向

——圆锥曲线的光学性质

贵州省实验中学　　殷大禄

『习题再现』

《高中数学（A版）》（选择性必修第一册）第139页拓广探索第13题：

设抛物线 $y^2 = 2px(p > 0)$ 的焦点为 F，从点 F 发出的光线经过抛物线上的点 M（不同于抛物线的顶点）反射，证明反射光线平行于抛物线的对称轴.

『习题分析』

【背景分析】

早在2000多年前，人们就对抛物线及其性质有了深入的研究，其中就有对抛物线及抛物面的光学性质的认识. 公元前213年，罗马帝国派大批战船开进地中海的西西里岛，想要征服阿基里德所在的叙拉古王国，结果被阿基里德用抛物面聚焦阳光到焦点的光学性质点燃了战船而大败.

在现代生活和科技中，抛物线（抛物面）的光学性质也被广泛应用. 例如，汽车车灯被安装在抛物面的焦点位置，从这里射出的光线会平行地射出；雷达、FAST射电望远镜、太阳能灶、光学望远镜等都利用了抛物线（抛物面）的光学性质.

教材中，圆锥曲线的光学性质被多次提及，无论是椭圆、双曲线还是抛物线的光学性质都有相应的习题设计，在教材的阅读与思考中，也较为全面地介绍了圆锥曲线的光学性质. 选择这样的习题，既体现了数学悠久的历史文化，也体现了数学作为工程学和其他科学的运用价值. 图1是现实生活中与抛物线（面）有关的事物.

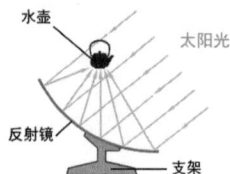

①太阳能烧水装置及其原理图

②贵州平塘500米口径射电望远镜

③中国国家大剧院

图1

【思路分析】

关于光线发射问题,学生应掌握以下知识:

(1)光线镜面反射时,入射角和出射角相等;

(2)抛物线上任意一点的反射面是过该点的抛物线的切线;

(3)等效光源原理.

本题可以通过"设线→联立→消元→列判别式"的方式,确定过任意一点$M(x_0, y_0)$的切线斜率$k = \dfrac{p}{y_0}$,进而确定切线l的方程. 本题可利用等效光源原理,运用数学的方法(中点坐标公式)来证明.

此外,可先假设MF'与x轴平行,把问题转化为证明入射角和出射角相等的问题. 这一思路具有逆向思维特征,应用了平面几何的知识来证明,证明过程简洁,该解法还关注到了数形结合思想.

从角相等的角度考虑,还可以考虑应用倒角公式来证明.

【知识考点】

(1)抛物线的光学性质. 让学生体会数形结合思想,培养其逻辑推理、数学运算素养,体会圆锥曲线问题的一般研究过程.(2)函数与方程思想、数形结合思想. 让学生了解抛物线的光学性质,感受数学知识在科学和工程领域的应用,初步感受数学作为基础学科的意义和价值,培养学生的数形结合思想和用数学的眼光观察世界、用数学的思维思考世界、用数学的语言表达世界的习惯,培养学生的推理论证能力和运算求解能力.

近些年的高考中,也有相应的试题出现,应予以重视.

研究意义和价值	知识	技能	思想方法	育人价值	核心素养
认识了解抛物线的光学性质;体会数形结合思想,培养学生的逻辑推理、数学运算素养,体会圆锥曲线问题的一般研究过程.	圆锥曲线的光学性质及其证明.	作图能力,分析问题、解决问题的能力,计算推理能力.	函数与方程思想、数形结合思想.	了解抛物线的光学性质,感受数学知识在科学和工程领域中的应用,初步感受数学作为基础学科的意义和价值,培养学生的数形结合思想和用数学的眼光观察世界、用数学的思维思考世界、用数学的语言表达世界的习惯,培养学生的推理论证能力和运算求解能力.	数学运算水平二:能够在关联的情景中确定运算对象,提出运算问题,能够针对运算问题,合理选择运算方法,设计运算程序,解决问题.能够理解运算是一种演绎推理,能够在综合使用运算方法解决问题的过程中,体会程序化思想的意义和作用.在交流的过程中,能够借助运算探讨问题.

『一题多解』

解法 1:如图 2,设过抛物线 $y^2 = 2px$ 上任意一点 $M(x_0, y_0)$ 的切线 l 的斜率为 k,

则 l 的方程为:$y = k(x - x_0) + y_0$,

与抛物线方程联立得 $\begin{cases} y = k(x - x_0) + y_0, \\ y^2 = 2px, \end{cases}$

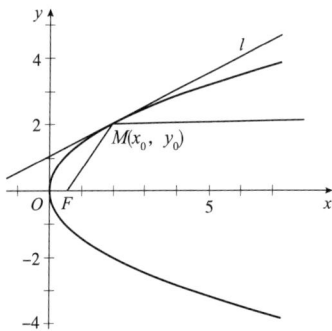

图 2

消去 x,并注意到 $y_0{}^2 = 2px_0$,可得

$ky^2 - 2py - ky_0^2 + 2py_0 = 0$,

$\Delta = 0 \Leftrightarrow 4p^2 + k^2 y_0^2 - 2py_0 k = 0 \Leftrightarrow (y_0 k - p)^2 = 0 \Leftrightarrow k = \dfrac{p}{y_0}$,

即 l 的方程为 $y_0 y = p(x + x_0)$.

(该过程可以用切点弦直接写出,也可以利用隐函数求导等方式处理.)

过点 M 作 MN 垂直抛物线的准线于点 $N\left(-\dfrac{p}{2}, y_0\right)$,若能证明线段 NF 的中点在直线 l 上,

即可得证.而根据中点坐标公式,线段 NF 的中点坐标为 $\left(0, \dfrac{y_0}{2}\right)$,其满足 $y_0 \dfrac{y_0}{2} = p(0 + x_0)$,即

$y_0{}^2 = 2px_0$,得证.

解法分析:通过"设线→联立→消元→列判别式"的方式,确定了过任意一点 $M(x_0, y_0)$

的切线斜率 $k = \dfrac{p}{y_0}$,进而确定了切线 l 的方程.实际上,本题的证明思路,利用了等效光源原

理,运用了数学的方法(中点坐标公式). 解法 1 还可以把求切线的方法改成极点极线隐函数求导法,这样既便捷又迅速.

解法 2:假定平行等腰法.

如图 3,先假设 MF' 与 x 轴平行,

现在只需证明 $\alpha = \beta$ 即可.

设过抛物线 $y^2 = 2px$ 上任意一点 $M(x_0, y_0)$ 的切线 l 的斜率为 k,

则 l 的方程为:$y = k(x - x_0) + y_0$.

与抛物线方程联立得 $\begin{cases} y = k(x - x_0) + y_0, \\ y^2 = 2px, \end{cases}$

消去 x,并注意到 $y_0{}^2 = 2px_0$,可得

$ky^2 - 2py - ky_0{}^2 + 2py_0 = 0,$

$\Delta = 0 \Leftrightarrow 4p^2 + k^2 y_0{}^2 - 2py_0 k = 0 \Leftrightarrow (y_0 k - p)^2 = 0 \Leftrightarrow k = \dfrac{p}{y_0}$,

所以直线 l 的垂线 MQ:$y - y_0 = -\dfrac{y_0}{p}(x - x_0)$,

令 $y = 0$,解得 $x_Q = x_0 + p$,

所以 $FQ = x_0 + \dfrac{p}{2} = MF$,所以在 $\triangle MFQ$ 中,$\angle MQF = \angle FMQ$,

又由于 MF' 与 x 轴平行,$\angle MQF = \angle F'MQ$,

所以 $\angle FMQ = \angle F'MQ$,所以 $\alpha = \beta$,得证.

解法分析:该证明方法,先假设 MF' 与 x 轴平行,只需要说明 $\alpha = \beta$ 即可. 把问题转化为证明入射角和出射角相等的问题,具有逆向思维特征,应用平面几何的知识来证明,证明过程简洁,考查了数形结合思想.

解法 3:倒角公式.

要证明角 $\alpha = \beta$ 相等,在斜率均已知的情况下,可以直接使用倒角公式.

因为焦点 $F\left(\dfrac{p}{2}, 0\right)$,所以直线 MF 的斜率 $k_{MF} = \dfrac{y_0}{x_0 - \dfrac{p}{2}}$,垂线 MQ 的斜率 $k_{MQ} = -\dfrac{y_0}{p}$.

由 MF' 平行于 x 轴可知 $k_{MF'} = 0$,

由倒角公式得 $\tan\angle QMF = \dfrac{k_{MQ} - k_{MF}}{1 + k_{MQ} k_{MF}} = \dfrac{-\dfrac{y_0}{p} - \dfrac{y_0}{x_0 - \dfrac{p}{2}}}{1 - \dfrac{y_0}{p} \cdot \dfrac{y_0}{x_0 - \dfrac{p}{2}}} = -\dfrac{y_0(x_0 + p)}{p(x_0 - p) - y_0{}^2}$,

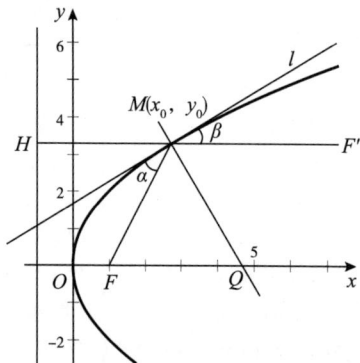

又因为 $y_0{}^2 = 2px_0$，代入上式得 $\tan\angle MQF = \dfrac{y_0(x_0 + p)}{p(x_0 + p)} = \dfrac{y_0}{p}$，

再表示 $\tan\angle QMF' = \dfrac{k_{MF'} - k_{MQ}}{1 + k_{MF'}k_{MQ}} = \dfrac{y_0}{p}$，

于是得到 $\tan\angle QMF = \tan\angle QMF'$，所以 $\angle QMF = \angle QMF'$．

综上，抛物线的光学性质得证．

解法分析：该证明方法从角相等的角度考虑，应用了倒角公式，对学生的计算能力要求更高一些，同时也为学生证明角相等问题提供了新的解决办法和解题思路，在培养学生运算推理能力的同时也给以后类似问题的解决提供了新的思路．

『一题多思』

类比抛物线的光学性质，可思考椭圆、双曲线是不是也有类似的光学性质，从而得到：

（1）椭圆的光学性质：从椭圆的一个焦点发出的光线经过椭圆（椭圆面）反射后会汇聚到另外一个焦点处．

（2）双曲线的光学性质：从双曲线的一个焦点发出的光线经过双曲线（双曲面）反射后的反射光线的反向延长线交于双曲线的另一焦点处．

（3）（包络线与椭圆）点 F 是以 O 为圆心的圆内一点（异于 O 点），点 A 为圆周上任意一点，将圆折叠使 A 与 F 重合，得到一条折痕，照此取不同的 A 点，得到更多的折痕，所有折痕围成区域的边沿线是椭圆．

『教材溯源』

以下问题均来自教材，都考查了圆锥曲线的几何性质．

《高中数学（A版）》（选择性必修第一册）第113页例5：

如图4，一种电影放映灯的反射镜面是旋转椭圆面（椭圆绕其对称轴旋转一周形成的曲面）的一部分．过对称轴的截口 BAC 是椭圆的一部分，灯丝位于椭圆的一个焦点 F_1 上，片门位于另一个焦点 F_2 上．由椭圆一个焦点 F_1 发出的光线，经过旋转椭圆面反射后集中到另一个焦点 F_2．已知 $BC \perp F_1F_2$，$|F_1B| = 2.8\,\text{cm}$，$|F_1F_2| = 4.5\,\text{cm}$．试建立适当的平面直角坐标系，求截口 BAC 所在椭圆的方程（精确到 $0.1\,\text{cm}$）．

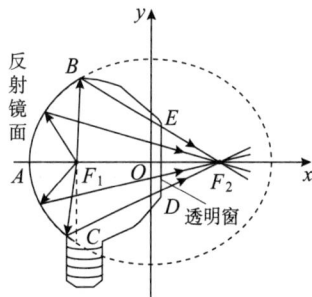
图4

《高中数学（A版）》（选择性必修第一册）第132页例2：

一种卫星接收天线如图5左图所示，其曲线与轴截面的交线为抛物线．在轴截面内的卫星波束呈近似平行状态射入形为抛物线的接收天线，经反射聚集到焦点处，如图5(1)．已

知接收天线的口径(直径)为4.8 m,深度为1 m.试建立适当的坐标系,求抛物线的标准方程和焦点坐标.

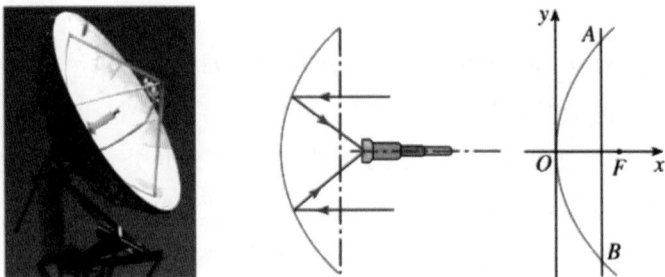

图5

《高中数学(A版)》(选择性必修第一册)第146页"拓广探究"第15题:

综合应用抛物线和双曲线的光学性质,可以设计制造反射式天文望远镜.这种望远镜的特点是,镜筒可以很短而观察天体运动又很清楚.例如,某天文仪器厂设计制造的一种镜筒长为2 m的反射式望远镜,其光学系统的原理如图6(中心截口示意图)所示.其中,一个反射镜PO_1Q弧所在的曲线为抛物线,另一个反射镜MO_2N弧所在的曲线为双曲线的一个分支.已知F_1,F_2是双曲线的两个焦点,其中F_2同时又是抛物线的焦点,试根据图示尺寸(单位:mm),分别求抛物线和双曲线的方程.

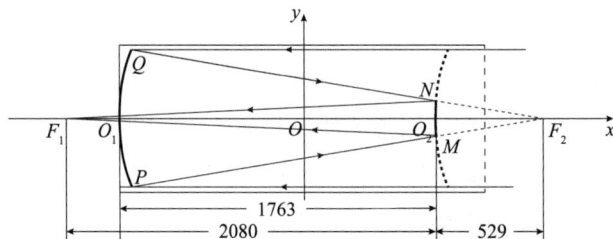

图6

此外,教材140—142页,还以阅读材料的方式全面介绍了圆锥曲线的光学性质.

『一题多变』

变式1 已知抛物线$y^2 = 4x$的焦点为F,一条平行于x轴的光线从点$M(3,1)$射出,经过抛物线上的A点反射后,再经抛物线上的另一点B射出,则点B的坐标是_____.

变式分析:教材习题是一个具有一般意义的结论,利用这一结论,把一般问题特殊化而得到本题.首先根据点A和点M的纵坐标相等求出点A的坐标,再根据光学性质可知,直线AB必过焦点F,从而得到直线AB的方程,与抛物线的方程联立就可解出点B的坐标了.

解析: 设 $A(x_1, 1)$, 因为点 A 在抛物线上, 所以点 A 的坐标为 $\left(\dfrac{1}{4}, 1\right)$,

又因为光线经过抛物线的焦点 $F(1, 0)$,

所以直线 AB 的方程为: $y = -\dfrac{4}{3}x + \dfrac{4}{3}$,

联立 $\begin{cases} y = -\dfrac{4}{3}x + \dfrac{4}{3}, \\ y^2 = 4x, \end{cases}$ 消去 x 可得 $y^2 + 3y - 4 = 0$,

解得 $y_1 = 1, y_B = -4$,

所以点 B 的坐标为 $(4, -4)$.

变式 2 已知抛物线 $y^2 = 4x$ 的焦点为 F, 一条平行于 x 轴的光线从点 $M(3, 1)$ 射出, 经过抛物线上的点 A 反射后, 再经抛物线上的另一点 B 射出, 则 $\triangle ABM$ 的周长为( ).

A. $9 + \sqrt{10}$　　　　B. $9 + \sqrt{26}$　　　　C. $\dfrac{71}{12} + \sqrt{26}$　　　　D. $\dfrac{83}{12} + \sqrt{26}$

变式分析: 本题属于三角形周长问题, 由变式 1 变形而成. 本题既考查了抛物线的光学性质, 又考查了两点间的距离公式, 以及抛物线的焦点弦长.

解析: 因为 $M(3, 1)$, 所以 $y_A = y_M = 1$,

所以 $x_A = \dfrac{y_A^2}{4} = \dfrac{1}{4}$, 点 A 的坐标为 $\left(\dfrac{1}{4}, 1\right)$.

又因为 $F(1, 0)$, 所以 l_{AB}: $y - 0 = \dfrac{1 - 0}{\dfrac{1}{4} - 1}(x - 1)$, 即 l_{AB}: $y = -\dfrac{4}{3}(x - 1)$,

联立 $\begin{cases} y = -\dfrac{4}{3}(x - 1), \\ y^2 = 4x, \end{cases}$ 得到 $y^2 + 3y - 4 = 0$,

解得 $y = 1$ 或 $y = -4$, 所以 $y_B = -4$,

于是有 $x_B = \dfrac{y_B^2}{4} = 4$, 所以 $B(4, -4)$.

又因为

$|AB| = |AF| + |BF| = x_A + x_B + p = \dfrac{1}{4} + 4 + 2 = \dfrac{25}{4}$,

$|AM| = x_M - x_A = 3 - \dfrac{1}{4} = \dfrac{11}{4}$,

$|BM| = \sqrt{(4 - 3)^2 + (-4 - 1)^2} = \sqrt{26}$,

所以 $\triangle ABM$ 的周长为 $|AB| + |AM| + |BM| = \dfrac{25}{4} + \dfrac{11}{4} + \sqrt{26} = 9 + \sqrt{26}$,

故选 B.

变式3 （多选题）抛物线有如下光学性质：由其焦点射出的光线经抛物线反射后，沿平行于抛物线对称轴的方向射出；反之，平行于抛物线对称轴的入射光线经抛物线反射后必过抛物线的焦点. 已知抛物线 $M: y^2 = x$，O 为坐标原点，一束平行于 x 轴的光线 l_1 从点 $P\left(\dfrac{41}{16}, 1\right)$ 射入，经过 M 上的点 $A(x_1, y_1)$ 反射，再经 M 上另一点 $B(x_2, y_2)$ 反射后，沿直线 l_2 射出，经过点 Q，则（　　）.

A. $y_1 y_2 = -\dfrac{1}{4}$　　　　　　　　B. $|AB| = \dfrac{5}{4}$

C. PB 平分 $\angle ABQ$　　　　　　D. 延长 AO 交直线 $x = -\dfrac{1}{4}$ 于点 C，则 C, B, Q 三点共线

变式分析：本题根据抛物线的光学性质，综合考查了抛物线焦点弦性质、弦长等问题. 其中D选项的设置，参考了教材例题.

解析：设 $A(x_1, y_1), B(x_2, y_2)$，

因为 $l_1 /\!/ x$ 轴，且 l_1 过点 $P\left(\dfrac{41}{16}, 1\right)$，所以 $y_1 = 1$.

把 $y = 1$ 代入抛物线的方程 $y^2 = x$，解得 $x = 1$，

所以点 A 的坐标为 $(1, 1)$.

由题知，直线 AB 经过焦点 $F\left(\dfrac{1}{4}, 0\right)$，于是有 $k_{AB} = \dfrac{1}{1 - \dfrac{1}{4}} = \dfrac{4}{3}$，

直线 AB 的方程为 $y - 1 = \dfrac{4}{3}(x - 1)$，变形得 $4x - 3y - 1 = 0$，

联立 $\begin{cases} 4x - 3y - 1 = 0 \\ y^2 = x \end{cases}$ 得 $4y^2 - 3y - 1 = 0$，

据此可得 $y_1 + y_2 = \dfrac{3}{4}$，$y_1 y_2 = -\dfrac{1}{4}$，故 A 正确.

$$|AB| = \sqrt{1 + \dfrac{1}{k_{AB}^{\,2}}}\,|y_1 - y_2| = \sqrt{1 + \dfrac{1}{\left(\dfrac{4}{3}\right)^2}}\,\sqrt{(y_1 + y_2)^2 - 4y_1 y_2}$$

$$= \dfrac{5}{4} \cdot \sqrt{\left(\dfrac{4}{3}\right)^2 - 4 \times \left(-\dfrac{1}{4}\right)} = \dfrac{25}{16},$$

故 B 错误.

因为 $|AP| = \dfrac{41}{16} - 1 = \dfrac{25}{16} = |AB|$，所以 $\angle APB = \angle ABP$，

由光学性质可知 $AP /\!/ x$ 轴，$BQ /\!/ x$ 轴，于是有 $AP /\!/ BQ$，

所以 $\angle APB = \angle PBQ$，所以 $\angle ABP = \angle PBQ$，即 PB 平分 $\angle ABQ$，故 C 正确.

因为 $y_1 = 1, y_1 + y_2 = \dfrac{3}{4}$，所以 $y_2 = -\dfrac{1}{4}$，

直线 AO 的方程为 $y = x$，由 $\begin{cases} y = x \\ x = -\dfrac{1}{4} \end{cases}$ 解得 $\begin{cases} x = -\dfrac{1}{4}, \\ y = -\dfrac{1}{4}, \end{cases}$ 所以点 C 的坐标为 $\left(-\dfrac{1}{4}, -\dfrac{1}{4}\right)$，

所以 C, B, Q 三点的纵坐标相同，所以 C, B, Q 三点共线，故 D 正确.

故选 ACD.

变式 4　（多选题）椭圆有这样的光学性质：从椭圆的一个焦点出发的光线，经椭圆反射后，反射光线经过椭圆的另一个焦点. 今有一个水平放置的椭圆形台球盘，点 A, B 是它的焦点，长轴长为 $2a$，焦距为 $2c$，静放在点 A 的小球（小球的半径不计），从点 A 沿直线出发，经椭圆壁反弹后第一次回到点 A 时，小球经过的路程是（　　）.

A.$2a$　　　　　B.$2(a - c)$　　　　　C.$2(a + c)$　　　　　D.$4a$

变式 5　双曲线的光学性质为：从双曲线一个焦点发出的光，经过反射后，反射光线的反向延长线都汇聚到双曲线的另一个焦点上（图 7）. 若双曲线 E 的焦点分别为 F_1, F_2，经过 F_2 且与 F_1F_2 垂直的光线经双曲线 E 反射后，与 F_1F_2 成 $45°$ 角，则双曲线 E 的离心率为（　　）.

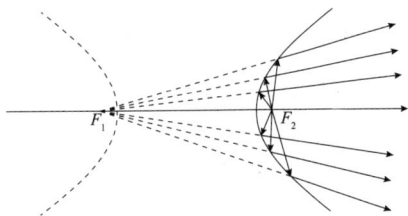

图 7

A.$\sqrt{2}$　　　　　B.$\sqrt{2} + 1$

C.$2\sqrt{2}$　　　　　D.$2\sqrt{2} - 1$

变式分析：变式 4 是椭圆的光学性质的体现，变式 5 则是双曲线的光学性质，这两道题的难度不大，能为后续学习和针对训练打下基础，至此已向学生全面介绍了各种圆锥曲线的光学性质.

『教学启示』

在新教材中，圆锥曲线的光学性质出现在圆锥曲线简单的几何性质之后，这说明圆锥曲线的光学性质是圆锥曲线重要的简单几何性质之一. 这一性质在教材中多次出现，在实际生活中也多有应用，这充分地说明了"数学是有用的". 本文选择的教材习题虽然可以用常规的解析几何方法解决，但是如果能够清楚圆锥曲线的光学性质，往往能为我们解决问题带来极大便利. 就如后文高考预测第 1 题一样，大家不妨比较一下用传统方法和光学性质解题的区别.

我们在研读教材习题、阅读教材阅读材料的过程中，应对圆锥曲线的光学性质有所认识和了解，不能因为它只是教材中的习题和阅读材料就忽视它. 高考曾考查过圆锥曲线的光学性质，因此在备考中我们应该对这一知识加以重视，即便将其作为二轮专题复习也是有必

要的,力求做到防范于未然,以不变应万变. 希望大家既重视圆锥曲线与解析几何的基本知识、基本方法的教学,又重视教材通过习题多次传递给我们的一些知识和方法.

『高考预测』

1.如图8,F_1,F_2为椭圆$C: \dfrac{x^2}{a^2} + \dfrac{y^2}{b^2} = 1(a > b > 0)$的左、右焦点,直线$l$过$F_1$且交椭圆$C$于$A$,$B$,过$A$,$B$分别作椭圆$C$的切线相交于点$P$. 若$\angle APB = 65°$,则$\angle AF_2B =$ _____.

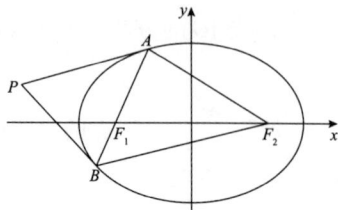

参考答案:$50°$.

图8

2.如图9,从抛物线$y^2 = 2px(p > 0)$的焦点F发出的两条光线a,b分别经抛物线上的A,B两点反射,已知两条入射光线与x轴的夹角均为$60°$,且两条反射光线a'和b'之间的距离为$\dfrac{4\sqrt{3}}{3}$,则$p =$(   ).

A.1　　　　　　B.2　　　　　　C.3　　　　　　D.4

分析:写出直线AF,BF的方程,

求出$A\left(\dfrac{1}{6}p, \dfrac{\sqrt{3}}{3}p\right)$,$B\left(\dfrac{3}{2}p, \sqrt{3}p\right)$,由$|y_B - y_A| = \dfrac{4\sqrt{3}}{3}$,解出$p$.

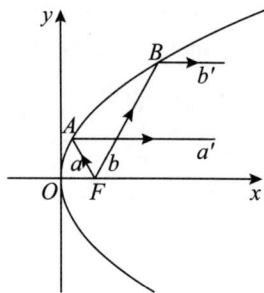

解析:抛物线$y^2 = 2px(p > 0)$的焦点$F\left(\dfrac{p}{2},\ 0\right)$,

由$\angle OFA = 60°$,得到直线AF的方程为$y - 0 = -\sqrt{3}\left(x - \dfrac{p}{2}\right)$,

即$y = -\sqrt{3}\left(x - \dfrac{p}{2}\right)$,

图9

联立$\begin{cases} y = -\sqrt{3}\left(x - \dfrac{p}{2}\right) \\ y^2 = 2px \end{cases}$得$3\left(x - \dfrac{p}{2}\right)^2 = 2px$,

解得$x = \dfrac{1}{6}p$或$x = \dfrac{3}{2}p$,可得$A\left(\dfrac{1}{6}p, \dfrac{\sqrt{3}}{3}p\right)$.

同理,直线BF的方程为$y - 0 = \sqrt{3}\left(x - \dfrac{p}{2}\right)$,即$y = \sqrt{3}\left(x - \dfrac{p}{2}\right)$,

联立$\begin{cases} y = \sqrt{3}\left(x - \dfrac{p}{2}\right), \\ y^2 = 2px, \end{cases}$解得$B\left(\dfrac{3}{2}p, \sqrt{3}p\right)$.

所以$|y_B - y_A| = \dfrac{2\sqrt{3}}{3}p = \dfrac{4\sqrt{3}}{3}$,解得$p = 2$.

故选B.

3.我国首先研制成功的"双曲线新闻灯",利用了双曲线的光学性质(图10):F_1、F_2是双曲线的左、右焦点,从F_2发出的光线m射在双曲线右支上一点P,经点P反射后,反射光线的反向延长线过F_1;当P异于双曲线顶点时,双曲线在点P处的切线平分$\angle F_1PF_2$. 若双曲线C的方程为$\dfrac{x^2}{9} - \dfrac{y^2}{16} = 1$,则下列结论不正确的是(　　).

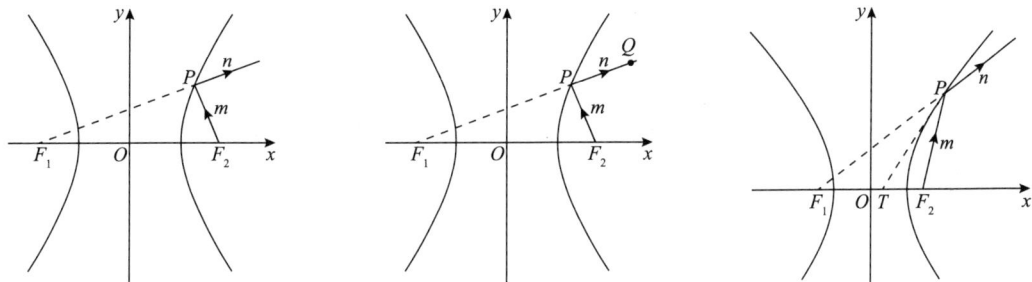

图10

A.射线n所在直线的斜率为k,则$k \in \left(-\dfrac{4}{3}, \dfrac{4}{3}\right)$

B.当$m \perp n$时,$|PF_1| \cdot |PF_2| = 32$

C.当n过点$Q(7, 5)$时,光由F_2到P再到Q所经过的路程为13

D.若$T(1, 0)$,直线PT与C相切,则$|PF_2| = 12$

分析:求出双曲线的渐近线方程,可判断A选项;利用勾股定理以及双曲线的定义可判断B选项;利用双曲线的定义可判断C选项;利用角平分线定理结合双曲线的定义可判断D选项.

解析:在双曲线$\dfrac{x^2}{9} - \dfrac{y^2}{16} = 1$中,$a = 3$,$b = 4$,则$c = 5$,易知点$F_1(-5, 0)$、$F_2(5, 0)$.

设$|PF_1| = u$,$|PF_2| = v$,

对于A选项,因为双曲线$\dfrac{x^2}{9} - \dfrac{y^2}{16} = 1$的渐近线方程为$y = \pm\dfrac{4}{3}x$,

当点P在第一象限内运动时,随着x_0的增大,射线n慢慢接近直线$y = \dfrac{4}{3}x$,此时$0 < k < \dfrac{4}{3}$,

同理可知当点P在第四象限内运动时,$-\dfrac{4}{3} < k < 0$,

当点P为双曲线的右顶点时,$k = 0$,

综上所述,k的取值范围是$\left(-\dfrac{4}{3}, \dfrac{4}{3}\right)$,A正确.

对于 B 选项, 当 $m \perp n$ 时, $u - v = 2a = 6$,

$u^2 + v^2 = (u - v)^2 + 2uv = 36 + 2uv = 10^2$, 所以, $|PF_1| \cdot |PF_2| = uv = 32$, B 正确.

对于 C 选项, $|F_1Q| = \sqrt{(7+5)^2 + 5^2} = 13$,

故 n 过点 $Q(7, 5)$ 时, 光由 F_2 到 P 再到 Q 所经过的路程为 $|PF_2| + |PQ| = |PF_1| - 2a + |PQ| = |F_1Q| - 6 = 7$, C 错误.

对于 D 选项, 若 $T(1, 0)$, 由角平分线定理可得 $\dfrac{S_{\triangle PF_1T}}{S_{\triangle PF_2T}} = \dfrac{|PF_1|}{|PF_2|} = \dfrac{|F_1T|}{|F_2T|} = \dfrac{6}{4} = \dfrac{3}{2}$,

即 $\dfrac{6 + |PF_2|}{|PF_2|} = \dfrac{3}{2}$, 解得 $|PF_2| = 12$, D 正确.

故选 C.

谨防"空集"陷阱　勿忘"端点"效应

——以"集合间的基本关系"为例

开阳县第三中学　　毕朝前

『习题再现』

《高中数学(A版)》(必修第一册)第9页拓广探索第5题第(2)小题：

已知集合 $A = \{x \mid 0 < x < a\}$，$B = \{x \mid 1 < x < 2\}$，若 $B \subseteq A$，求实数 a 的取值范围．

『解题分析』

【习题情境】只要研究问题，就有研究对象，这些研究对象都是数学问题中的元素．一方面，把一些元素放在一起作为一个整体看待，就形成一个集合，因而元素、集合是处处存在的．另一方面，从有关自然数的 Peano 公理，以及关于欧氏几何的公理体系可以得出，无论是"数量关系"、"空间形式"中涉及的对象和语言概念，还是"数形结合"中遇到的对象和概念，都能用集合论的语言(元素、集合、属于、子集、映射等)给出它们的定义．选择此习题，既体现了数学悠久的历史文化，也体现了逻辑推理、数学运算、直观想象等数学核心素养．

【知识考点】集合与常用逻辑用语是高考数学的必考题型之一，常以小题形式出现，属于简单题型．集合间的基本关系的习题，不仅要求学生能准确理解子集的概念，还要理解集合间的基本关系．

【思路分析】要解决一个数学问题，首先应弄清题意，如审题分三步："求什么"→"有什么"→"怎么求"．其次要挖掘与此题相关的知识点的定义是什么，性质是什么．最后对相关知识点进行再认识，找出联系它们之间的桥梁，从而解决此题．

『一题多解』

解法1：定义法．

集合 $A = \{x \mid 0 < x < a\}$，$B = \{x \mid 1 < x < 2\}$，且 $B \subseteq A$，由子集定义，即集合 B 中任意一个

元素都是集合A中的元素,故$a \geqslant 2$.

解法分析:此题考点为集合间的基本关系,通过两个数集间的基本关系考查数学运算、逻辑推理等核心素养. 以其中一个含参集为载体,考查子集的概念并对参数的取值范围进行探索,特别注重"端点是否可取"的取等问题.

解法2:数形结合思想.

第一步:如图1,利用数轴直观表示集合B,集合A.

第二步:因为$B \subseteq A$,所以$a \geqslant 2$.

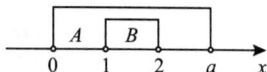

图1

解法分析:此解法意在培养学生对数形结合思想、逻辑推理的数学素养的理解,同时也为集合间基本关系问题的求解指明了方向.

『一题多思』

通过上文中习题的求解过程可知,要解决一个问题,优先考虑的是它的定义、图象、性质等. 解法1是定义法,判断一个集合A中的元素是否全部属于另一个集合B,若是,则$B \subseteq A$,否则A不是B的子集;解法2是数形结合法,利用数轴或Venn图能更好地体现包含关系.

『一题多变』

变式1 已知集合$A = \{x | x^2 - 3x + 2 = 0\}$,$B = \{x | x^2 + 2(a + 1)x + a^2 - 5 = 0\}$,若$B \subseteq A$,则$a$的取值范围为_____.

变式分析:教材例题、习题注重基础且具有代表性,变式1将习题变换情境,将已知集合中的不等式的x的取值范围变换成求方程解,且其中一个方程是含参的一元二次方程,因此需要注意不能忽略了$B = \varnothing$这种情况.

解析:由题得$A = \{1, 2\}$,因为$B \subseteq A$,则$B = \varnothing$或集合B为$\{1\}$或$\{2\}$或$\{1, 2\}$.

当$B = \varnothing$时,$\Delta = 4(a + 1)^2 - 4(a^2 - 5) = 8a + 24 < 0$,解得$a < -3$;

当$B = \{1\}$时,则$\begin{cases} \Delta = 8a + 24 = 0, \\ 1 + 4(a + 1) + a^2 - 5 = 0, \end{cases}$ 无解;

当$B = \{2\}$时,则$\begin{cases} \Delta = 8a + 24 = 0, \\ 4 + 4(a + 1) + a^2 - 5 = 0, \end{cases}$ 解得$a = -3$;

当$B = \{1, 2\}$时,则$\Delta = 8a + 24 > 0$,且$\begin{cases} 1 + 2(a + 1) + a^2 - 5 = 0, \\ 4 + 4(a + 1) + a^2 - 5 = 0, \end{cases}$ 无解.

综上,$a \leqslant -3$.

变式2 设$A = \{x | x^2 + 8x = 0\}$,$B = \{x | x^2 + 2(a + 2)x + a^2 - 4 = 0\}$,其中$a \in \mathbf{R}$,如果$A \bigcup B = A$,求实数$a$的取值范围.

变式分析:在变式1的基础上,本题将集合间的基本关系变换成集合的运算性质(交、并、补的性质),如 $A \bigcup B = A$、$A \bigcap B = B$ 等运算性质,其本质是考查集合间的基本关系,变换一定情境而得到此题.

解析:∵ $x^2 + 8x = 0$,∴ $(x + 8)x = 0$,解得 $x = 0$ 或 $x = -8$,∴ $A = \{0, -8\}$.

∵ $A \bigcup B = A$,∴ $B \subseteq A$,(利用 Venn 图理解)

∴ B 可能为 $\varnothing$,$\{0\}$,$\{-8\}$,$\{0, -8\}$,

方程 $x^2 + 2(a + 2)x + a^2 - 4 = 0$,

$\Delta = 4(a + 2)^2 - 4(a^2 - 4) = 16(a + 2)$.

①当 $\Delta = 0$,即 $a = -2$ 时,此时 $B = \{0\}$,符合题意;

②当 $\Delta < 0$,即 $a < -2$ 时,得 $B = \varnothing$,符合题意;

③当 $\Delta > 0$,即 $a > -2$ 时,方程有两个不等根,若为 $0, -8$,则必须满足 $\begin{cases} -8 = -2(a + 2), \\ 0 = a^2 - 4, \end{cases}$

解得 $a = 2$.

综上可知,实数 a 的取值范围是 $\{a \mid a = 2$ 或 $a \leqslant -2\}$.

变式 3 若 $x^2 - 3x - 4 > 0$ 是 $x^2 - 3ax - 10a^2 > 0$ 的必要不充分条件,求实数 a 的取值范围.

变式分析:本题依据教材习题,将条件变换成一元二次不等式的求解,并与充分条件和必要条件交汇. ①本题涉及含参的一元二次不等式的求解,要注意对两个根"$5a$""$-2a$"进行大小比较,才有"$a = 0$,$a > 0$,$a < 0$"的分类;②从集合的角度理解充分条件和必要条件.

解析:由 $x^2 - 3x - 4 > 0$ 得 $x > 4$ 或 $x < -1$,即不等式的解集为 $A = \{x \mid x > 4$ 或 $x < -1\}$.

由 $x^2 - 3ax - 10a^2 > 0$ 得 $(x + 2a)(x - 5a) > 0$,

若 $a = 0$,则不等式的解为 $x \neq 0$,此时不等式的解集为 $B = \{x \mid x \neq 0\}$;

若 $a > 0$,则不等式的解集为 $B = \{x \mid x > 5a$ 或 $x < -2a\}$;

若 $a < 0$,则不等式的解集为 $B = \{x \mid x > -2a$ 或 $x < 5a\}$.

若 $x^2 - 3x - 4 > 0$ 是 $x^2 - 3ax - 10a^2 > 0$ 的必要不充分条件,则 B 是 A 的真子集,

则当 $a = 0$ 时,不满足条件.

当 $a > 0$ 时,满足 $\begin{cases} 5a \geqslant 4, \\ -2a \leqslant -1, \end{cases}$ 得 $a \geqslant \dfrac{4}{5}$;

当 $a < 0$ 时,满足 $\begin{cases} -2a \geqslant 4, \\ 5a \leqslant -1, \end{cases}$ 得 $a \leqslant -2$.

综上,实数 a 的取值范围为 $\left\{a \mid a \geqslant \dfrac{4}{5}$ 或 $a \leqslant -2\right\}$.

变式 4 从给出的三个条件①$a = 1$;②$a = 2$;③$a = 3$ 中选出一个合适的条件,补充在下

面问题中,并完成解答.

已知集合 $A = \{0,\ a + 2\}$,$B = \{0,\ 1,\ a^2\}$,

(1)若"$x \in A$"是"$x \in B$"的充分不必要条件是假命题,求实数 a 的值;

(2)已知_____,若集合 C 含有两个元素且满足 $C \subseteq A \cup B$,求集合 C.

注:如果选择多个条件分别解答,则按第一个解答计分.

变式分析: 变式4设有多问,第(1)问是根据集合与常用逻辑用语的相关知识将命题的否定或集合的补集进行交汇;第(2)问是预设一个残缺型的新高考题型,遇到假命题或否定形式的题型时,常采用正难则反的解题思想.

解析:(1)由"$x \in A$"是"$x \in B$"的充分不必要条件是假命题,可先假设此命题为真命题.因为"$x \in A$"是"$x \in B$"的充分不必要条件为真命题,所以 B 是 A 的真子集,当 $a + 2 = 1$,即 $a = -1$ 时,得 $B = \{0,\ 1,\ 1\}$,不符合题意;当 $a + 2 = a^2$ 时,得 $a = -1$ 或 $a = 2$,即 $a = 2$ 时,此时 $A = \{0,\ 4\}$,$B = \{0,\ 1,\ 4\}$,满足题意,所以 $a = 2$. 故 $a \in \{a \mid a \neq 2\}$.

(2)根据题意,若选择条件①,则 $B = \{0,\ 1,\ 1\}$,不符合题意,故可选择条件②或③.

若选择条件②,$A = \{0,\ 4\}$,$B = \{0,\ 1,\ 4\}$,所以 $A \cup B = \{0,\ 1,\ 4\}$,所以 $C = \{0,\ 1\}$ 或 $C = \{0,\ 4\}$ 或 $C = \{1,\ 4\}$.

若选择条件③,$A = \{0,\ 5\}$,$B = \{0,\ 1,\ 9\}$,所以 $A \cup B = \{0,\ 1,\ 5,\ 9\}$,所以 $C = \{0,\ 1\}$ 或 $C = \{0,\ 5\}$ 或 $C = \{0,\ 9\}$ 或 $C = \{1,\ 5\}$ 或 $C = \{1,\ 9\}$ 或 $C = \{5,\ 9\}$.

『教材溯源』

变式练习主要根据教材的习题与高考真题改编而来,例如变式2就是《高中数学(A版)》(必修第一册)第35页综合运用第9题所改编:

已知集合 $A = \{1,\ 3,\ a^2\}$,$B = \{1,\ a + 2\}$,是否存在实数 a,使得 $A \cup B = A$,若存在,试求出实数 a 的值;若不存在,请说明理由.

习题分析: 本题考查集合间基本关系与集合的运算性质,①遇到集合间基本关系的问题 $B \subseteq A$;②$A \cup B = A$ 等运算性质,其本质是考查子集的定义.

解析: 由 $A \cup B = A$,所以 $B \subseteq A$,

当 $a + 2 = 3$,即 $a = 1$ 时,得 $A = \{1,\ 3,\ 1\}$,不符合题意.

当 $a + 2 = a^2$ 时,得 $a = -1$ 或 $a = 2$,

当 $a = -1$ 时,得 $A = \{1,\ 3,\ 1\}$,$B = \{1,\ 1\}$,不符合题意;

当 $a = 2$ 时,此时 $A = \{1,\ 3,\ 4\}$,$B = \{1,\ 4\}$,符合题意.

所以 $a = 2$.

『习题推广』

已知命题 p:关于 x 的方程 $x^2 - 2ax + 2a^2 - a - 6 = 0$ 有实数根,命题 $q:m - 1 \leqslant a \leqslant m + 3$.

(1)若命题 $\neg p$ 是真命题,求实数 a 的取值范围;

(2)若 p 是 q 的必要不充分条件,求实数 m 的取值范围.

问题分析:根据命题 p 是假命题,可得到 $\Delta < 0$,从而求出参数 a 的取值范围;由第(1)问可知 $a > 3$ 或 $a < -2$,则 $p:A = \{a|-2 \leqslant a \leqslant 3\}$;$q:B = \{a|m - 1 \leqslant a \leqslant m + 3\}$,依题意可得 B 是 A 的真子集,解得 m 即可.

解析:(1)因为命题 $\neg p$ 是真命题,所以命题 p 是假命题,

所以方程 $x^2 - 2ax + 2a^2 - a - 6 = 0$ 无实根,

所以 $\Delta = (-2a)^2 - 4(2a^2 - a - 6) = -4a^2 + 4a + 24 < 0$,

即 $a^2 - a - 6 > 0$,变形得 $(a - 3)(a + 2) > 0$,解得 $a > 3$ 或 $a < -2$,

所以实数 a 的取值范围是 $(-\infty, -2) \cup (3, +\infty)$.

(2)由第(1)问求解可知,命题 p 为真命题时,$-2 \leqslant a \leqslant 3$.

记 $A = \{a|-2 \leqslant a \leqslant 3\}$,$B = \{a|m - 1 \leqslant a \leqslant m + 3\}$,

因为 p 是 q 的必要不充分条件,所以 B 是 A 的真子集,

所以 $\begin{cases} m - 1 \geqslant -2, \\ m + 3 \leqslant 3, \end{cases}$（等号不同时取得）

解得 $-1 \leqslant m \leqslant 0$,故实数 m 的取值范围是 $\{m|-1 \leqslant m \leqslant 0\}$.

『习题启发』

【对课堂教学的思考】

课堂教学不仅要教教材知识,还应教会学生审题、解题,从解题中提炼思维方法. 根据集合间的包含关系求参数范围的方法:(1)一般地,若集合元素是一一列举的,依据集合间的关系,转化为解方程(组)求解,此时需注意集合中元素的互异性;若集合表示的是不等式的解集,常依据数轴转化为不等式(组)求解,此时需注意端点值能否取到.(2)已知两个集合之间的包含关系求参数时,要明确集合中的元素,对子集是否为空集进行分类讨论,要注意这一隐含的条件,做到不漏解.

【对解题教学的思考】

解题教学是学习数学的重要方式,学生通过解题来学习数学,有利于提升数学素养. 此题主要包含数学直观、逻辑推理、数学运算等素养,利用数轴解决集合运算问题时,要注意端点的"取"与"不取". 利用坐标平面解决集合运算问题时,必须准确把握集合的含义,弄清楚每个集合在平面上所表示的区域. 目前新高考数学试卷中出现了一种新题型——结构不良

试题,这种题型能有效考查考生的创新能力,因此我们必须熟练掌握解决这类问题的方法和技巧. 结构不良试题实质上是一种特殊的开放题,一般这类题目的条件不完备,需要考生自行补充条件才能解答. 对于利用充分条件和必要条件求参数的取值范围,主要是根据集合的包含关系与充分条件和必要条件的关系,将问题转化为集合之间的关系,建立关于参数的不等式(组)求解,体现了多题一解的数学思想.

『真题再现』

通过重现高考真题,让学生提前了解高考的命题趋势.

(2023·新高考 Ⅱ 卷·2)设集合 $A = \{0, \ -a\}, B = \{1, \ a-2, \ 2a-2\}$,若 $A \subseteq B$,则 $a =$ (   ).

A.2   B.1   C.$\dfrac{2}{3}$ D.-1

解析:因为 $A \subseteq B$,则有

 若 $a-2 = 0$,解得 $a = 2$,此时 $A = \{0, \ -2\}, B = \{1, \ 0, \ 2\}$,不符合题意;

 若 $2a-2 = 0$,解得 $a = 1$,此时 $A = \{0, \ -1\}, B = \{1, \ -1, \ 0\}$,符合题意.

综上所述,$a = 1$.

故选 B.

『感悟提升』

对于教材中集合习题的学习,学生应该从以下几个方面理解问题:从代数视角看,此类问题都是由等式或不等式构成集合的相关问题,处理方法遵循"一定一动,先定后动"的主元思想. ①利用集合的关系求参数的范围问题,常涉及两个集合,其中一个为动集合(含参数),另一个为静集合(具体的),解答时常借助数轴来建立变量间的关系,需特别注意端点问题. ②空集是任何集合的子集,因此在解 $A \subseteq B (B \neq \varnothing)$ 的含参数的问题时,要注意讨论 $A = \varnothing$ 和 $A \neq \varnothing$ 两种情况,前者常被忽视,导致思考问题不全面.

在单元教学讲解习题时要常用"变式练习",充分发挥多题一解的功能,通过对同类问题的有效选取和设计,利用微专题讲清一类问题. 教师不仅要讲习题的精彩解法,更要深入剖析每一道习题的内涵和背景,要让学生知其然,更知其所以然. 通过"变式练习",达到"自发领悟"和"自觉分析"的境界.

融计数原理　探定理生成

——"二项式定理"的本质应用

贵州省实验中学　　黄丹丹

『习题再现』

《高中数学(A版)》(选择性必修第三册)第31页练习第5题：

在$(x-1)(x-2)(x-3)(x-4)(x-5)$的展开式中,含$x^4$的项的系数是_____.

(为了便于表述,下文将该题简称为原题)

『解题分析』

【试题情境】笔者所在学校的高二下学期某次联考的数学试卷中,出现了下题：

"在$(x+1)(x-2)(x+3)(x-4)(x+5)(x-6)$的展开式中,含$x^5$的项的系数是_____."
该题显然由原题改编而来. 阅卷后数据分析显示,改编题的年级平均分是3.271(满分是5分),答题情况不容乐观. 在监考过程中,笔者也观察到,大多数学生不解其意,直接写出展开式进而得到答案,深究其因,学生没有深刻理解二项式定理的生成过程,所以在遇到这类问题时难以从展开式各项的生成过程来思考问题.

【思路分析】大多数学生采用解法1(详见后文解法1)进行机械运算,几乎没有学生考虑解法2(详见后文解法2). 其实,学生只要理解二项式定理的生成过程,就不难想到解法2.

【知识考点】运用转化与化归的思想,将一个非二项展开式问题转化为与二项展开式有关的问题.

『一题多解』

解法1:机械运算.

$$(x-1)(x-2)(x-3)(x-4)(x-5)$$
$$= (x^2 - 3x + 2)(x^2 - 7x + 12)(x - 5)$$
$$= (x^4 - 10x^3 + 35x^2 - 50x + 24)(x - 5)$$
$$= x^5 - 15x^4 + 85x^3 - 225x^2 + 274x - 120,$$

因此,含 x^4 的项的系数是 -15.

解法2:生成法.

含 x^4 的项可看作 $(x-1)$、$(x-2)$、$(x-3)$、$(x-4)$、$(x-5)$ 这5个括号中有4个括号取 x,另1个括号取常数相乘所得,所以展开式中含 x^4 的项的系数是

$$(-1) + (-2) + (-3) + (-4) + (-5) = -15.$$

『一题多思』

解法1直接将 $(x-1)(x-2)(x-3)(x-4)(x-5)$ 展开,从而得到含 x^4 的项的系数是 -15. 考试结束后学生说改编题太难计算了,认为是解法不对,但想不到更好的解法.

解法2运用分步乘法计数原理和分类加法计数原理求出特定项的系数,转化与化归能力是解决问题的关键. 解法2其实是对二项式定理生成过程的应用,即 $(a + b)^n$ 是 n 个 $(a + b)$ 相乘,每个 $(a + b)$ 在相乘时有两种选择,选 a 或 b,而且每个 $(a + b)$ 中的 a 或 b 都选定后,将它们相乘才能得到展开式的一项.

『试题背景』

《课程标准》明确指出高中数学课程以学生发展为本,落实立德树人根本任务,培育科学精神和创新意识,提升数学学科核心素养. 配套的教师教学用书在第六章的核心知识评价要求及思想方法评价要求中指出,要关注学生能否运用转化与化归的思想,将一个非二项展开式问题转化为与二项展开式有关的问题,然后利用有关公式、定理解决问题.

通过新旧教材对比发现,原题是新教材在课后习题中加入的新题,主要考查学生的转化与化归能力. 解决原题需要学生真正理解二项式定理的生成过程,这类新题型在新高考中应予以重视.

『一题多变』

变式1 在 $(x-1)(x-2)(x-3) \cdots (x-99)$ 的展开式中,含 x^{98} 的项的系数是_____.

变式分析:原题的解法存在解法1这个"漏洞",使得学生陷入机械运算,失去了原题的考查价值. 因此本题强化条件,促使学生考虑解法2,灵活运用分步乘法计数原理和分类加法计数原理求出特定项的系数,考查学生转化与化归的关键能力.

解析:含 x^{98} 的项可看作 $(x-1)$、$(x-2)$、$(x-3)$、$\cdots$、$(x-99)$ 这99个括号中有98个括号

取 x, 另 1 个括号取常数相乘所得, 所以展开式中含 x^{98} 的项的系数是

$$(-1) + (-2) + (-3) + \cdots + (-99) = \frac{(-1 - 99) \times 99}{2} = -4950.$$

变式 2 在 $(1 + x)(1 + x + x^2)\cdots(1 + x + x^2 + \cdots + x^{99})$ 的展开式中, 按 x 的升幂排列的第 2 项的系数、展开式的项数分别为(   ).

A.98; A_{100}^{99} B.98; 4951   C.99; A_{100}^{99} D.99; 4951

变式分析: 在变式 1 的基础上求展开式的项数, 学生根据分步乘法计数原理可得展开式在合并同类项之前共有 A_{100}^{99} 项, 但学生由于没有考虑到合并同类项容易选错.

解析: 按 x 的升幂排列的第 2 项的系数为展开式中含 x 的项的系数, 可看作 $(1 + x)$、$(1 + x + x^2)$、$\cdots$、$(1 + x + x^2 + \cdots x^{99})$ 这 99 个括号中有 1 个括号取 x, 剩余 98 个括号取常数 1 相乘所得, 所以展开式中含 x 的项的系数是 99; 展开式的每一项由 99 个括号中各取一个因数相乘所得, 展开式由含 x^0、x^1、x^2、$\cdots$、$x^{1+2+\cdots+99}$ 的项组成, 且 $x^{1+2+\cdots+99} = x^{4950}$, 所以展开式的项数为 4951, 故选 D.

变式 3 求 $(1 + x + x^2 + x^3)^5$ 展开式中含 x^2 的项的系数.

变式分析: 这道题改编自苏教版教材习题: "求 $(x^2 + 3x + 2)^5$ 展开式中含 x 的项的系数", 笔者在搜索其解法时惊讶地发现, 网络上的解法主要有两种, 分别是将 $(x^2 + 3x + 2)^5$ 转化为 $[(x^2 + 3x) + 2]^5$ 或 $(x + 1)^5(x + 2)^5$. 可以看出, 这两种解法都是将非二项展开式问题转化为与二项展开式有关的问题, 但这两个解法都没有理解并应用二项式定理的生成过程, 这一现象说明这类题的解答方法较少关注知识的生成过程, 更关注数学结论的运用.

解析: $(1 + x + x^2 + x^3)^5$ 是 5 个 $(1 + x + x^2 + x^3)$ 相乘, 每个 $(1 + x + x^2 + x^3)$ 在相乘时有四种选择, 选 1 或 x 或 x^2 或 x^3, 含 x^2 的项可看作 5 个 $(1 + x + x^2 + x^3)$ 中有 2 个取 x、另 3 个取常数 1 相乘, 或看作 5 个 $(1 + x + x^2 + x^3)$ 中有 1 个取 x^2、另 4 个取常数 1 相乘, 所以展开式中含 x^2 的项是 $C_5^2 \times x \times x \times 1^3 + C_5^1 \times x^2 \times 1^4 = 15x^2$, 所以含 x^2 的项的系数是 15.

变式 4 求 $(1 + x + x^2 + x^3)^5(1 - x)^2$ 展开式中含 x^4 的项的系数.

变式分析: 由等比数列的前 n 项和可得 $1 + x + x^2 + x^3 = \frac{1 - x^4}{1 - x}$, 则原式化简为 $(1 - x^4)(1 - x)$, 计算可得答案.

解析: $(1 + x + x^2 + x^3)^5(1 - x)^2 = \frac{1 - x^4}{1 - x}(1 - x)^2 = (1 - x^4)(1 - x)$, 易知含 x^4 的项的系数 -1.

变式 5 用分步乘法计数原理求 $(x + y + z)^8$ 展开式的项数.

变式分析: 该题与变式 2 类似, 学生由于没有考虑到合并同类项, 容易答错. 不同的是, 该题不仅需要将展开式项数的问题转化为展开式各项 $x^a y^b z^c (a + b + c = 8)$ 的指数分配问题, 还要求学生能利用隔板法求得结果, 对学生逻辑思维、综合应用能力的要求较高.

解析:因为展开式的每一项总是形如 $x^a y^b z^c$ 的形式,且 $a+b+c=8$,其中 a,b,c 均为非负整数,利用隔板法,可以这么理解:8个1排成一列,每个1的两侧有2个空位,8个1的两侧共有9个空位,选一个空位插入2个隔板,或选两个空位分别插入2个隔板,共有 $C_9^1 + C_9^2 = 45$ 种,所以 $(x+y+z)^8$ 展开式的项数为45.

『习题启发』

【对课堂教学的思考】

二项式定理的展开过程是一个特殊的多项式乘法问题,其生成过程是两个计数原理及组合数公式的重要应用,从多项式乘法问题联想到组合问题,对于学生来说跨度很大,但一旦建立起知识之间的联系,转换看问题的角度后,学生又会感受到这种方法的巧妙与简单.所以在课堂教学中教师要注意以下两点:

(1)让学生经历二项式定理的生成过程. 引导学生分析 $(a+b)^2$、$(a+b)^3$、$(a+b)^4$ 展开式的规律时,应从多项式概念的要素出发,即项数、次数、项及其系数的规律,并由此总结归纳 $(a+b)^n$ 展开式各项的一般形式. 这个分析过程是我国南宋时期数学家杨辉探究发现"杨辉三角"的过程,符合学生认知的最近发展区,同时,这个分析过程让学生经历数学定理"先猜后证"的研究思路,有利于培养学生观察、分析、概括的能力.

(2)如何建立跨领域知识的联系. 学生很难想到把 $(a+b)^n$ 的展开式与组合数公式联系起来,因此用计数原理对 $(a+b)^2$ 的展开过程进行细致分析非常重要. 建立跨领域知识的联系是这节课的教学难点,为了突破教学难点,教师可做以下尝试:第一,让学生从 $(a+b)^2 = a^2 + 2ab + b^2$ 出发,计算 $(a+b)^3$、$(a+b)^4$ 的展开式,感受多项式乘法其实就是一个因式中的一项与另一个因式中的一项相乘,为跨领域知识的教学作铺垫;第二,通过递推的方法得到 $(a+b)^n$ 展开式各项的一般形式后,会发现得到展开式各项的系数有困难,此时教师提出问题"你能结合多项式乘法运算的过程,利用组合知识解释 ab 项的系数为什么等于2吗?"并通过追问引导学生思考"要完成的事是什么""如何完成",突破教学难点.

【对解题教学的思考】

二项式定理是代数公式,在数学中有着重要的应用,也是高考的高频考点. 在解题教学中,教师要注意以下两点:

(1)深度挖掘教材,培养学生的转化与化归能力. 教材中的例题、习题对考试及高考有示范和导向作用,《高中数学(A版)》(选择性必修第三册)"二项式定理"这节内容新增的习题有 $(x-1)(x-2)(x-3)(x-4)(x-5)$ 和 $(x^2+x+y)^5$,都是多项式乘法问题. 整理新高考试题中考查二项式定理的题目也发现,新高考也在考查多项式乘法问题,比如2022年新高考 I 卷中的 $\left(1-\dfrac{y}{x}\right)(x+y)^8$,2022年及2017年浙江卷中的 $(x+2)(x-1)^4$ 和 $(x+1)^3(x+2)^2$.

（2）重知识本源,轻解题技巧.关于解题教学的一个现状是教师在解题教学中只讲解解题方法,而不分析题目所蕴含的数学思想方法,不总结题目的通性通法.新高考提倡反刷题、反套路,因此在解题教学中教师要关注知识的本源,即知识的生成过程,弱化解题技巧,减少死记硬背,关注通性通法,弱化某些"巧法".

探寻问题本质　促进能力提高

——以直线中光的反射问题为例

息烽县第一中学　　郑春丽

『习题再现』

《高中数学(A版)》(选择性必修第一册)第68页习题2.2综合运用第13题:

一条光线从点 $P(6,4)$ 射出,与 x 轴相交于点 $Q(2,0)$,经 x 轴反射,求入射光线和反射光线所在直线的方程.

『解题分析』

【试题情境】本题将物理中光的反射问题与数学联系起来,实现了学科之间的融合. 在解决问题的过程中,利用数形结合的方法培养学生的直观想象素养. 利用对称性求直线方程给我们提供了便利,同时有利于培养学生的逻辑推理能力.

【思路分析】入射光线所在直线就是直线 PQ,可以通过两点式方程求得;反射光线所在直线已经过点 Q,所以可以从找斜率利用点斜式方程或者找直线经过的另一个点来求直线的方程.

【知识考点】本题考查了直线方程、点关于直线的对称点以及直线关于直线的对称直线及其应用,旨在考查学生逻辑推理、数学运算等核心素养.

『一题多解』

解法1:由题意得,入射光线所在直线就是直线 PQ,易得直线 PQ 的方程是 $\dfrac{y-0}{4-0} = \dfrac{x-2}{6-2}$,即 $x - y - 2 = 0$.

由反射原理知,直线 PQ 的倾斜角与反射光线所在直线的倾斜角互补,所以反射光线所在直线的斜率为-1,所以反射光线所在直线的方程为$y - 0 = -1(x - 2)$,即$x + y - 2 = 0$.

因此,入射光线所在直线的方程为$x - y - 2 = 0$,反射光线所在直线的方程为$x + y - 2 = 0$.

解法分析: 对于入射光线,其所在直线方程可以由P,Q两点坐标利用两点式写出. 对于反射光线,已经知道其所在直线过点Q,所以可以求出斜率,再利用点斜式解决. 由反射原理知道,入射光线、反射光线二者各自与x轴的夹角是相等的,即直线PQ与反射光线所在直线的倾斜角互补,斜率互为相反数. 由此可得入射光线和反射光线所在直线的方程. 引导学生从确定直线的要素出发去探索所缺条件,培养学生分析问题、解决问题的能力.

解法2: 由题意知,入射光线所在直线就是直线PQ,易得直线PQ的方程是$\dfrac{y - 0}{4 - 0} = \dfrac{x - 2}{6 - 2}$,即$x - y - 2 = 0$.

点$P(6, 4)$关于x轴的对称点为$P'(6, -4)$,则反射光线所在直线就是直线$P'Q$,易得$P'Q$的方程是$\dfrac{y - (-4)}{0 - (-4)} = \dfrac{x - 6}{2 - 6}$,即$x + y - 2 = 0$.

因此,入射光线所在直线的方程为$x - y - 2 = 0$,反射光线所在直线的方程为$x + y - 2 = 0$.

解法分析: 对于入射光线,其所在直线方程可以由P,Q两点坐标利用两点式写出. 对于反射光线,已经知道其所在直线过点Q,可以先求出反射光线所在直线经过的另一个点,然后利用两点式解决. 由反射原理知道,P点关于x轴的对称点P'在反射光线上,由此可得反射光线所在直线的方程.

解法3: 由题意得,入射光线所在直线就是直线PQ,易得直线PQ的方程是$\dfrac{y - 0}{4 - 0} = \dfrac{x - 2}{6 - 2}$,即$x - y - 2 = 0$.

由反射原理知入射光线关于x轴的对称直线即为反射光线所在直线.

由题意知反射光线所在直线的斜率存在,设反射光线所在直线方程为$y - 0 = k(x - 2)$,即$kx - y - 2k = 0$.

在x轴上取一点$A(1, 0)$,则点A到入射光线和反射光线所在直线的距离相等,

所以$\dfrac{|1 - 0 - 2|}{\sqrt{1^2 + (-1)^2}} = \dfrac{|k - 0 - 2k|}{\sqrt{k^2 + (-1)^2}}$,解得$k = \pm 1$,当$k = 1$时入射光线与反射光线重合,

所以$k = -1$,所以反射光线所在直线方程为$x + y - 2 = 0$.

因此,入射光线所在直线的方程为$x - y - 2 = 0$,反射光线所在直线的方程为$x + y - 2 = 0$.

解法分析：由反射原理知入射光线关于 x 轴的对称直线即为反射光线，由此也可求得反射光线所在直线方程．通过从对称的角度解决光的反射问题，培养学生的逻辑推理、数学运算素养．

『一题多思』

本题的情境为光线被直线镜面反射，考查的是解析几何中直线的对称问题．解析几何的本质是用坐标法研究几何量与几何性质，在引导学生解题时一定要从数与形的结合入手，利用图象分析几何特征，从而选择适当的方法解题．

通过该题的分析可以发现光线自点 $P_1(x_1, y_1)$ 入射到直线 l 上，那么点 P_1 关于直线 l 的对称点 $P_2(x_2, y_2)$ 必在反射光线所在直线 l' 上．

『试题背景』

本题选自《高中数学(A版)》(选择性必修第一册)"直线的方程"习题2.2综合运用第13题，光的反射问题是数学和物理的一个完美结合，通过研究解析几何中光的反射，科学家们可以推断出各种有关光线反射机制的结论．根据几何知识，光是以射线的形式传播的，因此解析几何中光的反射问题一般与直线相关知识紧密相关，其实光的反射问题在数学中的本质就是对称问题．本道习题主要研究入射光线和反射光线所在直线的方程，需要联系物理中光的反射规律进行解决，体现了学科融合的趋势．

【习题推广】《高中数学(A版)》(选择性必修第一册)第103页复习参考题2综合运用第12题：

已知直线 l：$x - 2y - 8 = 0$ 和 $A(-2, 0)$，$B(2, 4)$ 两点，若直线 l 上存在点 P 使得 $|PA| + |PB|$ 最小，求点 P 的坐标．

『一题多变』

变式1 已知点 $A(4, 0)$，$B(0, 4)$，从点 $P(2, 0)$ 射出的光线经直线 AB 反射后，再射到直线 OB 上，最后又经直线 OB 反射回点 P，则光线经过的路程为（　　）．

A.$\sqrt{10}$　　　　　　B.$2\sqrt{5}$

C.$2\sqrt{10}$　　　　　　D.$4\sqrt{5}$

变式分析：如图1，求出点 P 关于直线 AB 的对称点 Q 和点 P 关于 y 轴的对称点 T，则 QT 的长就是所求路程．

变式解析：由题意得直线 AB 的方程为 $x + y = 4$，

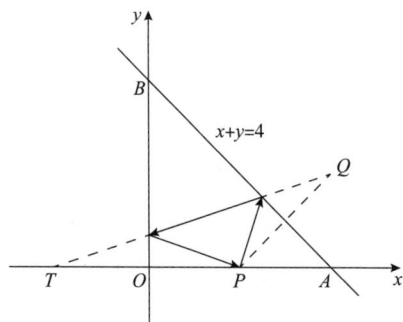

图1

设点 P 关于直线 AB 的对称点 Q 的坐标为 (a, b),则

$$\begin{cases} \dfrac{b}{a-2} = 1, \\ \dfrac{a+2}{2} + \dfrac{b}{2} = 4, \end{cases} \quad 解得 \begin{cases} a = 4, \\ b = 2, \end{cases} \quad 即点 Q 的坐标为 (4, 2).$$

点 P 关于 y 轴的对称点为 $T(-2, 0)$,据此可得 $|QT| = \sqrt{(-2-4)^2 + (0-2)^2} = 2\sqrt{10}$.

故选 C.

变式 2 在等腰直角三角形 ABC 中,$AB = AC = 4$,点 P 是边 AB 上异于 A,B 的一点,光从点 P 出发,反射后又回到点 P,反射点为 Q,R,若光线 QR 经过 $\triangle ABC$ 的重心,则点 P 的坐标为_____.

变式分析:根据给定条件,建立平面直角坐标系,设点 P 的坐标,再求出点 P 关于 AC,BC 的对称点坐标,借助三点共线列式求解作答.

变式解析:依题意,以点 A 为原点,直线 AB 为 x 轴,直线 AC 为 y 轴,

建立如图 2 所示的平面直角坐标系,

则点 A 的坐标为 $(0, 0)$,点 B 的坐标为 $(4, 0)$,

点 C 的坐标为 $(0, 4)$,

$\triangle ABC$ 的重心 G 的坐标为 $\left(\dfrac{4}{3}, \dfrac{4}{3}\right)$.

设点 P 的坐标为 $(x_0, 0)$,$x_0 \in (0, 4)$,

则点 P 关于 y 轴对称点 $P_1(-x_0, 0)$,

设点 P 关于直线 BC 的对称点 $P_2(a, b)$,

显然直线 BC 的方程为 $x + y - 4 = 0$,于是有

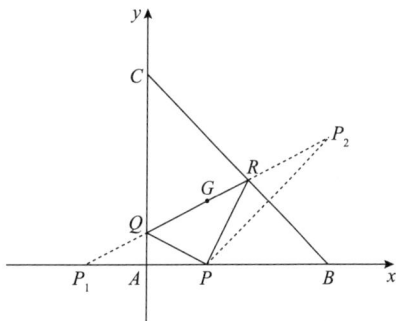

图 2

$$\begin{cases} \dfrac{b-0}{a-x_0} = 1, \\ \dfrac{a+x_0}{2} + \dfrac{b+0}{2} - 4 = 0, \end{cases} \quad 解得 \begin{cases} a = 4, \\ b = 4-x_0, \end{cases} \quad 即点 P_2(4, 4-x_0).$$

由光的反射原理知,光线 QR 过点 P_1,也过点 P_2,

而光线 QR 经过 $\triangle ABC$ 的重心 G,因此点 P_1,G,P_2 共线,则有

$$\dfrac{\dfrac{4}{3}-0}{\dfrac{4}{3}-(-x_0)} = \dfrac{(4-x_0)-0}{4-(-x_0)}, 整理得 \dfrac{4}{4+3x_0} = \dfrac{4-x_0}{4+x_0}, 解得 x_0 = \dfrac{4}{3}, 所以 AP = \dfrac{4}{3}.$$

故答案为 $\dfrac{4}{3}$.

变式 3 已知 $A(-1, 3)$,$B(3, 1)$,从点 $(m, 2)$ 处射出的光线经 x 轴反射后,反射光线与

AB 平行,且点 B 到该反射光线的距离为 $\sqrt{5}$,则实数 $m =$ _____.

变式分析:根据平行线的性质设出反射光线的方程,结合点到直线距离公式进行求解即可.

变式解析:因为 $k_{AB} = \dfrac{3-1}{-1-3} = -\dfrac{1}{2}$,故可设反射光线的方程为 $x + 2y + C = 0$,

因为点 B 到该直线的距离为 $\sqrt{5}$,故 $\dfrac{|3+2+C|}{\sqrt{5}} = \sqrt{5}$,解得 $C = 0$ 或 $C = -10$.

当 $C = 0$ 时,反射光线的方程为 $x + 2y = 0$,

点 $(m, 2)$ 关于 x 轴对称的点的坐标为 $(m, -2)$,显然点 $(m, -2)$ 在反射光线上,

将点 $(m, -2)$ 代入方程得 $m - 4 = 0$,故 $m = 4$;

当 $C = -10$ 时,反射光线的方程为 $x + 2y - 10 = 0$,

将点 $(m, -2)$ 代入方程解得 $m = 14$.

综上,$m = 4$ 或 14.

故答案为 4 或 14.

变式 4 已知椭圆 $E: \dfrac{x^2}{a^2} + \dfrac{y^2}{b^2} = 1 (a > b > 0)$ 的焦距为 $2\sqrt{2}$ 且过点 $M\left(\sqrt{3}, 0\right)$,

(1)求椭圆 E 的标准方程;

(2)已知直线 $l: y = kx - 1$,是否存在 k 使得点 $A\left(\dfrac{3}{2}, \dfrac{1}{2}\right)$ 关于 l 的对称点 B(不同于点 A)在椭圆 E 上?若存在,求出此时直线 l 的方程;若不存在,说明理由.

解析:(1)由题意有 $a^2 = 3$,$c = \sqrt{2}$,所以 $b^2 = a^2 - c^2 = 1$.

因此,椭圆 E 的标准方程为 $\dfrac{x^2}{3} + y^2 = 1$.

(2)设直线 AB 的方程为 $x = -ky + m$,将其代入椭圆方程 $\dfrac{x^2}{3} + y^2 = 1$,化简得

$(k^2 + 3)y^2 - 2kmy + m^2 - 3 = 0$,

由韦达定理得 $y_A + y_B = \dfrac{2km}{k^2 + 3}$,由 $x = -ky + m$ 得 $x_A + x_B = -\dfrac{2k^2 m}{k^2 + 3} + 2m = \dfrac{6m}{k^2 + 3}$.

若 A 与 B 关于直线 l 对称,则 AB 的中点 $\left(\dfrac{3m}{k^2 + 3}, \dfrac{km}{k^2 + 3}\right)$ 在直线 $y = kx - 1$ 上,

所以 $\dfrac{km}{k^2 + 3} = \dfrac{3km}{k^2 + 3} - 1$,即 $2km = k^2 + 3$.

又 $A\left(\dfrac{3}{2}, \dfrac{1}{2}\right)$ 在直线 $AB: x = -ky + m$ 上,即 $2m - k = 3$,消去 m 得 $(3 + k)k = k^2 + 3$,

所以 $k = 1$,因此 l 的方程为 $y = x - 1$,

而此时点 $A\left(\dfrac{3}{2},\dfrac{1}{2}\right)$ 在直线 l 上，即对称点 B 与点 A 重合，不符合题意，

所以不存在 k 满足条件．

『习题启发』

【对课堂教学的思考】

课后习题是教材的重要组成部分，不仅有助于教师把握课堂教学的要点，也有利于学生的自主发展和素养提升．在课堂教学过程中，课后习题是检验学生学习效果的重要手段，也是巩固和深化知识理解的重要工具．通过课后习题，学生可以更好地理解和掌握课堂所学的知识与方法，提高分析问题和解决问题的能力．在完成课后习题的过程中，教师应鼓励学生独立思考、主动探究，使其能够进行自我提升．教师可以通过学生的完成情况了解学生的学习情况，根据完成情况，及时调整教学策略．充分发挥课后习题的作用并有效利用它来提高教学质量是每一个教师应该关注的问题．

【对解题教学的思考】

在解题教学过程中，要培养学生发现问题的本质，从问题的本质出发，找到一题多解的方法，从而提升解题相关能力．一题多解是采用不同的方法从不同的角度去理解、分析并解决同一问题，这有利于加深学生对基础知识、基本方法的理解，有利于培养学生的发散性思维．在解题教学中进行一题多解的例题应该是经典例题，这样才可以使学生在所学公式、定理等知识的引导下理解例题的使用条件后对例题进行分析．通过一题多解的讨论，使学生能把知识进行串联并会综合运用，以此增强学生的学科素养．

通性通法强双基　多变巧思提素养

——以函数的单调性为例

贵州省实验中学　　李永莲

『习题再现』

《高中数学(A版)》(必修第一册)第100页复习参考题3第4题如下：

已知函数$f(x) = 4x^2 - kx - 8$在$[5，20]$上具有单调性，求实数k的取值范围.

『解题分析』

该题考查二次函数在闭区间上的单调性问题，可以利用数形结合的思想求解，先求出函数的对称轴，让该闭区间位于对称轴的某一侧即可，也可以利用函数的单调性的定义解题，还可以利用导数求解.

『一题多解』

解法1：利用数形结合思想求解.

如图1，

函数$f(x) = 4x^2 - kx - 8$的图象是一条开口朝上的抛物线，

其对称轴为直线$x = \dfrac{k}{8}$，

要使函数在$[5，20]$上具有单调性，

只需要$\dfrac{k}{8} \geq 20$或$\dfrac{k}{8} \leq 5$，

故$k \geq 160$或$k \leq 40$.

图1

解法2：利用函数单调性的定义求解.

设任意$x_1，x_2 \in [5，20]$，且$x_1 < x_2$，则

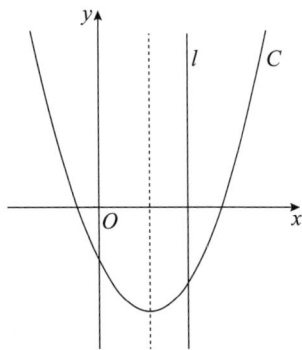

$$f(x_1) - f(x_2)$$
$$= (4x_1{}^2 - kx_1 - 8) - (4x_2{}^2 - kx_2 - 8)$$
$$= (4x_1{}^2 - 4x_2{}^2) - k(x_1 - x_2)$$
$$= (x_1 - x_2)[4(x_1 + x_2) - k].$$

因为 $x_1 < x_2$,所以 $x_1 - x_2 < 0$,所以当 $4(x_1 + x_2) - k \geqslant 0$ 恒成立或者 $4(x_1 + x_2) - k \leqslant 0$ 恒成立时,函数在给定区间上具有单调性. 因为 x_1, $x_2 \in [5,20]$ 且 $x_1 < x_2$,则有 $4(x_1 + x_2) \in (40,160)$,所以 $k \geqslant 160$ 或 $k \leqslant 40$.

解法3:利用导数求解.

因为 $f(x) = 4x^2 - kx - 8$,所以 $f'(x) = 8x - k$,

因为函数 $f(x)$ 在 $[5,20]$ 上具有单调性,

所以 $f'(x) \geqslant 0$ 或 $f'(x) \leqslant 0$ 在 $[5,20]$ 上恒成立.

于是有 $8 \times 20 - k \leqslant 0$ 或 $8 \times 5 - k \geqslant 0$,故 $k \geqslant 160$ 或 $k \leqslant 40$.

『一题多思』

函数的基本性质是每年高考数学的必考知识点.《课程标准》对于函数性质的基本要求是"借助函数图象,会用符号语言表达函数的单调性、最大值、最小值,理解它们的作用和实际意义". 而单调性作为函数的基本性质,显然对于学生学习和理解函数的其他性质起到关键性的作用.《课程标准》明确指出,函数单调性的教学,要引导学生正确使用符号语言清晰地刻画函数的性质. 在函数定义域、值域以及函数性质的教学过程中,应避免编制偏题、怪题,避免繁琐的技巧训练.

『背景推广』

函数的单调性是高中函数部分的基础内容,我们不仅研究了基本初等函数——一次函数、二次函数、指数函数、对数函数以及幂函数的单调性,还研究了三角函数的单调性. 如果将这个二次函数与指数函数或者对数函数进行结合,这样的问题又该如何解决呢?

这里往往涉及复合函数的单调性问题. 在日常教学中,特别是高三复习阶段,结合学生的实际情况,除了强调图象法、定义法、导数法等基本方法外,还可以给学生介绍一些特殊的函数单调性模型,如复合函数的单调性,强调其解题的基本方法是"同增异减",即我们可以把复合函数 $y = f(g(x))$ 分解成 $y = f(t)$ 与 $t = g(x)$,其中 $y = f(t)$ 称为外层函数,$t = g(x)$ 称为内层函数. 对于复合函数 $y = f(g(x))$ 来说,如果内外层函数的单调性相同,则 $y = f(g(x))$ 为增函数;若内外层函数的单调性相反,则 $y = f(g(x))$ 为减函数. 这种将复杂函数转化为简单函数的方法,对于提升学生的思维品质有积极作用.

『一题多变』

我们可以对题中条件作适当调整,或者增加试题考查的综合性,例如对原题进行如下变式,以培养学生类比运用相关知识解决问题的能力.

变式1 已知函数 $f(x) = \dfrac{k}{2}x^2 - 8x + 1$ 在 $[5,20]$ 上具有单调性,求实数 k 的取值范围.

解析: 函数 $f(x) = \dfrac{k}{2}x^2 - 8x + 1$ 在 $[5,20]$ 上具有单调性,只需其导数 $f'(x) = kx - 8$ 在区间 $[5,20]$ 上满足 $f'(x) \geqslant 0$ 或 $f'(x) \leqslant 0$ 恒成立即可,即

$$\begin{cases} f'(5) = 5k - 8 \geqslant 0 \\ f'(20) = 20k - 8 \geqslant 0, \end{cases} \text{或} \begin{cases} f'(5) = 5k - 8 \leqslant 0, \\ f'(20) = 20k - 8 \leqslant 0, \end{cases}$$

解得 $k \geqslant \dfrac{8}{5}$ 或 $k \leqslant \dfrac{2}{5}$.

变式2 已知函数 $f(x) = 2^{4x^2 - kx - 8}$ 在 $[5,20]$ 上具有单调性,求实数 k 的取值范围.

解析: 令 $u(x) = 4x^2 - kx - 8$,则 $y = 2^u$,因为 $y = 2^u$ 在定义域内单调递增,所以当 $u(x) = 4x^2 - kx - 8$ 在 $[5,20]$ 上具有单调性时,函数 $f(x) = 2^{4x^2 - kx - 8}$ 在 $[5,20]$ 上与函数 $u(x)$ 具有相同的单调性,所以 $k \geqslant 160$ 或 $k \leqslant 40$.

变式3 已知函数 $f(x) = \left(\dfrac{1}{2}\right)^{4x^2 - kx - 8}$ 在 $[5,20]$ 上具有单调性,求实数 k 的取值范围.

解析: 令 $u(x) = 4x^2 - kx - 8$,则 $y = \left(\dfrac{1}{2}\right)^u$,因为 $y = \left(\dfrac{1}{2}\right)^u$ 在定义域内单调递减,所以当 $u(x) = 4x^2 - kx - 8$ 在 $[5,20]$ 上具有单调性时,函数 $f(x) = \left(\dfrac{1}{2}\right)^{4x^2 - kx - 8}$ 在 $[5,20]$ 上与函数 $u(x)$ 具有相反的单调性,所以 $k \geqslant 160$ 或 $k \leqslant 40$.

变式4 已知函数 $f(x) = \log_2(4x^2 - kx - 8)$ 在 $[5,20]$ 上具有单调性,求实数 k 的取值范围.

解析: 令 $u(x) = 4x^2 - kx - 8$,则 $y = \log_2 u$,因为 $y = \log_2 u$ 在定义域内单调递增,所以当 $u(x) = 4x^2 - kx - 8$ 在 $[5,20]$ 上单调且 $u(x) > 0$ 时,函数 $f(x) = \log_2(4x^2 - kx - 8)$ 在 $[5,20]$ 上与函数 $u(x)$ 具有相同的单调性. 从而有 $\begin{cases} \dfrac{k}{8} \leqslant 5 \\ u(5) > 0 \end{cases}$ 或 $\begin{cases} \dfrac{k}{8} \geqslant 20, \\ u(20) > 0, \end{cases}$ 解得 $k < \dfrac{92}{5}$.

『真题再现』

(2023·新课标Ⅰ卷·4)设函数 $f(x) = 2^{x(x-a)}$ 在区间 $(0,1)$ 上单调递减,则 a 的取值范围是 （　　）.

A.$(-\infty, 2]$ 　　　　B.$[-2, 0)$ 　　　　C.$(0, 2]$ 　　　　D.$[2, +\infty)$

【试题情境】以指数函数与二次函数的复合函数为情境,考查复合函数的单调性.

【思路分析】明确复合函数的单调性,紧抓函数的单调性,建立关系,合理转化.

【解题关键】首先需要明确复合函数的单调性的判断,利用函数单调性的意义建立关于参数a的方程,然后讨论方程的实数解.

【知识考点】利用导函数的单调性研究复合函数的单调性问题与参数取值问题.

【素养层级】数学运算的核心素养水平二:能够针对运算问题,合理选择运算方法,设计运算程序,解决问题.

(1)分析问题——挖掘内涵,以"小"见"大".

在很多老师看来,这道题属于容易题,难度不大,题型常规,没有必要花费太多的时间对这道题进行深度探究.一些老师在复习教学中,特别是在高三复习阶段,往往会给学生教授一些解题套路,强化学生的模型认知,以期形成"条件反射",提高解题效率.

诚然,基于"模型"的解题训练,有一定的积极意义,但如果一味地强调模型的套路解法,忽略对其他基本方法的探索和研究,不注重对学生分析问题和解决问题的能力的培养,当学生碰到一个非模型问题的时候,往往会不知所措.

这道题的核心考点是函数的单调性,利用复合函数法求解,没有任何问题,但除了这种方法以外,我们还有一些更为基本的方法.

解法1:回归定义.

任取$x_1, x_2 \in (0, 1)$,设$x_1 < x_2$,因为函数$f(x) = 2^{x(x-a)}$在区间$(0, 1)$上单调递减,则$f(x_1) > f(x_2)$,即$2^{x_1(x_1-a)} > 2^{x_2(x_2-a)}$.由于函数$y = 2^x$在$\mathbf{R}$上单调递增,从而有$x_1(x_1 - a) > x_2(x_2 - a)$,整理得$(x_1 - x_2)(x_1 + x_2 - a) > 0$.又因为$x_1 - x_2 < 0$,所以$x_1 + x_2 - a < 0$,即$a > x_1 + x_2$.再由$0 < x_1 < x_2 < 1$可得$x_1 + x_2 < 2$在区间$(0, 1)$上恒成立,所以$a \geqslant 2$.

说明:解法1紧紧抓住函数单调性的定义,根据已知函数的单调性,将因变量的大小关系转化为自变量的大小关系,从而得出参数a与自变量x_1和x_2的关系.求解过程中,一方面,可以强化学生对函数单调性的定义的记忆,加深学生对函数单调性本质的理解;另一方面,由$2^{x_1(x_1-a)} > 2^{x_2(x_2-a)}$经过转化、分离参数得出$a > x_1 + x_2$,可以较好地提升学生的运算能力,落实数学运算素养的培育.

解法2:联系导数.

记函数$f(x)$的导函数为$f'(x)$,由$f(x) = 2^{x(x-a)}$在区间$(0, 1)$上单调递减,可得其导函数$f'(x) \leqslant 0$在区间$(0, 1)$上恒成立.因为$f'(x) = 2^{x(x-a)} \cdot (2x - a) \cdot \ln 2$,且$2^{x(x-a)} > 0$,$\ln 2 > 0$,可得$2x - a \leqslant 0$,即$a \geqslant 2x$在区间$(0, 1)$上恒成立,所以$a \geqslant 2$.

说明:解法2把函数单调性与导数联系起来,将"函数$f(x)$在区间$(0, 1)$上单调递减"转化为"导函数 $f'(x) \leq 0$ 在区间 $(0, 1)$ 上恒成立". 其间由 $2^{x(x-a)} \cdot (2x - a) \cdot \ln 2 \leq 0$ 化简为 $2x - a \leq 0$,对于学生的运算素养有一定要求,需要学生观察出 $2^{x(x-a)} > 0$ 和 $\ln 2 > 0$. 在处理 $2x - a \leq 0$ 的时候,除了采取利用"参变分离"的思想得到 $a \geq 2x$ 在区间 $(0, 1)$ 上恒成立,进而得到 $a \geq (2x)_{\max}$ 外,也可以利用函数的观点,由 $2x - a \leq 0$ 在区间 $(0, 1)$ 上恒成立,得出 $(2x - a)_{\max} \leq 0$.

这道题难度不大,采取"复合函数模型"处理起来也是有效而快捷的. 但在教学的过程中,教师过于强化这种"模型"的作用,忽略了处理函数单调性更为一般的方法,即利用函数单调性的定义或者利用导数处理. 而且在学生已经提出基本思路但觉得"繁""难"的时候没有引导和鼓励学生大胆试一试,错过了一次培育学生"运算素养"和"科学精神"的好机会.

(2)解决问题——淡化"模型",回归概念.

【对解题教学的思考】

在习题课教学中,教师应引导学生分析试题的核心考点,特别是通过组织学生分析近几年的高考真题,从中找到高中数学的热门考点,这里的"点"主要指的是知识点. 高考真题和模拟试题都有很多,不是所有试题都有"模型"可循,但所有的试题都有一定的考点. 深刻理解高中数学概念的本质,准确把握概念的内涵和外延,抓住知识点,才是我们求解相关问题的关键法宝. 通过对一些典型例题的探究,可以加深我们对于某些概念的理解.

【对课堂教学的思考】

党中央、国务院印发《深化新时代教育评价改革总体方案》中要求,改变相对固化的试题形式,增强试题开放性,减少死记硬背和"机械刷题"现象. 这无疑为死记硬背、"机械刷题"踩下了刹车令. 我们可以看到,近年来的高考数学试题也在悄然发生变化,围绕"四基",考查"四能",要求学生具备分析问题和解决问题的能力. 因而我们在复习教学中,要让学生在拿到一道试题的时候,亲身经历读题→审题→破题→解题的过程. 某些"模型"的特殊解法,可以适当给学生介绍一二,但不能唯"模型"论,基本解题方法具有更为普遍的使用范围,这才是学生应该掌握的根本方法.

构造定值　以静制动

——巧用基本不等式解题

贵阳市第十中学　　赵　洋

『习题再现』

《高中数学(A版)》(必修第一册)第二章第二节"基本不等式"例1:

已知 $x > 0$, 求 $x + \dfrac{1}{x}$ 的最小值.

『解题分析』

【情境分析】本题考查的是基本不等式求最值问题. 此类问题突出了对学习者系统思维能力的考查,即在学习者具备基础知识和基本运算能力的基础上,考查学习者对典型习题所蕴含的考点的提炼、分析以及整理和记忆能力. 基本不等式的题型,可以分为有已知条件和无已知条件两类,可根据所求因式的特点,选择适当的方法化简求值.

【思路分析】求 $x + \dfrac{1}{x}$ 的最小值,就是要求一个 $y_0 \left(= x_0 + \dfrac{1}{x_0} \right)$,使 $\forall x > 0$,都有 $x + \dfrac{1}{x} \geqslant y_0$. 观察 $x + \dfrac{1}{x}$ 的结构,容易发现 $x \cdot \dfrac{1}{x} = 1$. 联系基本不等式,可以利用正数 x 和 $\dfrac{1}{x}$ 的算术平均数与几何平均数的关系得到 $y_0 = 2$.

【知识考点】 $a > 0$, $b > 0 \Rightarrow \sqrt{ab} \leqslant \dfrac{a + b}{2}$,当且仅当 $a = b$ 时取等号. 其中, $\dfrac{a + b}{2}$ 叫做正数 a, b 的算术平均数, $\sqrt{ab}$ 叫做正数 a, b 的几何平均数,通常表达为: $a + b \geqslant 2\sqrt{ab}$(积定和最小). 该知识的应用条件可以概括为"一正,二定,三相等".

基本不等式的推论1: $a > 0$, $b > 0 \Rightarrow ab \leqslant \dfrac{(a + b)^2}{4}$(和定积最大),当且仅当 $a = b$ 时取等号.

基本不等式的推论2: $\forall a$, $b \in \mathbf{R} \Rightarrow a^2 + b^2 \geqslant 2ab$,当且仅当 $a = b$ 时取等号.

『一题多解』

解法1:因为$x > 0$,所以$x + \dfrac{1}{x} \geq 2\sqrt{x \cdot \dfrac{1}{x}} = 2$,

当且仅当$x = \dfrac{1}{x}$,即$x^2 = 1$,$x = 1$时,等号成立,

因此所求的最小值为2.

解法分析:求$x + \dfrac{1}{x}$的最小值,就是要求一个$y_0 (= x_0 + \dfrac{1}{x_0})$,使$\forall x > 0$,都有$x + \dfrac{1}{x} \geq y_0$.

观察$x + \dfrac{1}{x}$的结构,发现$x \cdot \dfrac{1}{x} = 1$. 联系基本不等式,可以利用正数x和$\dfrac{1}{x}$的算术平均数与几何平均数的关系得到$y_0 = 2$. 在本题中,我们不仅明确了$\forall x > 0$,有$x + \dfrac{1}{x} \geq 2$,而且给出了"当且仅当$x = \dfrac{1}{x}$,即$x^2 = 1$,$x = 1$时,等号成立",这是为了说明2是$x = \dfrac{1}{x}$($x > 0$)的一个取值. 想一想,当$y_0 < 2$时,$x + \dfrac{1}{x} \geq y_0$成立吗? 这时能说$y_0$是$x = \dfrac{1}{x}$($x > 0$)的最小值吗?

解法小结:注意基本不等式成立的条件是:一正、二定、三相等. 在应用基本不等式解题时,不要忽略基本不等式成立的条件而出现错误.

解法2:令$f(x) = x + \dfrac{1}{x}$($x > 0$), 则$f'(x) = 1 - \dfrac{1}{x^2} = \dfrac{x^2 - 1}{x^2}$($x > 0$).

当$0 < x < 1$时,$f'(x) < 0$;

当$x > 1$时,$f'(x) > 0$.

因此,$f(x)$在$0 < x < 1$上单调递减,在$x > 1$上单调递增,

所以当$x = 1$时,$f(x)$取得最小值,最小值为2.

解法分析:求$x + \dfrac{1}{x}$的最小值,就是求$f(x) = x + \dfrac{1}{x}$($x > 0$)的最小值. 通过求导函数可以得出$f'(x)$的值,进而分类讨论:当$0 < x < 1$时,$f'(x) < 0$;当$x > 1$时,$f'(x) > 0$. 所以$f(x)$在$0 < x < 1$上单调递减,在$x > 1$上单调递增. 最后得出当$x = 1$时,$f(x)$取得最小值.

解法小结:对于函数求导,一般要遵循先化简再求导的原则. 求导时,不但要重视求导法则的运用,还要特别注意求导法则对求导的制约作用. 在化简时,应注意变换的等价性,避免不必要的运算错误.

『一题多思』

利用基本不等式求最值时要注意三点:一是各项均为正;二是寻求定值,求和式最小值时应使积为定值(恰当变形,合理拆分项或配凑因式是常用的解题技巧);三是考虑等号成立

的条件是否具备,检验多项式取得最值时的 x 的值是否为已知范围内的值.三点缺一不可.

利用导数求最值时要注意两点:一是函数的定义域的取值范围;二是函数在定义域内的单调性.通过对原函数进行求导,令原函数为0,解出此时 x 的值,进而得出原函数在定义域范围内的增减性,从而求得 $f(x)=x+\dfrac{1}{x}(x>0)$ 的最小值,最终得到 $x+\dfrac{1}{x}$ 的最小值.

『试题推广』

基本不等式是求最值的一种常用工具,几乎在每年高考中都会出现.吃透"高考试题中对基本不等式的要求是什么"成了我们复习备考的关键.通过对高考试题的分析,我们可以更加清楚高考中考查基本不等式的什么,我们应重点复习什么.

对2022年高考数学全国卷基本不等式试题进行统计分析后发现,除了全国乙卷(理科)的第23题之外,基本上不会将基本不等式单独作为一个考点进行考查,都是把它和其他知识点综合起来,把基本不等式作为求最值的一种工具来考查.而且这类题还有一个特点,就是如果不利用基本不等式解题,借助导数、对勾函数、三角换元也可以解题,但解题过程比利用基本不等式解题更为复杂.

1.(2022·全国甲卷·理·16)已知 $\triangle ABC$ 中,点 D 在边 BC 上,$\angle ADB=120°$,$AD=2$,$CD=2BD$.当 $\dfrac{AC}{AB}$ 取得最小值时,$BD=$_____.

2.(2022·全国乙卷·9)已知球 O 的半径为1,四棱锥的顶点为 O,底面的四个顶点均在球 O 的球面上,则当该四棱锥的体积最大时,其高为(　　).

A.$\dfrac{1}{3}$　　　　　B.$\dfrac{1}{2}$　　　　　C.$\dfrac{\sqrt{3}}{3}$　　　　　D.$\dfrac{\sqrt{2}}{2}$

3.(2022·新高考Ⅰ卷·18)记 $\triangle ABC$ 的内角 A,B,C 的对边分别为 a,b,c,已知 $\dfrac{\cos A}{1+\sin A}=\dfrac{\sin 2B}{1+\cos 2B}$.

(1)若 $C=\dfrac{2\pi}{3}$,求 B;

(2)求 $\dfrac{a^2+b^2}{c^2}$ 的最小值.

4.(2022·新高考Ⅱ卷·12)对任意 x,y,$x^2+y^2-xy=1$,则(　　).

A.$x+y\leqslant 1$　　　　B.$x+y\geqslant -2$　　　　C.$x^2+y^2\leqslant 2$　　　　D.$x^2+y^2\geqslant 1$

5.(2022·全国乙卷·理·23)已知 a,b,c 都是正数,且 $a^{\frac{3}{2}}+b^{\frac{3}{2}}+c^{\frac{3}{2}}=1$,证明:

(1)$abc\leqslant\dfrac{1}{9}$;(2)$\dfrac{a}{b+c}+\dfrac{b}{a+c}+\dfrac{c}{a+b}\leqslant\dfrac{1}{2\sqrt{abc}}$.

『一题多变』

变式 1 若 $2x + y = 3$ 且 $x,\ y > 0$, 则 $\dfrac{1}{x} + \dfrac{8}{y}$ 的最小值是_____.

变式分析: 要求 $\dfrac{1}{x} + \dfrac{8}{y}$ 的最小值, 可先将 $2x + y = 3$ 变形为 $\dfrac{1}{3}(2x + y) = 1$, 再将 $\dfrac{1}{x} + \dfrac{8}{y}$ 乘以 $\dfrac{1}{3}(2x + y)$, 从而得到 $\dfrac{1}{3}\left(2 + \dfrac{16x}{y} + \dfrac{y}{x} + 8\right)$, 再利用基本不等式求出最小值.

解析: 根据题意有

$$\dfrac{1}{x} + \dfrac{8}{y} = \dfrac{1}{3}(2x + y)\left(\dfrac{1}{x} + \dfrac{8}{y}\right) = \dfrac{1}{3}\left(2 + \dfrac{16x}{y} + \dfrac{y}{x} + 8\right) \geqslant \dfrac{1}{3} \times \left(10 + 2\sqrt{16}\right) = 6,$$

因此, $\dfrac{1}{x} + \dfrac{8}{y}$ 的最小值为 6.

变式 2 若 $\dfrac{1}{x} + \dfrac{9}{y} = 2$ 且 $x,\ y > 0$, 则 $x + y$ 的最小值是_____.

变式分析: 要求 $x + y$ 的最小值, 可先将 $\dfrac{1}{x} + \dfrac{9}{y} = 2$ 变形为 $\dfrac{1}{2}\left(\dfrac{1}{x} + \dfrac{9}{y}\right) = 1$, 再将 $x + y$ 乘以 $\dfrac{1}{2}\left(\dfrac{1}{x} + \dfrac{9}{y}\right)$, 从而得到 $\dfrac{1}{2}\left(1 + \dfrac{y}{x} + \dfrac{9x}{y} + 9\right)$, 再利用基本不等式求出最小值.

解析: 根据题意有

$$x + y = \dfrac{1}{2}\left(\dfrac{1}{x} + \dfrac{9}{y}\right)(x + y) = \dfrac{1}{2}\left(1 + \dfrac{y}{x} + \dfrac{9x}{y} + 9\right) \geqslant \dfrac{1}{2} \times \left(10 + 2\sqrt{9}\right) = 8,$$

因此, $x + y$ 的最小值为 8.

变式 3 若 $x,\ y > 0$ 且 $4x + y = xy$, 则: $(1)\, xy$ 的最小值是____; $(2)\, x + y$ 的最小值是____.

变式分析: (1) 求 xy 的最小值可转为求 $4x + y$ 的最小值, 通过 $4x + y \geqslant 2\sqrt{4xy}$, 即可得出 $xy \geqslant 4\sqrt{xy}$, 据此求出 xy 的最小值.

(2) 可将 $4x + y = xy$ 变形为 $\dfrac{4}{y} + \dfrac{1}{x} = 1$, 化简 $\left(\dfrac{4}{y} + \dfrac{1}{x}\right)(x + y)$ 可得 $\dfrac{4x}{y} + \dfrac{y}{x} + 5$, 再运用基本不等式得出 $x + y$ 的最小值.

解析: (1) 因为 $4x + y \geqslant 2\sqrt{4xy}$, 根据题意可转化为 $xy \geqslant 4\sqrt{xy}$, 解得 $xy \geqslant 16$. 因此, xy 的最小值为 16.

(2) 将 $4x + y = xy$ 等号两边同时除以 xy, 得到 $\dfrac{4}{y} + \dfrac{1}{x} = 1$, 于是有

$$x + y = \left(\frac{4}{y} + \frac{1}{x}\right)(x + y) = \frac{4x}{y} + \frac{y}{x} + 4 + 1 \geqslant 2\sqrt{4} + 5 = 9,$$

因此, $x + y$ 的最小值为 9.

变式 4　已知正数 x, y, 且 $x + y = 2$, 若 $a \leqslant \dfrac{x^2}{1 + x} + \dfrac{y^2}{2 + y}$ 恒成立, 则实数 a 的取值范围

是多少?

变式分析: 由题可知, 要求 $a \leqslant \dfrac{x^2}{1 + x} + \dfrac{y^2}{2 + y}$ 恒成立时 a 的取值范围, 只需求出 $\dfrac{x^2}{1 + x} +$

$\dfrac{y^2}{2 + y}$ 的最小值, 将 $\dfrac{x^2}{1 + x} + \dfrac{y^2}{2 + y}$ 变形整理后得 $\dfrac{1}{x + 1} + \dfrac{4}{y + 2} - 1$. 对 $\dfrac{1}{x + 1} + \dfrac{4}{y + 2} - 1$ 进

行整理得 $\dfrac{1}{5}\left[1 + \dfrac{y + 2}{x + 1} + \dfrac{4(x + 1)}{y + 2} + 4\right] - 1$, 通过基本不等式可以得到 $\dfrac{y + 2}{x + 1} + \dfrac{4(x + 1)}{y + 2} \geqslant$

$2\sqrt{\dfrac{4(x + 1)}{2(y + 2)} \cdot \dfrac{y + 2}{5(x + 1)}}$, 进而得到最小值为 $\dfrac{4}{5}$, 当且仅当 $4(x + 1)^2 = (y + 2)^2$ 时, 即 $x =$

$\dfrac{2}{3}$, $y = \dfrac{4}{3}$ 时, 等号成立. 从而得到 $a \leqslant \dfrac{4}{5}$.

解析: 要使 $a \leqslant \dfrac{x^2}{1 + x} + \dfrac{y^2}{2 + y}$ 恒成立只需要保证 $a \leqslant \left(\dfrac{x^2}{1 + x} + \dfrac{y^2}{2 + y}\right)_{\min}$ 即可.

$$\frac{x^2}{1 + x} + \frac{y^2}{2 + y} = \frac{(x + 1)^2 - 2(x + 1) + 1}{x + 1} + \frac{(y + 2)^2 - 4(y + 2) + 4}{y + 2}$$

$$= x + 1 + \frac{1}{1 + x} + y + 2 + \frac{4}{y + 2} - 6$$

$$= \frac{1}{x + 1} + \frac{4}{y + 2} + (x + y - 3)$$

$$= \frac{1}{x + 1} + \frac{4}{y + 2} - 1,$$

对 $\dfrac{1}{x + 1} + \dfrac{4}{y + 2} - 1$ 进行整理得

$$\frac{1}{x + 1} + \frac{4}{y + 2} - 1 = \left(\frac{1}{x + 1} + \frac{4}{y + 2}\right)\left(\frac{x + 1}{5} + \frac{y + 2}{5}\right) - 1$$

$$= \frac{1}{5}\left[1 + \frac{y + 2}{x + 1} + \frac{4(x + 1)}{y + 2} + 4\right] - 1$$

$$\geqslant 1 - 1 + 2\sqrt{\frac{4(x + 1)}{2(y + 2)} \cdot \frac{y + 2}{5(x + 1)}} = \frac{4}{5}.$$

当且仅当 $4(x + 1)^2 = (y + 2)^2$ 时, 等号成立, 即 $x = \dfrac{2}{3}$, $y = \dfrac{4}{3}$ 时, 等号成立.

综上，$a \leqslant \dfrac{4}{5}$，实数 a 的取值范围为 $\left(-\infty, \dfrac{4}{5}\right]$.

『习题启发』

【对课堂教学的思考】

基本不等式具有标准化、形式化、结构化的特征. 基本不等式的应用这一内容的教学不能仅停留在"一个定理、几项注意"的层面，这样难以让学生理解其本质，无法形成相应的"心理意义"，就会出现"一听就会，一做就错"的情况. 认知心理学研究表明，反例提供了最有利于辨别的信息，对深化认识具有非常重要的作用. 反例的适当使用不但可以使学生对基本不等式的理解更加深刻，建立起相关知识的联系，而且还可以排除无关特征的干扰，预防或澄清学生在理解时可能出现的混淆.

【对解题教学的思考】

基本不等式是高中数学的一个难点，其成立条件是：一正、二定、三相等. 在应用基本不等式解题时，学生常常因为忽略基本不等式成立的条件而出现错误. 应用基本不等式求最值，在不能直接求解时，要根据题目条件进行合理的变形、拆项、添加常数等，以此构造条件，使其积为定值，转化成能够利用基本不等式的情形. 利用"1"进行整体代换，把目标表达式转化成可以使用基本不等式的形式，是解题的关键.

『高考预测』

(1) 设 x，$y \in \mathbf{R}$，$a > 1$，$b > 1$，若 $a^x = b^y = 3$，$3a + b = 18$，则 $\dfrac{1}{x} + \dfrac{1}{y}$ 的最大值为_____.

(2) 已知实数 x，y 满足 $4x^2 + 4xy + 7y^2 = 3$，则 $x^2 + y^2$ 的最小值为_____.

解析：(1) 由 $a^x = b^y = 3$ 可得 $x = \log_a 3$，$y = \log_b 3$，

于是有 $\dfrac{1}{x} + \dfrac{1}{y} = \log_3 a + \log_3 b = \log_3(ab)$，

$\because a > 1$，$b > 1$，$3a + b = 18$，$\therefore 18 \geqslant 2\sqrt{3ab}$，解得 $ab \leqslant 27$，

$\therefore \dfrac{1}{x} + \dfrac{1}{y} = \log_3(ab) \leqslant \log_3 27 = 3$，故 $\dfrac{1}{x} + \dfrac{1}{y}$ 的最大值为 3.

(2) $\because 4xy = 2 \cdot 2xy \leqslant (2x)^2 + y^2 = 4x^2 + y^2$（当且仅当 $2x = y$ 时取等号），

$\therefore 3 = 4x^2 + 4xy + 7y^2 \leqslant 4x^2 + (4x^2 + y^2) + 7y^2 = 8(x^2 + y^2)$，

$\therefore x^2 + y^2 \geqslant \dfrac{3}{8}$，当 $x = \dfrac{\sqrt{30}}{20}$，$y = \dfrac{\sqrt{30}}{10}$ 时取等号，

$\therefore x^2 + y^2$ 的最小值为 $\dfrac{3}{8}$.

直线过定点　巧妙破解之

『习题再现　背景分析』

【习题再现】

《高中数学(A版)》(选择性必修第一册)第80页拓广探索第16题:

已知 λ 为任意实数,当 λ 变化时,方程 $3x + 4y - 2 + \lambda(2x + y + 2) = 0$ 表示什么图形?图形有何特点?

【背景分析】

(1)直线系定义:

具有某种共同性质(过定点、等斜率等)的直线的集合,叫做直线系,它的方程叫做直线系方程,直线系方程的特征是含参数的二元一次方程.

(2)几种常见的直线系方程:

①与已知直线 $Ax + By + C = 0$ 平行的直线系方程 $Ax + By + \lambda = 0(\lambda$ 为参数).

②与已知直线 $Ax + By + C = 0$ 垂直的直线系方程 $Bx - Ay + \lambda = 0(\lambda$ 为参数).

③过已知点 $P(x_0,\ y_0)$ 的直线系方程 $y - y_0 = k(x - x_0)$ 和 $x = x_0(k$ 为参数).

④斜率为 k_0 的直线系方程为 $y = k_0 x + b(b$ 是参数).

⑤过直线 $l_1: A_1 x + B_1 y + C_1 = 0$ 与 $l_2: A_2 x + B_2 y + C_2 = 0$ 的交点的直线系方程为 $A_1 x + B_1 y + C_1 + \lambda\,(A_2 x + B_2 y + C_2) = 0(\lambda$ 为参数).

『激活思维　一题多解』

分析:(1)因为无论 λ 取何实数,直线 $3x + 4y - 2 + \lambda(2x + y + 2) = 0$ 都通过一定点,所以可以通过对 λ 取不同的两个值,先找到一个定点,然后证明此定点在直线 $3x + 4y - 2 + \lambda(2x + y + 2) = 0$ 上.

(2)可利用过两条直线 $l_1: A_1 x + B_1 y + C_1 = 0$ 与 $l_2: A_2 x + B_2 y + C_2 = 0$ 的交点的直线系

方程 $A_1x + B_1y + C_1 + \lambda(A_2x + B_2y + C_2) = 0(l_2$ 除外) 求解.

(3)也可以将思维迁移到利用关于 x 的一元一次方程 $ax = b$ 的解的问题上,若 $ax = b$ 的解为 $x \in \mathbf{R}$,则 $a = b = 0$.

解法1: λ 任意取值代入求解.

因为 λ 为任意实数,所以当 λ 变化时,方程 $3x + 4y - 2 + \lambda(2x + y + 2) = 0$ 表示的是一条条直线,并且这些直线都有一个共同的特征——都过同一个点. 那么我们可以给 λ 赋予两个不同的值,这样就得到两条不同直线的方程,解由这两条直线的方程构成的方程组即可求得所有直线都过的公共点的坐标.

令 $\lambda = 0$ 得直线方程 $3x + 4y - 2 = 0$,令 $\lambda = 1$ 得直线方程 $x + y = 0$.

联立方程 $\begin{cases} 3x + 4y - 2 = 0, \\ x + y = 0, \end{cases}$ 解之得 $\begin{cases} x = -2, \\ y = 2, \end{cases}$ 即交点坐标为 $P(-2,2)$.

将点 $P(-2,2)$ 代入方程得

$3 \times (-2) + 4 \times 2 - 2 + \lambda[2 \times (-2) + 2 + 2] = 0$,

可知直线 $3x + 4y - 2 + \lambda(2x + y + 2) = 0$ 恒过定点 $P(-2,2)$.

因此,λ 为任意实数,当 λ 变化时,方程 $3x + 4y - 2 + \lambda(2x + y + 2) = 0$ 表示直线,这些所有直线都过点 $P(-2,2)$.

解法2: 利用直线系方程思想求解.

因为 λ 为任意实数,所以当 λ 变化时,方程 $3x + 4y - 2 + \lambda(2x + y + 2) = 0$ 表示的是一条条直线,并且这些直线都有一个共同的特征——都过同一个点,即直线 $3x + 4y - 2 = 0$ 与直线 $2x + y + 2 = 0$ 的交点.

联立方程 $\begin{cases} 3x + 4y - 2 = 0, \\ 2x + y + 2 = 0, \end{cases}$ 解之得 $\begin{cases} x = -2, \\ y = 2, \end{cases}$ 即交点坐标为 $(-2,2)$.

因此,λ 为任意实数,当 λ 变化时,方程 $3x + 4y - 2 + \lambda(2x + y + 2) = 0$ 表示直线,这些所有直线都过点 $P(-2,2)$.

解法3: 利用一元一次方程思想求解.

由 $3x + 4y - 2 + \lambda(2x + y + 2) = 0$ 得 $\lambda(2x + y + 2) = -3x - 4y + 2$,

因为 λ 为任意实数,

所以关于 λ 的一元一次方程 $\lambda(2x + y + 2) = -3x - 4y + 2$ 的解集为 $\mathbf{R}$.

由 $2x + y + 2 = 3x + 4y - 2 = 0$ 解得 $x = -2$,$y = 2$,

可知直线 $3x + 4y - 2 + \lambda(2x + y + 2) = 0$ 恒过定点 $P(-2,2)$.

因此,λ 为任意实数,当 λ 变化时,方程 $3x + 4y - 2 + \lambda(2x + y + 2) = 0$ 表示直线,这些所有的直线都过点 $P(-2,2)$.

『见微知著 一题多变』

变式1 《高中数学(A版)》(选择性必修第一册)第102页综合运用第10题:

求过点 $P(-2, -1)$ 到直线 $l:(1 + 3\lambda)x + (1 + \lambda)y - 2 - 4\lambda = 0(\lambda$ 为任意实数)的距离的最大值.

变式分析: 本题主要考查利用过直线 $l_1:A_1x + B_1y + C_1 = 0$ 与 $l_2:A_2x + B_2y + C_2 = 0$ 的交点的直线系方程 $A_1x + B_1y + C_1 + \lambda(A_2x + B_2y + C_2) = 0(\lambda$ 为参数)求定点,同时还考查点到直线的距离.

解析: 因为方程 $(1 + 3\lambda)x + (1 + \lambda)y - 2 - 4\lambda = 0(\lambda$ 为任意实数)表示过某个定点 M 的直线系方程,当 PM 与直线 l 垂直的时候,$|PM|$ 即为点 P 到直线 l 的最大距离.

整理直线 l 的方程 $(1 + 3\lambda)x + (1 + \lambda)y - 2 - 4\lambda = 0$ 得 $(3x + y - 4)\lambda + (x + y - 2) = 0$,

由于 λ 为任意实数,于是有 $\begin{cases} 3x + y - 4 = 0, \\ x + y - 2 = 0, \end{cases}$ 解之得 $\begin{cases} x = 1, \\ y = 1, \end{cases}$ 即直线恒过定点 $M(1, 1)$.

因此,点 $P(-2, -1)$ 到直线 $l:(1 + 3\lambda)x + (1 + \lambda)y - 2 - 4\lambda = 0(\lambda$ 为任意实数)的距离的最大值 $|PM| = \sqrt{(-2 - 1)^2 + (-1 - 1)^2} = \sqrt{13}$.

变式2 《高中数学(A版)》(选择性必修第一册)第103页拓广探索第20题:

已知圆 $C:(x - 1)^2 + (y - 2)^2 = 25$,直线 $l:(2m + 1)x + (m + 1)y - 7m - 4 = 0$.

(1)求证:直线 l 恒过定点.

(2)直线 l 被圆 C 截得的弦何时最长、何时最短?并求截得的弦长最短时 m 的值以及最短弦长.

变式分析: 本题主要考查利用过直线 $l_1:A_1x + B_1y + C_1 = 0$ 与 $l_2:A_2x + B_2y + C_2 = 0$ 的交点的直线系方程 $A_1x + B_1y + C_1 + \lambda(A_2x + B_2y + C_2) = 0(\lambda$ 为参数)求定点,同时还考查利用代数法、几何法求弦长.

解析: (1)整理直线 l 的方程 $(2m + 1)x + (m + 1)y - 7m - 4 = 0$ 得

$(2x + y - 7)m + (x + y - 4) = 0$,该方程对于任意实数 m 成立,

于是有 $\begin{cases} 2x + y - 7 = 0, \\ x + y - 4 = 0, \end{cases}$ 解之得 $\begin{cases} x = 3, \\ y = 1, \end{cases}$ 所以直线 l 恒过定点 $D(3, 1)$.

(2)因为直线 l 恒经过圆 C 内的定点 D,所以当直线经过圆心 C 时被截得的弦最长,它是圆的直径;当直线 l 垂直于 CD 时被截得的弦长最短.

根据题意知点 C 的坐标为 $(1, 2)$,点 D 的坐标为 $(3, 1)$,于是有 $k_{CD} = \dfrac{1 - 2}{3 - 1} = -\dfrac{1}{2}$,

因此,当直线 l 被圆 C 截得的弦最短时,直线 l 的斜率为2.

由此可得 $-\dfrac{2m+1}{m+1} = 2$,解得 $m = -\dfrac{3}{4}$,

此时直线 l 的方程为 $y - 1 = 2(x - 3)$,即 $2x - y - 5 = 0$.

又因为 $|CD| = \sqrt{(1-3)^2 + (2-1)^2} = \sqrt{5}$,

所以最短弦长为 $2\sqrt{r^2 - d^2} = 2\sqrt{5^2 - (\sqrt{5})^2} = 4\sqrt{5}$.

变式3 已知直线 $l: 2mx - y - 8m - 3 = 0$ 和圆 $C: x^2 + y^2 - 6x + 12y + 20 = 0$.

(1)当 $m \in \mathbf{R}$ 时,证明 l 与圆 C 总相交.

(2)m 取何值时,l 被圆 C 截得的弦长最短?并求此弦长.

变式分析: 本题主要考查利用直线系求定点、点与圆的位置关系的判断,还考查了利用代数法、几何法求弦长.

解析: (1)整理直线 l 的方程 $2mx - y - 8m - 3 = 0$ 得 $y + 3 = 2m(x - 4)$,

由点斜式可知直线 l 恒过点 $P(4, -3)$.

将点 P 的坐标代入圆 C 的方程得 $4^2 + (-3)^2 - 6 \times 4 + 12 \times (-3) + 20 = -15 < 0$,

因此,点 P 在圆内,故直线 l 与圆 C 总相交.

(2)整理圆 C 的方程 $x^2 + y^2 - 6x + 12y + 20 = 0$ 得 $(x - 3)^2 + (y + 6)^2 = 25$,

因此,圆心 C 的坐标为 $(3, -6)$.

如图1,当圆心 C 到直线 l 的距离最大时,

线段 AB 的长度最短,此时 $PC \perp l$.

因为 $k_{PC} = \dfrac{-3 - (-6)}{4 - 3} = 3$,

所以直线 l 的斜率 $k_l = -\dfrac{1}{3}$.

又因为 $k_l = 2m$,所以 $2m = -\dfrac{1}{3}$,解得 $m = -\dfrac{1}{6}$,

此时直线 l 的方程为 $x + 3y + 5 = 0$.

图1

在 $\mathrm{Rt}\triangle APC$ 中,$PC = \dfrac{|1 \times 3 + 3 \times (-6) + 5|}{\sqrt{1^2 + 3^2}} = \sqrt{10}$,$|AC| = r = 5$,

于是有 $|AB| = 2\sqrt{|AC|^2 - |PC|^2} = 2\sqrt{5^2 - (\sqrt{10})^2} = 2\sqrt{15}$,

因此,当 $m = -\dfrac{1}{6}$ 时,直线 l 被圆 C 截得的弦长最短,最短弦长为 $2\sqrt{15}$.

变式4 已知点 $P(x, y)$ 是直线 $kx + y + 4 = 0(k > 0)$ 上一动点,PA,PB 是圆 $C: x^2 + y^2 - 2y = 0$ 的两条切线,A,B 是切点,若四边形 $PACB$ 的最小面积是2,则 $k = $ _____ .

变式分析: 本题主要考查利用直线系求定点问题,还考查了切线垂直于过切点的半径,

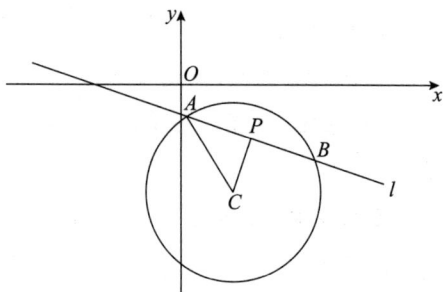

构建直角三角形,利用勾股定理建立函数关系式,通过函数思想找最值思想,点到直线的距离公式,等等.

解析: 整理圆 C 的方程 $x^2 + y^2 - 2y = 0$ 得 $x^2 + (y-1)^2 = 1$,

可知圆心 C 的坐标为 $(0,1)$,半径 $r = 1$.

如图2,PA,PB 是圆 C 的两条切线,由圆的性质可知,

四边形 $PACB$ 的面积 $S = 2S_{\triangle PBC}$,

根据四边形 $PACB$ 的最小面积是2,可得 $S_{\triangle PBC}$ 的最小值为1.

于是有 $S_{\triangle PBC} = \dfrac{1}{2} r |PB|_{\min} = \dfrac{1}{2}|PB|_{\min} = 1$,解得 $|PB|_{\min} = 2$.

因为 $|PB| = \sqrt{|PC|^2 - r^2} = \sqrt{|PC|^2 - 1}$,

所以当 $|PC|$ 取最小值时,$|PB|$ 最小.

又因为点 $P(x,y)$ 是直线 $kx + y + 4 = 0(k > 0)$ 上一动点,

所以当 PC 垂直于直线 $kx + y + 4 = 0(k > 0)$ 时,$|PC|$ 最小.

此时 $|PC|$ 为圆心 $C(0,1)$ 到直线 $kx + y + 4 = 0(k > 0)$ 的距离.

于是有 $\dfrac{|1+4|}{\sqrt{k^2+1}} = \sqrt{2^2 + 1^2} = \sqrt{5}$,解得 $k = \pm 2$.

因为 $k > 0$,所以 $k = 2$.

图2

$kx + y + 4 = 0$

『习题启发』

【对课堂教学的思考】

数学充满奥妙,师生共同展开探索的翅膀去发现、去证明,让知识的脉络更加清晰,更加完备,这样的课堂才更加精彩.

已知直线 $l:(m+3)x + (m-2)y - m - 2 = 0$,点 $A(-2,-1)$、点 $B(2,-2)$,若直线 l 与线段 AB 相交,则 m 的取值范围为(　　).

A.$(-\infty, -4] \bigcup [4, +\infty)$　　　　B.$(-2, 2)$

C.$\left[-\dfrac{3}{2}, 8\right]$　　　　　　　　D.$(4, +\infty)$

分析: 根据题意易知直线 l 恒过点 $C\left(\dfrac{4}{5}, \dfrac{1}{5}\right)$,再根据直线 l 与线段 AB 相交进而求出直线 l 的斜率 k 的取值范围为:$k \leqslant -\dfrac{11}{6}$ 或 $k \geqslant \dfrac{3}{7}$,最后根据 $k = -\dfrac{m+3}{m-2}$ 解不等式即可得答案.

解析: 将直线 l 方程变形得 $(x+y-1)m + (3m-2y-2) = 0$,

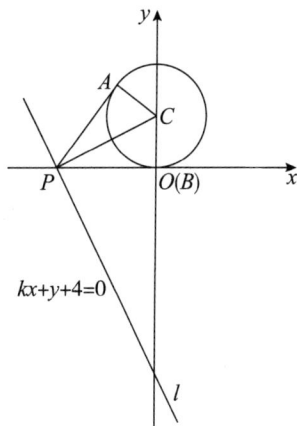

由 $\begin{cases} x + y - 1 = 0, \\ 3x - 2y - 2 = 0, \end{cases}$ 解得 $\begin{cases} x = \dfrac{4}{5}, \\ y = \dfrac{1}{5}, \end{cases}$ 可知直线 l 恒过点 $C\left(\dfrac{4}{5}, \dfrac{1}{5}\right)$,

于是有 $k_{AC} = \dfrac{\dfrac{1}{5} + 1}{\dfrac{4}{5} + 2} = \dfrac{3}{7}$, $k_{BC} = \dfrac{\dfrac{1}{5} + 2}{\dfrac{4}{5} - 2} = -\dfrac{11}{6}$,

由图3可知直线 l 的斜率 k 的取值范围为 $k \leqslant -\dfrac{11}{6}$ 或 $k \geqslant \dfrac{3}{7}$.

因为 $k = -\dfrac{m + 3}{m - 2}$, 所以 $-\dfrac{m + 3}{m - 2} \leqslant -\dfrac{11}{6}$ 或 $-\dfrac{m + 3}{m - 2} \geqslant \dfrac{3}{7}$,

解得 $2 < m \leqslant 8$ 或 $-\dfrac{3}{2} \leqslant m < 2$.

又因为 $m = 2$ 时直线方程为 $x = \dfrac{4}{5}$,

直线仍与线段 AB 相交,

所以 m 的取值范围为 $\left[-\dfrac{3}{2}, \ 8\right]$.

故选 C.

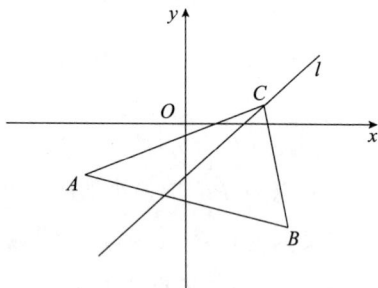

图3

【对解题教学的思考】

过定点问题中的直线往往是符合条件的任意直线,若定点存在,直线在特殊位置必过该点. 因此,在解决问题时先找到定点,再结合点与直线的位置关系分析判断直线与圆的位置关系,进而解决相关问题.

已知圆 C: $x^2 + y^2 - 8x - 6y + 21 = 0$ 和直线 l: $kx - y - 3k + 4 = 0$.

(1)求证:不论 k 取什么值,直线 l 和圆 C 总相交.

(2)求直线 l 被圆 C 截得的最短弦长及此时的直线方程.

分析:(1)根据题意可知直线 l 恒过定点 $A(3, 4)$,然后再根据点与直线的位置关系分析判断直线与圆的位置关系.

(2)根据圆的性质可知:当直线 $l \perp AC$ 时,直线 l 所截圆 C 的弦长最短,进而可求弦长和直线方程.

解析:(1)整理圆 C 的方程 $x^2 + y^2 - 8x - 6y + 21 = 0$ 得 $(x - 4)^2 + (y - 3)^2 = 4$,

因此,圆心 C 的坐标为 $(4, 3)$,半径 $r = 2$.

整理直线 l 的方程 $kx - y - 3k + 4 = 0$ 得 $k(x - 3) + (4 - y) = 0$,

可知直线 l 恒过定点 $A(3, 4)$.

于是有 $|AC| = \sqrt{(3-4)^2 + (4-3)^2} = \sqrt{2}$,

因为 $|AC| = \sqrt{2} < r$, 所以点 A 在圆 C 内, 直线 l 和圆 C 总相交.

(2)如图4, 由圆的性质知:

当直线 $l \perp AC$ 时, 直线 l 被圆 C 截得的弦长最短.

因为 $|AC| = \sqrt{(3-4)^2 + (4-3)^2} = \sqrt{2}$,

所以最短弦长为 $2\sqrt{r^2 - |AC|^2} = 2\sqrt{2}$,

又因为直线 AC 的斜率 $k_{AC} = \dfrac{4-3}{3-4} = -1$,

所以直线 l 的斜率 $k_l = 1$,

所以由点斜式可得直线 l 的方程为

$y - 4 = 1 \times (x - 3)$,

即 $x - y + 1 = 0$.

综上所述, 最短弦长为 $2\sqrt{2}$,

此时直线 l 的方程为: $x - y + 1 = 0$.

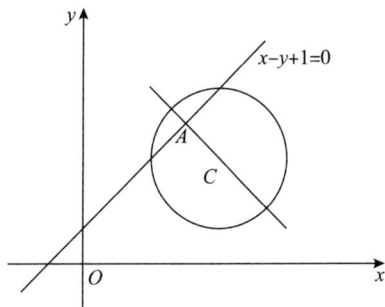

图4